乐商

一个比智商和情商
更能决定命运的因素

任俊
应小萍
———
著

清华大学出版社
北京

图书在版编目(CIP)数据

乐商：一个比智商和情商更能决定命运的因素 / 任俊，应小萍著 . —北京：清华大学
出版社，2021.2 （2025.3重印）

ISBN 978-7-302-56778-3

Ⅰ . ①乐… Ⅱ . ①任… ②应… Ⅲ . ①快乐－通俗读物 Ⅳ . ① B842.6-49

中国版本图书馆 CIP 数据核字 (2020) 第 218035 号

责任编辑：张立红
封面设计：梁　洁　蔡小波
版式设计：方加青
责任校对：李玢穗
责任印制：杨　艳

出版发行：清华大学出版社
　　　　网　　　址：https://www.tup.com.cn, https://www.wqxuetang.com
　　　　地　　　址：北京清华大学学研大厦 A 座　　　　邮　　　编：100084
　　　　社 总 机：010-83470000　　　　邮　　　购：010-62786544
　　　　投稿与读者服务：010-62776969，c-service@tup.tsinghua.edu.cn
　　　　质 量 反 馈：010-62772015，zhiliang@tup.tsinghua.edu.cn
印 装 者：涿州市般润文化传播有限公司
经　　销：全国新华书店
开　　本：170mm×240mm　　　　印　　张：24.25　　　　字　　数：337 千字
版　　次：2021 年 3 月第 1 版　　　　印　　次：2025 年 3 月第 6 次印刷
定　　价：78.00 元

产品编号：087873-02

本书包含北京幸福基金会积极心理学课题"成人乐商问卷的编制及我国大学生乐商现状调查"的部分成果。

在加拿大学者基思·E. 斯坦诺维奇（Keith E. Stanovich）《如何直面心理学》（*How to think Straight about Psychology*）一书中，他认为现在的书店主要摆放了三类心理学书籍：第一类是一些心理学名家的经典名著，特别是西格蒙德·弗洛伊德（Sigmund Freud）、伯尔赫斯·弗雷德里克·斯金纳（Burrhus Frederic Skinner）、埃里克·弗洛姆（Erich Fromm）、卡尔·古斯塔夫·荣格（Carl Gustav Jung）、埃里克·H. 埃里克森（Erik H. Erikson）、亚伯拉罕·H. 马斯洛（Abraham H. Maslow）等人早期的作品；第二类是伪科学心理学，主要研究一些特异现象，特别是研究气功、超常感知能力等；第三类是心理学自助读物，包括励志、开发潜能、猜测他人心理、减肥、提高性生活质量等内容，还涉及一些所谓解决某些重大问题的特殊疗法等。

对于第一类书，除了研究心理学史，这些经典其实已经和现代心理学关系不大，并且对提高现代人的心理学研究没有什么作用。第二类书大多是臆造或子虚乌有，它们披上心理学的外衣只是为了使自己获得合法性和科学性。第三类书有两种情况，一种是真正的心理学研究，它们大多是把科学心理学的研究成果和个人的生活经验结合起来；另一种则是噱头，主要是为了赚钱，比如养身、养性，或"把吃出来的病吃回去"等。

由此，我想写一本有关快乐或幸福的真正的心理学研究的书，即把科学心理学的研究成果用通俗的语言表达出来，让更多的人来了解真正的科学心理学在快乐幸福方面所取得的成就。这里有两层意思：

第一，体现科学心理学的特点（或科学心理学的简化标准）。从科学的角度来说，所有的结论，都可以用实验来证明，而不是用例子来说明，再多的例子也比不上一个实验的证明力。真正的科学心理学所提出的结论是在严格控制的实验条件下能被证明的，它们中的绝大多数应该是能被重复的（或接近重复，即趋势一致或大致相近）。回首这近30万字，我正是朝着这个方向去做的，所以感觉每个字都饱含辛苦。

第二，让更多的人读得懂。这意味着本书中的一些专业术语会被生活化地表达，同时简化一些概念之间的严格区别，类似于把"若干萝卜的组合"写成"一堆萝卜"。书写出来是让人读的，而不是让人放在书架上的，作者必须把工夫花在书的内容上，写出一些让人看了心动的文字。如果很厚的一本书，只剩下封面或标题有自己的特色，那这样的书还是不写为好。

本书提出乐商这个概念，是因为在今天这个以幸福为主题的社会，每个人都想获得快乐或幸福，但快乐或幸福又是极具个性化的。我希望能用乐商这个概念把这些分散在每个人身上的快乐或幸福整合起来，从而找到一条提高快乐或幸福的有效途径。

记得多年前看过这样一个故事，有一次罗斯福家中遭窃了，丢失了很多东西，一位朋友闻讯后，忙写信安慰他，劝他不必太在意。罗斯福看了之后，给朋友写了一封回信。他是这么说的："亲爱的朋友，谢谢你来安慰我，我现在很平安，感谢生活。因为，第一，贼偷去的是我的东西，而没伤害我的生命；第二，贼只偷去我的部分东西，而不是全部；第三，最值得庆幸的是，做贼的是他，而不是我。"这则小故事意味着对待同一生活事件（尤其是负性事件）人们可以有不同的生活态度，那人们为什么不对它持一种乐观态度呢？！

当别人悲观失望，对生活失去激情的时候，我们总是习惯性地告诉他们："要乐观，要积极，要相信明天会更好……"可是，当事情发生在我们自己身上时，我们原先拿来劝解别人的道理似乎就没那么管用了，这或许是因为我们没有真正理解乐观的内涵，或许是因为我们没有学会如何将乐观转化为一种战胜生活挫败的武器，更或许是因为我们本来就不是乐观的人，而这些实际上都是影响乐商的因素。

乐商是一个心理学原理和机制层面的概念，它支撑了人快乐或幸福的大厦。有些人看了很多的自助读物，深谙一些生活经验，但这些人生真理往往最终成了他们的负担，因为这些书在多数情况下习惯于用事后成功或所谓的幸福作为诱饵来抹杀原理或机制上的荒谬，这样按图索骥肯定找不到真正属于自己的幸福。事实上，人们经常在欢笑过后觉得空虚，寒暄和关爱他人之后觉得失落，而自己并不喜欢的活动却意外地带来了喜悦。所以任何行为的塑造或学习都需要原理或机制层面的支持。

今天人们所处的时代，科学技术日新月异，经济发展转型升级，社会政治不断革新，由此而带来的一系列不稳定和不可控因素可能使许多人感到有些茫然无措，似乎对生活缺乏控制感，再加上新闻报纸上频频报道的各种负面事件使人们愈加悲观。如果人们长期处于这种状态，得不到调整和疏导，那么任何细小的生活事件都有可能成为"压死骆驼的最后一根稻草"。

从积极心理学之父——马丁·E. P. 塞利格曼（Martin E. P. Seligman）大力倡导积极心理学运动以来，大家逐渐意识到，除了研究心理问题之外，发掘人的发展潜力，培养人的积极力量也是心理学研究的重要课题，而这就涉及提高人的乐商水平。

乐商除了要积极应对消极生活事件之外，还包括扩建人已有的积极体验。当一个人面对快乐事件时，如何让这种快乐延长得更久？积极心理学认为，人要学会好好品味积极事件，所以品味积极事件的技术也是乐商的一个重要组成部分。乐商还包括影响他人变乐观的能力，高乐商的人不仅能利用各种技术或办法来有效提高自己的快乐水平，同时也能有效提高周围人的快乐水平。本书正是基于乐商的这三个层面的内涵，从介绍什么是习得性无助到引导人们怎样发掘自身的积极力量，利用自己的心理资源去乐观地生活，最终学会如何做一个快乐的人。我期望将单调晦涩的理论以一个个生动而又不失科学严谨的生活事例呈现给读者，期望读者在轻松阅读之余又获得一些启发。

所以从这个角度来说，这本书可以算是一本学术著作，也可以算是一本科普读物，它没有传统教科书那么浓重的"说教"色彩，而是在故事和真实生活事件中，让我们学会提高自己的乐商。在当下，提高乐商对于大众以及中国传统教育来说，具有"补课"的效用，同时对于我们现在所提倡的构建社会主义和谐社会，以及提升民众的幸福感也具有重要的现实意义。

任　俊

乐
商
：
一
个
比
智
商
和
情
商
更
能
决
定
命
运
的
因
素

目 录

目录

目录

第七章　　运动与心理健康

不知不觉，
你居然习得了可怕的无助，
从此，它将长久伴随着你，
轻易不肯离去。

第一章 习得性无助——伤了心也伤了幸福

2012年中秋国庆双节期间，中央电视台推出了《走基层百姓心声》特别调查节目"幸福是什么？"。一句"你幸福吗？"让大江南北的人开始对自己的生活质量进行思考。央视的采访对象大多是基层民众，这些人的幸福程度其实就代表了中国人的真实幸福指数。面对电视镜头，许多人认为自己很幸福，我们且不去质疑这一结果的真实性，因为幸福本身就是一个相对指数，没有统一的标准。这或许从另一个侧面说明中国人可能真的比过去更幸福了。

但不管如何，我们中国人（至少是绝大多数中国人）的幸福还很不够，提升空间还相当大。那为什么许多人会不幸福呢？现在的流行媒体和杂志对这个问题进行了很多方面的探讨，如"金钱和幸福之间的关系""社会文化特点与幸福之间的关系""各种人口统计学变量和幸福之间的关系""地理环境与幸福之间的关系""身体健康与幸福之间的关系""婚姻状况与幸福之间的关系""人际交往与幸福之间的关系"等。但在这些问题的探讨上，有一个因素或许被遗忘了，那就是人的心态，特别是习得性无助心态对人的幸福具有极大的破坏作用。所以，要想破除这一因素对人幸福的影响，人们首先就要从根本上了解习得性无助心态的特点和形成机制。

第一节　习得性无助的由来

为了更清楚地说明习得性无助这一概念，还是先看一个心理学史上有关学习的经典心理学实验。

美国著名心理学家、教育心理学的创始人爱德华·李·桑代克（Edward Lee Thorndike）是一个科学心理学天才，他除了擅长用小鸡来研究学习之外，也擅长用猫来研究学习。他曾经设计了一个迷箱（如图1.1所示），专门用实验来研究什么是学习。桑代克把一只饿了一天的猫放进这只迷箱，迷箱外面用猫最爱吃的鱼来引诱它，然后观察猫要花费多少时间才能从迷箱里面出来。桑代克设计的迷箱很巧妙，它的底部有一块踏板，如果饿猫能踩到这块踏板，迷箱的门就会被打开，饿猫就能逃出迷箱而吃到外面的鱼。

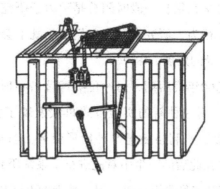

图1.1　桑代克的实验迷箱

不过如果研究者在这里使用一个小小的诡计，即每次当饿猫很辛苦地逃出迷箱之后，就一把抓住它而不让它吃到外面那条引诱它的鱼，然后把猫重新送回箱子里面，即猫每次的努力都只能以失败或挫折告终，猫在这种情境条件下会出现什么行为呢？实验所获得的结果让人意想不到，猫的行为主要可以分为三种情形：

第一种情形，一些猫会一直努力尝试逃出迷箱去吃那条鱼，不管它失败了多少次，它总是在下一次还是想要逃出迷箱，并且这些猫逃出迷箱所花费的时间也会越来越短，表现出越挫越勇的样子，我们姑且称这些猫为"坚强猫"。

第二种情形，另外一些猫则出现了自我攻击行为，这些猫会用自己的头猛撞迷箱的框架，最后弄得头破血流，有些猫甚至还会用牙齿咬迷箱。似乎这些猫已经失去了自我，毫不珍惜自己，我们姑且称这些猫为"疯狂猫"。

第三种情形，还有一些猫则不再做出任何逃出迷箱的行为，干脆趴在迷箱的底部，眼睛充满哀伤的泪，看着外面的鱼而发出哀叫，这些猫好像患上了抑郁症一样，我们姑且称之为"抑郁猫"。

当时的研究者对第二种情形即"疯狂猫"的印象比较深刻，因为人们从这个简单的实验中发现，总是承受失败或挫折有可能会使个体出现失去自我控制的疯狂行为，而这种行为对社会或其个人的伤害会非常大，这使得心理学在很长一段时间总是致力于研究与此相关的心理问题。至于其他两种行为，研究者认为它们似乎既不会影响社会的发展，也不会影响个体自身的发展。

但到了20世纪60年代后期，另一位美国著名心理学家——塞利格曼以狗为研究对象，用一种新的实验范式再次发现了类似于上述第三种"抑郁猫"的情形，塞利格曼把这种情形命名为习得性无助（learned helplessness），并在此后的一生中对此进行了系统研究。

而这一次，塞利格曼告诉世界，习得性无助也许和人的抑郁症有密切的关系。附带说一下，据美国心理学测量领域的专业杂志《心理学测评》（*Monitor on Psychology*）2002年33卷第7期的一个研究报告，塞利格曼在20世纪及其之前的100位最著名的心理学家中排名第31位。这个排名主要

乐商：一个比智商和情商更能决定命运的因素

依据三个指标：一是该学者的著作及论文的他引率，二是该学者的心理学理论在美国本科生心理学教科书中出现的次数，三是该学者在专业心理学研究者心目中的名望和声誉。不过有意思的是，在这份排名中，行为主义心理学家斯金纳排名第一，但是斯金纳在普通民众中的影响并没有排名第一，多数非心理学专业的人是通过弗洛伊德或马斯洛等人认识心理学的。

在谈论习得性无助这一心理现象之前，还是让我们先来看一个生活中常常可以见到的现象。

一个夕阳西下的傍晚，一位诗人到乡间散步，在路过一间农屋门口的时候，他正好看见一位老农牵着一头足有几百斤重的大水牛回来。诗人看老农随手把牵牛绳系在了一个小小的木桩上就准备回屋，他走上前好心地提醒说："老大爷，您用这么小的木桩来系这么大的水牛，小心它跑掉了。"

老农看了看大水牛，呵呵一笑，十分肯定地说："年轻人，它不会跑掉的，我用这个木桩拴它已经好多年了。"

诗人感到有些疑惑，忍不住问道："它为什么不会跑掉呢？您看这木桩这么小，大水牛只要稍稍用点力不就能把它拔出来吗？"

老农靠近诗人压低声音说："年轻人，我告诉你个秘密，当这头牛还很小的时候，我就把它系在这个木桩上了。刚开始时它可不像现在这么老实待着，老是想撒野从木桩上挣脱跑出去。不过那时候它力气还小，折腾了好一阵还是只能在原地打转，慢慢它就蔫了，再也不跟这木桩较劲了。现在尽管它长大了，有力气可以挣脱了，但它还是和以前一样老实地待在原地不动。有一次，我给它喂草料，不小心把一些草料撒在了它脖子够不到的地方，我原以为它肯定会挣脱木桩去吃，可是它没有，只是'哞哞'地待在木桩旁边傻叫，好像是在叫我把草料放到它够得着的地方去，你说这多有意思！"

究竟是什么力量让一头大水牛挣脱不了一根小小的木桩呢？

还有一个有关动物的行为也很有趣。

研究者将一个很大的鱼缸用玻璃隔成了两半，鱼缸的一半放进几条大鱼，连续几天不给这些大鱼喂食，之后，在另一半鱼缸里放进很多小鱼。饥肠辘辘的大鱼看到了小鱼，径直就朝小鱼游去，但它没想到中间隔着一层玻璃，就被玻璃顶了回来。连续数次，它们朝小鱼冲去，但结果都一样，逐渐地，它们开始放弃眼前的美食，不再徒劳。尔后，研究者将鱼缸中间的玻璃悄悄抽掉，小鱼优哉游哉地游到大鱼面前，而此时饥饿的大鱼却再也没有吃掉小鱼的欲望了，眼睁睁地看着小鱼在自己面前游来游去……

其实人也有类似的现象，当一个孩子的英语成绩很差时，他会怎样做呢？通常情况下他就会反复地背诵、默写单词、练习口语、学习语法，但如果经过多次这样的努力，他仍然没有提高自己的英语学习成绩，那他还会持续不懈地努力吗？我们可能都会猜到这个孩子在面对连续的失败时，不会持续地努力了，因为人会在一次次的努力却又失败的经验中，学习到一种无可奈何的行为信念，然后他就会用这种信念去应对自己随后的生活情境。

一、什么是习得性无助？

也许塞利格曼最有资格来为我们解答这个问题，因为他是历史上第一个对习得性无助问题进行了多年系统研究，并提出了一套完整且很有见地的理论主张的学者。

（一）这些狗为什么会这样？

1964年的一天，21岁的塞利格曼带着几分激动，兴冲冲地走在宾夕法尼亚大学（University of Pennsylvania）的校园里，因为他要到行为主义大师，美国著名的比较心理学家理查德·莱斯特·所罗门（Richard Lester Solomon）教授所在的心理学实验室去报到。想到自己即将攻读实验心理学的研究生，将投身向往已久的心理学研究的广阔天地，又想到自己将师从所罗门这位令人仰慕的实验心理学大师，塞利格曼按了按夹在腋下的几本心理学教科书，不由得加快了脚步。

推开实验室的大门，塞利格曼被眼前看到的情景吓了一跳：地板上有一个很大的铁笼子，笼子的一端躺着两只"呜呜"哀叫的狗，所罗门教授和他的一群弟子围着这两只狗忙得不可开交，他们时而小声讨论，时而紧锁眉头，每个人的脸上都带着迷惑不解而又失望的表情。

塞利格曼很快从旁边的同学那里弄清了事情的原委，原来所罗门教授和他的弟子们正在准备做一个心理学实验。他们想要证明"情绪学习可以在不同的情境之中迁移"的假设。他们准备了一个大铁笼子，铁笼子的中间被一个较矮的栅栏隔开了，狗可以轻易跳过这个矮栅栏，从铁笼子的一端逃到另一端。铁笼子的一端有电击，而另一端没有。按照预先的实验设想，由于条件反射的作用，狗在听到与电击相匹配的一个高频率声音以后应该会跳过栅栏，逃到笼子的另一端没有电击的地方去。但实验中的狗似乎并不愿意跳过栅栏，而只是趴在原地一动不动地哀叫着，似乎在无可奈何地准备接受即将到来的电击。

在与同学进行了更详细的交流之后，塞利格曼又了解到，在做这个实验之前，所罗门教授和他的弟子们已经完成了一个预备性实验，即对实验中的狗进行了预处理。他们把这些狗拴在实验室的柱子上，每天都让它们接受成对出现的刺激：先是一个高频率的声音信号，紧接着是一个短促的电击，这种电击尽管不会对这些狗造成重大伤害，但会使它们感到非常痛苦和难受。在多次进行这样的训练之后，实验中的这些狗都已经学会了将这一高频声音刺激和电击联系在一起，形成了心理学中巴甫洛夫式的条件反射，它们知道每当高频率声音信号出现之后，它们就一定会遭受电击，从而也对这个高频声音信号产生类似的恐惧。现在进行的是第二阶段的实验，实验任务并不难，只是训练这些狗在听到与电击相关联的高频率声音信号后，要学会跳过栅栏而逃到铁笼子的另一端去，从而躲避即将到来的电击。

但现在这两只狗却出现了一些状况，它们在听到高频率声音信号（甚至是在受到真实的电击）后，并没有跳过铁笼子中间的栅栏逃到另一边去。事实上，铁笼子里的这个栅栏非常矮，还不到狗背的高度，在预备性实验中发现，让全部的狗学会跳过栅栏是完全不成问题的。可眼前的这两只狗却都趴在笼子的地上一动不动，更别说站起来完成大家所期望的跳跃动作了。

包括所罗门教授在内，谁也没想到这个实验居然在阴沟里翻船了，这两只狗宁可忍受电击，也不去努力学习跳过栅栏。这意味着大家就没有办法进行接下来的关键实验。想到之前好几个星期的努力都白费了，大家都感到非常沮丧。他们都把这个现象看作实验中出现的一个失败个案，并不认为这个现象本身有多大的研究价值。

但是这个现象却使年轻的塞利格曼若有所思，他像发现了一块新大陆一样。由于塞利格曼没有参加过之前的系列实验，所以并没有预期的实验设想，这使他不像他的师兄们那样感到沮丧和失望，反倒是被这一现象背后的意义所吸引。

看着这两只狗趴在地上"呜呜"哀鸣，一味地等待电击，毫不反抗的样子，塞利格曼的脑中飞快地闪过了自己父亲中风（半身不遂）后绝望的神情……两种情景似乎有着太多的共同点。曾经很能干、很强势的父亲在中风后躺在床上时不也是这种情形吗？父亲的生命最终不正是毁在这种绝望神情上的吗？塞利格曼一辈子都忘不了父亲生病后和去世时的情景！他一直特别想要揭开这种绝望眼神背后的谜底，但之前他还没有发现任何关于这方面的资料和相关的科学研究。

生活中常常还能看到许多类似的情形：刚刚出生躺在小床上啼哭的婴儿，医院病床上躺着的那些身患绝症的病人，还有贫民窟里吃了上顿没有下顿的穷人……这些人的眼中似乎也都有着如这两只实验狗所表现出来的类似的神情，而也正是这种神情在肆虐地摧残着这些人的健康和心情。

　　塞利格曼把这一现象称为习得性无助，无助感是指人们对现实或即将发生的事所产生的一种无可奈何的感觉，也就是你对这些即将发生的或面临的事不能进行有效控制。无助感在每个普通人身上都有，许多时候似乎是人天生的一种感觉，如要求一个男人怀孕生子时，这个男人就会产生无助感。但在所罗门教授实验中的狗产生的无助感却有独特性，这种无助感是由过去经历的生活以及学习造成的，因此是习得性无助。

　　如果说你对无助这一概念还是比较陌生，或者觉得这个概念有点过于学术化的话，那可以问你一个简单的问题：你体验过绝望的感觉吗？从本质上说，绝望就是一种极端无助的感觉，是你无论怎么努力也无法逃脱威胁的感觉，属于无助感的最高级别。绝望者是很痛苦的人，因为他无法通过自己的努力来改变目前的处境；绝望者更是悲观的人，因为他已经不愿意再去尝试任何新的努力了，只能被动地等待着命运的安排。

　　这一天，塞利格曼相当激动，虽然他是第一次在实验室里见到"习得性无助"的情景，但塞利格曼立刻就意识到自己需要做些什么——过去的经验使他看到了这个现象背后可能存在的真相。他在心中飞速地盘算着：是不是所有的狗都有这种现象？有关动物的研究模式可不可以成为人类无助感研究的实验模式呢？我怎么用这个模式去了解无助的来源？又怎么去治疗它？怎么去预防它？什么药物会对它有效？有哪些人更容易遭受它的侵害？[1]这一天以后，塞利格曼清楚地知道了自己未来将要研究的问题和今后的科研方向——创建习得性无助理论，并在此后进行了几十年的系统研究，最终使之成为心理学史上最为经典的理论之一。

　　还是让我们回到本小节开始时那头大水牛的例子吧，塞利格曼认为并不是什么外在神奇的力量让这头大水牛变得如此老实而窘迫，而是它

① Seligman, M. E. P. (2006). *Learned optimism: How to change your mind and your life*. (p. 20). New York: Knopf.

在过去的经历中学会了无助。过去无数遍的挫折或失败经历使这头水牛具有了这样一种信念：不管怎么努力挣扎，都无法挣脱这根木桩，于是这头大水牛习得了无法脱逃这根木桩的无助感，并把它作为自己的生活准则。就算现在这头大水牛完全有能力挣脱这根木桩，但这种生活准则已经导致它不愿再去进行任何新的尝试。

（二）关于对实验狗的痛苦的内心冲突

尽管塞利格曼第一次到所罗门教授的实验室后就确定了自己的研究方向，但之后，塞利格曼却深深陷入了两难境地。一方面他强烈地想对无助感进行实验研究，但另一方面他又为动物实验的伦理所困惑。因为如果要进行无助感实验，他就必须和他的同门师兄们一样，对这些无辜的狗不断地施以电击，尽管这些电击不足以致命，却给这些狗造成了巨大的痛苦。塞利格曼一向喜爱动物，这是他所不忍心的，特别是这些狗忍受电击时的眼神让塞利格曼的内心很是不安。另外，用狗的实验得出的习得性无助这一理论就一定适用于人吗？如果通过动物实验得出来的理论不适用于人，那为什么要用这些可怜的动物来做实验呢？

塞利格曼陷入了库尔特·勒温（Kurt Lewin）提出的"趋避动机冲突"（即又想做又不想做的状态）中，他想了很久还是没有找到有效的方法来解决自己内心的这种冲突，于是他决定利用周末去向曾经教过自己的一位老师寻求帮助。

这位老师是他在普林斯顿大学（Princeton University）读本科时的哲学教授，虽然很年轻，只比塞利格曼大几岁，但在科学哲学和伦理学上有很深的造诣，一直是塞利格曼崇拜的偶像之一。教授听了塞利格曼的叙述，并没有直接给予明确的评判，而是敏锐地抛出了两个关键性问题让他思考。

第一个问题是，权衡两种痛苦的价值大小。教授让塞利格曼自己权衡这一研究结果将来可能为人类减轻的抑郁痛苦，与实验中施加给动物的痛苦，二者之间哪个价值更大。如果这一理论为人类减轻的痛苦小于实验中所施加给狗的痛苦，那这个实验就不能做，反之就应该做。

第二个问题是，动物实验的类推问题。也就是说，动物实验的结果能不能类推到人类身上呢？教授告诉塞利格曼，也许进化理论并不一定完全正确，但它是迄今为止有最多证据的理论，如果人和动物之间具有某种生物属性的连续性，那人和动物心理之间的连续性自是不言而喻，教授还让塞利格曼去仔细阅读达尔文的书，通过阅读来厘清思想。

不过在这次谈话的最后，年轻的教授还是告诫塞利格曼，有些科学家常常会被想要成名或成才的野心所遮蔽，从而忘记了自己实验的最初目的。[①]因此，教授让塞利格曼在实验之前先对自己做出两个承诺：第一，一旦在实验中发现了想要寻找的东西，就立即停止对狗进行继续实验，并对实验用狗进行适当的人道救助（包括实验中出现的"疯狂狗"）；第二，一旦通过动物实验已经得到了明确的答案，就要立即停止所有有关的动物实验。

这一次的谈话不仅帮助塞利格曼顺利解决了自己的内心冲突，还使他坚定了一生都坚守动物实验伦理原则的决心，他知道自己应该做出怎样的选择了。塞利格曼回到所罗门教授的实验室之后，心中的迷雾已经被拨开了，他决定要开始实施自己期待已久的无助感研究实验。为了时时牢记自己做这些动物实验的目的，他把哲学教授对自己的要求作为自己的两个承诺，郑重地贴在了自己的床头。他告诫自己要每天看这两个承诺后再去实验室。

二、失败和挫折一定会引起习得性无助吗？

实验室有关动物实验的结果以及生活中的一些经验告诉人们：习得性无助主要是由失败或挫折所导致的，那它是不是失败或挫折之后的必然结果呢？如果是的话，那这个世界肯定充斥了大量习得性无助的人或

① Seligman, M. E. P. (2006). *Learned optimism: How to change your mind and your life*. (p. 21). New York: Knopf.

动物，甚至可以说每个人或动物都有可能变成习得性无助。因为这个世界上的每一个人或动物在从小到大的生活过程中都一定或多或少地经受过生活挫折和失败。

所以从这个意义上来说，也许一定要有另外一个要素（或一种条件）与失败或挫折同时出现，才更有可能导致个体产生习得性无助，那这个可能的因素是什么呢？为了回答这个问题，我们还是来对塞利格曼的习得性无助实验过程进行详细回顾。

（一）动物习得性无助实验

在仔细思考了有关习得性无助的可能性之后，塞利格曼在实验室里充满信心地跟师兄们讲了自己有关习得性无助实验的想法，让他没有想到的是，他的这个想法一提出来就遭到了大家的质疑。大家觉得这个新来的博士研究生有点异想天开：学习居然不是产生在行为上，而是产生在情感态度上！这不是完全背离了行为主义心理学的原理吗？不过，在众多同门师兄的质疑中，幸好还有一位坚定的认同者，这个人名叫史蒂夫·梅尔（Steve Maier）。梅尔出身贫穷，是一个典型的下层社会子弟，不过他学习成绩优异，也是美国一流大学的本科毕业生，有着很好的实验心理学功底，深受所罗门教授的喜爱。梅尔出生于美国著名的纽约布鲁克林贫民窟，并在那里长大成人，在这个充斥了贫穷和暴力的地方，他从小就目睹了真实世界里的无助感是什么样子，而且也曾多次体验过无助的滋味，所以他坚定地和塞利格曼站到了一起，认为这一研究是可行的，并和塞利格曼共同进行无助感实验的设计和分析。

塞利格曼和梅尔设计了一个经典的习得性无助实验：把一些狗随机地分为三组，两个实验组和一个对照组。他们给第一组狗（实验一组）设定了电击但通过努力可以逃避的情景，也就是对即将和正在发生的结果有控制感；第二组狗（实验二组）与第一组狗受到的电击完全一样，即电击强度、时间长度、次数等都是一模一样的，不过，第二组狗不能通过自己的努力来停止电击，对即将和正在发生的结果没有控制感。只有当第一组狗通过自己的努力停止了所受的电击时，加在第二组狗身上的电击才会同时被停止（即心理学上所谓的共轭）。第三组狗（对照组）做与上述两个实验组狗相同的行为，但在整个过程中不受任何电击。

当三组狗经过这样的预处理之后，再把它们分别放进之前所罗门教授实验时使用的那个中间有栅栏的大铁笼子里（即下文的往返箱），并施以电击，然后看这些狗能否学会跳过中间那道栅栏来逃避电击。塞利格曼团队假设认为，和第三组对照组的狗进行比较，第一组实验狗应该很容易就学会逃避痛苦的电击；第二组实验狗应该更可能待在原地不动，承受痛苦的电击，因为这组狗产生了不管做什么都没有用的信念，也就是习得了无助感心理。

当塞利格曼团队把这个实验设计拿出来进行小组讨论时，实验室里的其他成员一片哗然，因为当时整个心理学界盛行行为主义心理学。行为主义心理学的最大特点是奉行严格的客观主义，强调心理学只研究行为，只有行为才是客观的。也就是说，行为主义认为所谓的"心理"是看不见、摸不着的，只是一个猜测的概念，应该用外显的客观行为来代替心理这个概念，心理学应该修改为行为学。在行为主义者心目中，动物是没有心智的，它们学习到的任何一种行为都只是刺激—反应之间的简单联结，因此，动物怎么可能在头脑里学习到复杂的无助感呢？

不仅如此，塞利格曼团队想证明无助感是可以通过学习而得来的，但是，从行为主义心理学的角度来看，这种实验设计根本不符合学习产生所应具备的情境条件，也就是说这个实验设计中没有"强化"这一环节。任何一个熟练的行为主义者都知道，只有在行为带来奖励或取消奖励的前提下（强化），有机体才可能产生学习。

因此，在当时的许多人看来，塞利格曼团队这样的设计简直是不可思议，不符合现行的任何一种学习理论，所以没有人相信无助感可以通过这种方式来进行研究，甚至他的导师所罗门教授也一度对他们的想法公开表示怀疑。

到了1965年，在塞利格曼团队的坚持下，经过和导师所罗门教授的多次沟通与交流，在进一步完善之前的实验方案的基础上，所罗门教授终于同意塞利格曼团队在自己的实验室里正式实施无助感实验研究。

塞利格曼团队选取了24只身高在38～48厘米、体重在11.25～13千克的混血狗作为实验对象。这些狗被随机地分为三组，每一组8只，按照之前的设计分别是：实验一组（可逃脱组，通过努力可以逃脱电击）、实验二组（不可逃脱组，通过努力也不能逃脱电击）、实验三组（不接受任何电击处理的对照组）。可逃脱组和不可逃脱组的狗都被单独关进笼子里，然后被套上一种专门设计的狗套（这种装置类似于巴甫洛夫经典条件反射实验中用的实验装置），除了头部，这些狗的身体的其他任何部位都不能自由活动。塞利格曼在每一只狗颈部的狗套两侧各安装了一个鞍垫，这样可以确保每当狗移动自己的头部时就会挤压到颈部两边的鞍垫。

然后，塞利格曼团队开始分别对这些狗施加电击。可逃脱组的狗受到电击后，如果它们挤压头部两边的鞍垫，电击就会立即终止。而不可逃脱组的狗也在同一时间接受完全相同的电击，区别在于它们不能自己控制电击，也就是说，不论这些狗做什么（包括挤压头部两边的鞍垫），电击都会持续，一直到同时参与实验的可逃脱组狗挤压到鞍垫终止电击为止（即这一组的狗与第一组实验狗共轭在一起）。这样的设计能确保两个实验组的狗所接受电击的时间、强度完全相同，两组间唯一的不同之处在于第一组狗能自己终止电击，而第二组狗却不能。可逃脱组和不可逃脱组的狗在90秒的时间里均要接受64次电击，而对照组的狗在这一实验阶段没有接受任何电击。

24小时以后，这三组狗被分别放入一个称为往返箱（穿梭箱）的装置中（如图1.2所示）。这个往返箱被一块隔板分为两部分，狗可以从自己所在的一侧跳过隔板到另一侧去。箱子的一侧装有灯，当灯光熄灭时，电流将在10秒钟后通过箱子的底部。如果狗在这10秒内跳过隔板去另一侧，它就能完全避免电击，如果它不这样做，就将持续遭受电击直至跳过隔板，或者一直到60秒电击结束。每只狗都在这个往返箱中进行10次实验。另外，不可逃脱组的狗在此实验处理7天后在往返箱中再次接受10次额外测试，以评估前一阶段实验处理的持续效果。

图1.2　往返箱

塞利格曼团队采用了以下指标来衡量实验中的狗的学习程度。第一，从灯光熄灭到狗跳过隔板，每组平均需要多长时间；第二，完全没有学会逃脱电击的狗在每组中所占的比率（完全没有学会的标准：10次实验里至少9次没有跳过隔板）。

实验主要得到了以下三个方面的结果。

第一，学会逃脱的狗跳过隔板的平均时间分别为：可逃脱组28秒，不可逃脱组50秒，对照组26秒。不可逃脱组与其他两组间存在显著差异，但可逃脱组与对照组之间的差异不显著。

第二，没有学会跳过隔板来逃脱的狗的百分比分别为：可逃脱组0%，不可逃脱组75%，对照组12.5%。可逃脱组与不可逃脱组之间存在非常显著的差异，与对照组之间也存在非常显著的差异，其中不可逃脱组中有6只狗在9～10次尝试中完全失败。

第三，7天以后，不可逃脱组中没有学会跳过隔板的那6只狗被放入往返箱中再次进行实验，结果其中5只没有出现任何一次逃脱电击的尝试。

此外还发现，在64次电击过程中，可逃脱组狗挤压鞍垫使电击终止的时间迅速缩短，这一过程类似于前面桑代克实验中饿猫逃出笼子的时间越来越短，说明学习行为发生了。也就是说，可逃脱组狗很快学会了挤压旁边的鞍垫来终止电击，这个挤压行为也让不可逃脱组狗脱离了电击，而不可逃脱组狗挤压鞍垫行为在30次尝试后便完全停止[①]。

（二）控制感和习得性无助

上文实验中可逃脱组狗在往返箱中之所以能正常学会跳过隔板、逃脱电击，主要是因为这一组狗在前面的实验过程中，已经习得了通过自己的努力可以终止电击的信念；而不可逃脱组狗则在实验过程中习得了自己的行为不能终止电击的信念，认为自己再怎么努力，也不可能中止即将和正在发生的电击，所以当同样在往返箱中学习逃脱电击的技能时，这一组狗就不认为自己能终止电击，自然也就不去主动尝试逃脱。

仔细分析一下这个经典的无助感实验就会发现，实验中可逃脱组狗与不可逃脱组狗之间的唯一不同之处在于：通过自己的努力能否主动终止电击。因此，实验结果证明了一个非常重要的假设：对行为挫折和失败等结果缺乏控制感，将更可能导致习得性无助的产生。这就是说，对失败结果是否具有控制感，应该是习得性无助形成的核心关键。

因此，可以得出这样的结论：失败或挫折并不会必然导致习得性无助，只有当个体的失败或挫折和其失去控制感同时产生时，无助感才更有可能发生。也就是说，当失败或挫折发生时，自己的努力对这种挫折和失败毫无影响，才有可能导致个体产生无助感。

这样的例子在生活中也经常出现，比如有两个人分别都和其他人谈

---

① Hock, R. R. (2004). 改变心理学的40项研究. （白学军等 译）. 北京：中国轻工业出版社.

了10次恋爱却一次也没有成功（也即最终没有成功结婚），但第一个人A总是在恋爱中被别人抛弃（这个人对恋爱结果没有控制感），而第二个人B则总是在恋爱中抛弃别人（这个人对恋爱结果有控制感），尽管A和B这两个人都曾经失败过10次，但谁更可能形成习得性无助呢？生活经验告诉我们，第一个人可能性大，而第二个人通常不会形成习得性无助。

不过这里还有一个问题比较重要，即实验中的狗习得的无助有没有可能不是心态而只是一种行为特征呢？即狗只是面对这一种场景或电击场景而出现了一种特定的行为方式。如果习得性无助只是一种行为方式，那它的影响就不是太大，因为不管是动物还是人，其行为基本是个性化的。

从人的角度来看，这个世界上的每个人都会有自己独特的行为特征，在多数情况下，各种行为特征之间不存在明显的价值差异。但心态和行为特征不一样，心态多数情况下可以影响人生活的各个方面，其价值性非常明显。比如，某些人学会了用筷子吃饭，但这并不会因此而使人发生特别明显的价值变化，也就是说，你用筷子吃饭并不会使你价值更高，也不会使你价值更低。不过，如果一个人持有"学会了吃饭就需要使用筷子"的心态，那这个人就会在任何时候、任何场合都一定要使用筷子来吃饭，这就会使人的价值发生变化，在不能使用筷子的场合而使用筷子，就会显得愚蠢。

塞利格曼团队的实验证明习得性无助不是一种行为，更主要是一种心态，这主要基于两个方面的证据：

第一，通过往返箱实验发现，也有个别不可逃脱组的狗偶然会有一次成功逃脱电击的行为，即这只狗跳过了栅栏而到了另一端边没有电的地方，但当研究者把这只狗重新放入往返箱中后，这只狗却又恢复到了无助状态，不再做出任何逃脱的努力。这说明这只狗之前的成功逃脱电击行为只不过是偶然的无意行为，狗确实在心态上已经形成了无助感。

第二，不仅如此，塞利格曼在后期的实验还发现，实验狗一旦形成了习得性无助，即使旁边有成功的榜样，这些狗依然会表现出无助，并且无助力量非常强大，几乎大到和人格力量相类似。塞利格曼团队曾做过一个很有说服力的实验，他们先把一只狗处理成习得性无助，然后把这只狗和其他一些正常的、从没被处理过的狗一起放入一个往返箱的一端。当把狗所待的一端接通电源之后，那些没有被处理过的正常狗就会由于受到电击而乱成一团，经过一段时间的骚动以后，它们都先后成功跳跃往返箱中间的栅栏，逃到没有电击的另一端。可是，那只之前接受过无助处理的狗却依然可怜地承受着难过的电击，尽管被电击得呜呜叫，但这只狗依然一动不动地趴在原地并露出绝望的神情。这一实验清楚地表明：狗习得的是一种无助的心态，而不只是一种行为。

从性质上说，行为本身很容易被模仿和同化，而心态的力量却非常强大，一旦习得了，则不容易改变。

乐商：一个比智商和情商更能决定命运的因素

第二节　人有习得性无助吗？

之前有关习得性无助的研究主要是基于动物实验，那么人有没有这种心理现象呢？尽管从进化心理学（evolutionary psychology）的角度来看，人的心理和动物的心理具有某种连续性，即动物的多数心理有时可以直接类推到人的身上，但这只是理论上的一种假设。对于越来越注重实证的心理学来说，提供看得见、摸得着的实验现象或数据应该是解释人有没有习得性无助的最好证据。

如果要把习得性无助实验模式推广到人的身上，有一个问题必须妥善解决，那就是心理学实验中最重要的伦理道德问题。人是这个世界具有自由意志的主体，一般情况下不允许先有意在人身上诱发出一个心理问题，然后再用一定的办法去解决或消除这个问题，因为谁也不能保证所诱发的问题会全部得到解决。而即使诱发的问题能全部得到解决，但诱发过程的副作用也可能无法估量，因此心理学对于用人做被试的研究慎之又慎。所以，关于人是否存在习得性无助的研究就不能沿用之前动物研究的模式，而必须设计出一种不会给人带来任何伤害的新模式。

一、关于人的习得性无助实验

从1971年起，塞利格曼团队开始围绕着研究人的习得性无助而设计相关实验。在对之前有关动物习得性无助实验进行仔细考察之后，他们以控制感为核心，保留了以前动物实验的基本程序，但把动物实验中的"电击"刺激修改为"噪声"刺激。因为塞利格曼发现，之前实验中的电击刺激在本质上其实就是一个厌恶刺激，因此心理学只要寻找到一个让人厌恶的刺激就可以了。事实上，对人来说，刺激类型主要分为三种：厌恶刺激、中性刺激和喜爱刺激，而人的多数心理问题则主要是由厌恶刺激所导致。

实验是以大学生为被试进行的[①]。塞利格曼团队招募了一些大学生，并把这些大学生随机分为三组：

第一组被试（实验一组）在实验室里被迫听一种让人心烦的噪声，不过这些被试通过自己的努力最终可以找到一个开关来停止这种噪声（对噪声有控制感）。

第二组被试（实验二组）也被迫听和实验一组同样的噪声，不幸的是实验二组被试无论怎样通过自己的努力也不能使噪声停止（对噪声没有控制感）。只有当实验一组被试通过努力而停止了他们自己的噪声时，实验二组被试的噪声也才会被同时停止，也即实验二组被试与实验一组被试共轭在一起。

第三组被试（对照组）不接受噪声刺激或其他任何特殊处理。

当这三组被试在各自的条件状态下进行一段时间的实验任务之后，再让他们紧接着做另一项实验任务：用手指的移动来停止噪声刺激。实验装置是一个"手指往返箱"，也就是当被试把手指放在往返箱的一端时，就会听到一种强烈的噪声刺激，而当被试一旦把自己的手指放到箱子的另一端去后，这种噪声就会消失。

实验结果证明：人也会患上习得性无助。

实验一组那些能通过自己的努力停止噪声的被试，还有那些之前从来没有接受过任何噪声刺激的对照组被试，他们在"手指往返箱"实验中很快就学会了把手指移到箱子的另一端来停止噪声。

而实验二组被试，就是之前在实验处理中无论怎样努力都不能使噪声停止的那些被试，他们中的多数人听任刺耳的噪声一直持续地响下

---

① Seligman, M. E. P. (2006). *Learned optimism: How to change your mind and your life.* (p.29). New York : Knopf.

去，一直忍耐着不去做任何改变的努力，直到研究者中止实验任务。事实上，这些被试只要把自己的手指移动到箱子的另一端就可以有效地避免这种噪声了，但实验中这些被试的手指却始终停留在原处，就是不愿意移到箱子的另一边（和之前动物实验中狗的行为类似），这些被试无疑形成了习得性无助。

我和我的研究生也做了一个有关儿童习得性无助形成时间的实验，该实验结果表明，儿童形成习得性无助比成年人更快，他们在失去控制感的情景中只需要很短的时间（我们的实验研究是30分钟）就可能形成习得性无助。我们让两个8岁的儿童完成同一项任务：把一篇文章输入电脑的文档，两个儿童分别在各自的房间同时开始实验任务。当儿童进入房间后，房间中的电脑就会发出一种噪声，A房间中的A儿童只要去按压自己电脑键盘上的键，他就会找到一个关掉这种噪声的开关；而B房间中的B儿童不管怎么努力，都关不掉自己电脑发出的噪声，只有当A房间中的A儿童关掉自己电脑发出的噪声时，B房间中B儿童电脑的噪声才会被同时关掉，即A房间和B房间的两台电脑被共轭在一起。

30分钟之后，两个儿童被要求分别到另一个房间里去完成一项搭积木的任务。当儿童进入房间时，房间充满了之前的那种噪声，而这次关掉这种噪声刺激的开关在门的旁边。实验结果发现，A儿童进入房间后会立刻寻找到开关把这种噪声关掉，然后再完成实验任务；而B儿童进入房间后则忍受着噪声，闷头完成实验任务，B儿童形成了习得性无助。

随后研究者用同样的实验程序对大学生进行了实验，结果发现30分钟失去控制感的噪声经历并不会让大学生出现习得性无助现象，这说明儿童比成年人更容易形成习得性无助。

之所以要特别强调儿童比成年人更容易形成习得性无助，主要是因为我们许多人在生活中有一些看起来很正常的行为方式，可能无意中就会让孩子形成习得性无助。看看以下这些情景吧。

情景一：妈妈要去上班（或者要去做别的事），但孩子哭闹着不让妈妈出去，非要妈妈留下来陪着自己，于是许多妈妈开始采用哄骗的办法来让自己脱身。

"宝贝乖，不哭，妈妈不走了。"妈妈开始用一些方法刻意分散孩子的注意力，然后趁孩子不注意时悄悄地离开了。

很多妈妈都用过这种方法与自己的孩子相处，因为她们相信这种方法既可以达到使自己离开的目的，同时又可以避免孩子出现大哭大闹的情形。但殊不知这种情形多次出现会使孩子逐渐对自己的生活失去控制感，并最终使孩子产生习得性无助。在这种生活情景中，妈妈在孩子的心目中就像一个"幽灵"：反复无常（说不走的，怎么就走了呢？），来无影去无踪。孩子由于生活能力比较差，一般比较依恋成人，他们控制自己生活的方式也比较简单——哭闹，饿了哭，不舒服时哭，依恋妈妈时哭，想要什么东西时还是哭，也就是说，孩子的哭就相当于他的努力。当孩子发现自己的哭（努力）不管用时，其实是他意识到自己不能控制自己的生活了。当以上的情景一而再，再而三地出现之后，许多孩子真的在妈妈再次离开时不哭（努力）了，家长们还窃喜自己之前的方式有效了，实际上这时候孩子已经对妈妈的离开表现出了无可奈何，至少孩子已经在妈妈离开的情景上产生了习得性无助。

所以，从目前的心理学研究来看，和孩子相处，特别是和生活能力比较差的婴幼儿相处，成人应该在孩子的感知觉范围内进行活动，也就是说，成人所做的各种活动应该要让孩子听得到、看得到。回到上文的这个问题，当孩子哭闹着不让妈妈去上班时，妈妈首先要耐心地和孩子解释一番（别以为孩子不懂而不做任何解释），然后让孩子知道妈妈很爱他（可以亲他、抱他一下），最后在孩子的目光下离开。尽管孩子可能会在妈妈离开时哭闹，但孩子在这过程中其实意识到了自己的行为已经对妈妈起作用了（妈妈已经和自己解释了好一会儿，还亲了自己一下等），因此，也就不会失去控制感。

情景二：妈妈觉得应该让孩子去做一些力所能及的事来提高孩子的各种能力，于是当妈妈认为一件事对孩子有利时就会用自己的权威直接叫孩子去做。例如，"孩子，你去把自己的房间整理一下""孩子，去打一会儿篮球吧"等。

在如今这个什么都追求快的社会文化氛围，民主在中国似乎被看作是多余且费时费力的形式，多数中国人习惯于利用年龄、地位、文化、权力来支配他人，以期迅速达到目的。实际上，我们应该在多数事情上慢一点，这种慢在某种意义上可以保护孩子的创造力和创新精神。

例如，当我们希望孩子去做一件事时，完全可以和孩子慢慢地协商。当一个妈妈和孩子协商了很久，孩子终于去整理自己的房间了，尽管从完成任务的效率上看差了一些，但这种民主的协商过程却增强了孩子做这件事的控制感。因此，除非特别追求效率（如军队执行任务等），一般情况下民主协商会让人们生活得更开心，也会激发出更多的创新。

情景三：我高中时的一个同学现在是江苏宜兴市一所重点中学的数学老师，回老家时我们见了一面，我发现他的性情大变，几乎变成了另外一个人，对什么都兴致不高。同学们议论的时候，他也只是小心翼翼地在旁边听着，几乎不发表任何意见。在私下我问他怎么不说话。他告诉我，他以前一直教高三毕业班的数学，那几年他工作很努力，每天"从鸡叫忙到鬼叫"，所教学生的数学成绩在高考中也总是名列前茅，但在年终评优秀时，"校长每次都把那些马屁功夫好的人评为优秀"，从来没有轮到过他。因此他觉得自己的努力没有用，从此以后就逐渐开始只做好本职工作，而对其他的事一概不管，所谓"点到上班，钟到下班"。

实际上，我的这个同学已经形成了习得性无助的心理。人们为什么要在工作中努力？道理很简单，人们希望借助自己的努力来控制自己的生活，使自己的生活能朝预定的方向发展。当人们发现自己的努力并不能带来那些可预见的变化时，他的失望其实来自他对生活失去了控制感。所以，公正从某种角度上说既是社会和谐的因素，同时也是个体保持创造和创新精神的基本条件。在一个不公正的环境下，个体都会或多或少变得有点习得性无助。

二、习得性无助形成过程中的一些行为特征

科学实验明确证明了人也会产生习得性无助，随后的一些研究更是发现，个体的习得性无助的形成是一个过程，习得性无助在从无到有的过程中，个体的心理或行为常常会出现很大变化，许多时候甚至让人觉得不可思议。让我们看看以下这些让人诧异的行为，这些行为或许并不完全是习得性无助所导致的结果，但至少都和习得性无助有一定的关系。从目前已有的研究来看，习得性无助形成之后可能会出现一些所谓的小忧伤，这些小忧伤在当时看起来没什么大不了，但如果不加以提防，它们也会对人造成一些巨大伤害。

2012年5月6日，这是一个普通的星期日，但我所在的学校却发生了一件让人目瞪口呆的事。

女主人蒋某和她13岁的儿子在家休息，而丈夫则外出上课。上午8点多，早早起床的蒋某做好了早饭，她看儿子还在自己的房间睡觉，便叫了几声，可是没有一点回应。虽然是周末，但是蒋某很早和儿子定下规矩，周末可以睡懒觉，但是不能超过9点。于是蒋某走进儿子的房间，掐了一下他的脖子，看儿子还是没有反应，又掐了一下。蒋某以为儿子这下肯定会起床，就走出了房间。

据蒋某事后说，掐脖子只是她和儿子常玩的一种游戏，以前也这样做过，当时连掐了儿子两下，儿子不理她，她以为儿子在和自

己闹着玩，所以就不再理他。

定下的规矩不能变，眼看快到9点了，蒋某见儿子还是没有起床，就有点生气了，她再次走进儿子房间，用手掐住儿子的脖子，这次她听到儿子咳嗽了两声。因为蒋某平时最关心儿子的身体，现在看到儿子生病了居然还和自己闹着玩，就更加恼火，于是手劲不觉加大了些，而随着手劲加大，蒋某发现儿子不正常了，伸手一摸，儿子竟没有了呼吸。

蒋某在周围人的心目中是一个非常疼孩子的妈妈，孩子的一点小事她经常都会大惊小怪，但为什么会亲手掐死了自己的孩子呢？

其实，蒋某在留校成为一名老师之后，一直在工作、事业上没有什么特别大的发展，但她是个有上进心且好胜的人，因此她开始在培养孩子的过程中获得成就感，孩子的任何变化（她心目中的所谓好变化）都是她自己成功的标志。但实际上，孩子在不断长大的过程中伴随着自主性的增长，越来越不听话，这使得蒋某对孩子的许多行为越来越无可奈何（失去控制感），再加上她的精心培育并没有使孩子达到她心目中的理想状态，她在潜意识中已经对孩子产生了某种程度的怨恨，从而导致其失手掐死了孩子。从本质上说，很多父母为孩子做了多余的事，主要是因为父母不恰当的成功观导致自己和孩子进行控制感的竞争。父母要通过对孩子的控制感来体现自己的成功，而孩子则想通过自主性来实现控制自己生活的愿望。从这种意义上说，孩子有时成了大人为了达到目标、实现自己控制感愿望的工具，而大人却在这个过程中打着教育的名义。

不过这里有一点必须说明，个体在形成习得性无助过程中可能会出现以下一些小忧伤，但这并不意味着一旦个体出现了以下这些小忧伤就一定正在形成（或已经形成）习得性无助。

第一，经常会感到生活压力很大。尽管在今天这个越来越重视福利的社会，人的生存压力不见得有多大，因为一个人即使不做任何工作也会得到政府或社会的救助，但每个人还是面临着多种多样的发展压力，特别是社会发展压力。不过正常情况下，人们只是在特定的刺激或因素影响下才会觉察到自己所面临的压力，通常情况下人们会漠视这些压力。但是，一旦个体在心态上形成了习得性无助，那他就会对自己所面临的压力产生敏感性反应，也即在生活中时时刻刻都会觉察到自己的压力。

第二，总觉得自己荒废了一天又一天，却又不知道怎样来充实自己。习得性无助的人会对自我失去信心，所以，他会觉得自己的一切失败都不可避免，但由于觉得这种失败源于自己，因而觉得自己没有办法改变现状。有个学生在积极心理学（Positive Psychology）课程的作业中这样记录了自己的生活：

> 我很怕一个人（独处），但是，我又从来不出去和同学玩，放学回家后就一个人待着。我喜欢热闹，喜欢有人和自己玩，但是，我更害怕热闹过后的冷清，从而在（再）也不能适应一个人的世界。我有一个姐姐，我和她的年龄相差比较大，所以当我上小学的时候，我姐已经去外地读书了，她在家的时间很少，每次我姐回家我都会很开心。寒假的时候，我最期待和我的表哥和表姐一起玩，但当他们离开时，我总是会哭，哭很久很久。在我哭的时候，我的母亲就会抱着我，我觉得很温暖。母亲也会哄我，但我还是哭声依旧。除了在母亲面前，大多数的时候我都是背着人哭的，我不喜欢把自己的伤心呈现在亲人和朋友面前。

第三，常常不喜欢现在这样的自己，同时也不喜欢周围的人或事。对已有状况无可奈何的一个直接后果是不喜欢自己，然后在此基础上会不喜欢自我所涉及的一切，包括自己的同事及家庭。从大学四个年级学生的发展特点来看，这一问题在大学二年级时表现得最明显，是所谓的"大二问题"的核心问题，即到了大学二年级时，学生比较容易产生这一问题。而心理学在研究上也有一个特点，不管是在中国还是在国外，大部分心理学实验的被试恰恰是大二的学生。读者或许可以从这种巧合中获得某种体会。

第四，缺乏"安全感"，凡事不愿意主动发表自己的意见，做任何事总希望有个人来帮自己。安全感是建立在对自己有信心的基础上，当个体觉得自己不能对生活进行有效控制时，他就会刻意地过分保护自己，如凡事都会特别小心，不愿意和别人过多交往，尽可能做较少的事等。这些人总想躲起来不被其他人知道或注意到，特别希望能到一个没人能找到自己的地方，不仅如此，他们还常常感到孤独，喜欢养小动物，并能在这些小动物身上花费很多时间（陪它们说话等），同时也会因为动物的行为很生气。

第五，面对新的情境会产生某种生理反应，吃不好饭或睡不好觉。过分敏感是习得性无助所导致的一个最经常的行为特征，这种敏感有时会伴随着某种生理反应，包括头痛、失眠或胃口变差等。但有时敏感又仅限于心理，如经常多愁善感，会为一些不经意的小事或一些正常的自然现象掉眼泪等。

第六，每天都感觉自己好累，但又不知道自己到底为什么累。习得性无助的人总想着通过多种多样的自我控制来保护自己，但又觉得自己控制不住相关的情形。越是觉得控制不住就会越想要自我控制，这导致的一个直接后果是消耗大量的心理资源，心理资源不足的一个直接后果就是觉得自己好疲惫。在这一点上尤其要提醒教育者，当你想禁止孩子出现或从事某种行为时，你最好不要整天唠叨，因为越是禁止孩子，越有可能对孩子产生更大的吸引力。

第三节　怎样消除和预防习得性无助？

　　有关儿童的实验告诉人们，人也会产生习得性无助。有没有一些办法可以有效消除已经获得的习得性无助或预防可能会发生的习得性无助呢？我们还是回到相关的动物实验。

一、习得性无助的消除

　　塞利格曼团队从动物实验所获得的结果表明，如果动物多次努力却无法改变环境或者避免即将面临的厌恶刺激，它就有可能不再继续进行任何改变的努力，而是默默地、无可奈何地接受所处的境况，这意味着这些动物已经获得了自己的能力不足以改变自己所处的状态，或不足以中止即将到来的厌恶刺激的信念，因而这些动物也就不愿做出继续努力的尝试了。

　　习得性无助的动物实验清楚地表明了这些动物的无助感心理机制：无助来源于过去的生活经验，动物经历过不管怎么做都没有用，也即它的多次行为努力都不能给它带来想要的结果，因此而学会一种对未来无能为力的期待。这种期待会进一步地泛化，即使在以后换了不同的时间和不同的环境，这些动物依然会觉得自己的行为努力是无效的，因而在其他类似的情景条件下自然也就不再努力了。

　　无助感既然是通过学习而得来的，那有没有办法再通过某种形式的学习来消除它呢？

　　塞利格曼团队设想，过去的挫折或失败经历导致动物获得习得性无助，那如果增加这些动物成功逃脱、战胜挫折或失败的经历，或许就可以帮助它们消除已获得的习得性无助了。

塞利格曼团队把之前实验中那些已经形成了习得性无助的狗重新放进了往返箱里，然后用一些方法来增加它们逃避电击的经验。

最简单的做法就是研究者用手把这些不愿意动的狗，从有电击的一端拖到没有电击的一端，这样不断地拖过来又拖过去，帮助这些狗反复跳过往返箱中间的矮栅栏以获得逃避电击的经验，要不了几次，这些狗就学会了主动跳跃栅栏来逃避电击。在这种帮助实验中，不同的狗需要获得帮助的次数有很大差异，就目前的研究结果来看，这或许和狗的基因特点有关。

塞利格曼团队这种简单的做法真的带来了效果：一旦这些狗发现自己（或者在他人的帮助下）跳过栅栏的动作可以停止电击（也即通过自己的努力可以控制即将发生的厌恶性后果），那些原来已经形成了习得性无助的狗，在随后的测验中就会主动地跳过栅栏以逃避电击，而且这种情形出现的概率达到了100%，再也没有出现之前的习得性无助情景，这说明增加成功的经验确实可以帮助这些狗摆脱业已形成的无助感。

随后的进一步追踪研究发现，即使过了相当长的一段时间（超过一年或两年），这些狗依然会在相类似的实验中出现主动跳跃栅栏的行为，这说明通过增加这些狗成功逃脱电击经验的做法，可以有效帮助其长期摆脱已经习得的无助感。这种消除效应是永久性的，不会随着时间或情境的变化而变化。

随后，塞利格曼团队也开始做人的无助感消除实验。他们在实验中发现，和动物相类似，如果之前已经形成习得性无助的被试，在他人的帮助下通过移动手指能够使噪声停止的话，这些被试很快就能学会自己主动移动手指使噪声停止，也即消除了已有的习得性无助。这证明和动物相类似，增加人的成功经验（即在他人帮助下）也会帮助个体消除业已形成的习得性无助。

二、习得性无助的预防

趁热打铁，塞利格曼团队又开始思考另一个更有应用和实际价值的重要问题：习得性无助的心理能不能有效预防？

（一）增加成功体验

塞利格曼团队在之前也做过另一个相对更简单的习得性无助实验，这一实验是把狗用项圈拴在一棵树上，然后对狗进行电击，当狗总是逃脱不了即将到来的电击后，狗也会形成习得性无助。不过他们在这次简单的实验中还有另一个发现，如果一只狗在之前经受电击时曾经有过成功逃脱的经历（比如因为捆绑不牢而使狗无意中挣脱了一次），那这只狗就很难再形成习得性无助心态。

根据这一额外的实验结果，塞利格曼团队假设，如果让狗一开始就有逃脱电击的经验，这种经验或许对其后来形成习得性无助会有一定的预防作用，为此，他们设计了一个新的实验来验证这一想法。

第一步，他们将狗放置在可逃脱的情景条件下，狗可以通过挤压脖子上的鞍垫来终止电击。

第二步，将这些狗转移到不可逃脱的情景条件下，无论这些狗怎么努力都不能逃脱所面临的电击（和之前的习得性无助实验相同）。

第三步，将这些经历过以上两种情景条件的狗放入往返箱中接受10次测试。

结果发现，在这种情况下，这些狗会不断尝试挤压鞍垫，并不像在经典研究中的第二组狗（不可逃脱组）那么快地放弃尝试。更令人惊叹的是，这些狗最后都在往返箱中成功地学会了逃脱和回避电击。

也有另外的研究者设计了一个类似的有关老鼠游泳的实验。研究者把A、B两只老鼠分别放进两只盛满水的水缸里，这两只老鼠被迫只能一直在各自的水缸里游泳，因为如果不游的话，它们就会被淹死。当它们游了5分钟之后，研究者在A老鼠的水缸里放了一块漂浮的小木板，结果A老鼠迅速地爬到小木板上歇息。与此同时，另一只水缸里的B老鼠则没有任何东西，它就只能不断游泳。又过了2分钟之后（即总时间7分钟之后），A、B两只老鼠都被捞起来进食，并让它们休息以恢复体力。当它们恢复了体力之后，再次被放入同一只盛满水的水缸。这次A、B两只老鼠不再得到任何救助，而是一直待在水里直至被淹死。研究者统计了A、B两只老鼠被淹死的时间，结果发现，之前在游泳过程中碰到过小木板的A老鼠在水中存活的时间显著性长于B老鼠（其中的几次实验中，这些碰到过木板的A老鼠甚至会比没有碰到过木板的B老鼠的存活时间长一倍）。随后人们对这一实验重复了许多次，结果每次都相同。

为什么A老鼠存活的时间会显著性长于B老鼠？这主要是因为A老鼠在之前的游泳经历中碰到过一块救生木板，即它曾经有过成功逃生的经历，因而它在第二次的游泳过程中有一种可能会成功的信念，这促使它奋力坚持，最后因为实在游不动了才被淹死；而B老鼠在之前的经历中从没有过成功的经历，这导致它在第二次游泳时有一种反正是逃不了的想法，这一想法使他很快就失去了坚持下去的勇气，自然很快就被淹死了。

这些动物实验的结果表明，一旦动物习得了有效逃避厌恶刺激的行为（或者叫成功行为），随后的失败经历也并不足以完全消除它们愿意努力改变自己命运的动机，塞利格曼团队把这种现象称为心理"免疫（immunization）"①。

这就是说，如果事前在某个领域学习的行为是有效的，那么这个学习就可以有效预防个体随后在这个领域发生无助学习。这实际上意味着，成功体验同样也具有很好的免疫作用。

研究者在后来的追踪研究中甚至还发现，即使在一只狗小的时候，如果让它经历过一段可逃脱电击的情境，等它长大后，再经历多少次不可逃脱电击情境，这只狗也很难形成习得性无助。这似乎意味着，一只小狗一旦学习了一种对自己有效的行为（成功行为），会令它终

---

① Seligman, M. E. P. (2006). *Learned optimism: How to change your mind and your life.* (p.28). New York : Knopf.

生受用，即在它随后的一生中都对形成习得性无助心理具有很好的免疫作用。

在取得了这些实验结果之后，塞利格曼遵守了实验之初向普林斯顿大学年轻的哲学教授许下的约定，塞利格曼团队从此以后停止了一切关于狗的实验。

有关人的实验也取得了同样的结果，研究者发现，如果让被试预先获得一些成功体验（即获得成功行为），那这些被试就很难在随后的相关活动中形成习得性无助心态，也即，之前相关的成功经验对个体患上习得性无助具有很好的免疫作用，这一点在前后相同的活动领域中尤其明显。

这些实验结果提示人们，如果教育者或成人在生活实践中能主动给儿童或他人（被试）一些成功体验，有时甚至是一些积极鼓励、积极强化刺激等都会成为他们坚定继续努力信心的一个重要组成部分。不管是在消除被试业已形成的习得性无助方面，还是在预防被试患上习得性无助方面，这些做法都会产生很大的积极作用。

从以上有关动物和人的实验研究来看，成功体验（经验）——不管是习得性无助形成之前的，还是习得性无助形成之后的——对个体的发展有很大影响。在习得性无助形成之前获得的成功体验，有助于帮助个体对习得性无助免疫；在习得性无助形成之后获得的成功体验，则有助于帮助个体消除业已形成的习得性无助。所以，至少从对抗习得性无助的角度来看，从小让孩子获得各种成功体验对孩子的发展有相当大的益处。

不过，和前面有关动物的习得性无助消除和免疫研究进行比较，研究者发现有关人的习得性无助消除和免疫还是具有一些明显的特点：

第一，在外力的帮助下，人消除业已形成的习得性无助要远快于动物。我们相信这一结果可能是由实验设计的特点所造成的，但从另一个方面来说，这一结果似乎也暗示着，人的理性在其中起一定的作用，说明智慧、认知等在摆脱习得性无助方面也是很重要的因素。不过这一结果并不意味着人比动物更容易摆脱习得性无助。事实上，如果个体一直没有改变自己的认知，即使他获得了再多的成功体验，也不会有多大的作用，所以理性智慧有时候也可能在人们摆脱习得性无助方面起着阻力作用。相反，没有理性（至少是低理性）的动物只需要简单的成功体验，当成功体验累积到一定的数量后，就会自然摆脱习得性无助了。

第二，言语鼓励或决心激励，在帮助个体消除或免疫习得性无助方面都具有很大的作用。和动物相比，言语体验是人的一大特点，也就是说，人并不一定要亲身获得成功体验，人借助语言能力也可以获得类似体验。这说明对人的教育方式有了更多的选择，除了帮助他人直接获得成功体验之外，言语也是一个可利用的重要手段。

第三，积极强化在人身上的作用更大，也更直接。这一特点到底有什么含义呢？这实际上就是人与动物间的学习差异。从本质上说，习得性无助的消除过程就是一个学习过程。在学习过程中，奖励对于人的作用总是大于对于动物的作用，因为人能把握奖励背后的意义，而动物却只能限于奖励本身，因而积极强化在人身上具有更大的激励作用。前面的内容提到了桑代克用实验证明了学习是一个尝试并改正错误的过程，我们说这一理论又正确又不正确。这一理论正确，是因为它从严格的实验中而来，并且得到了许多后续实验的重复验证；这一理论不正确，是因为它仅仅来自动物实验，而人与动物的学习有明显的区别，直接把动物学习经验类推到人的身上似乎把人的智慧作用给抹杀了。

在这里我们也许会突然发现一件有趣的事，即预防习得性无助和治疗习得性无助居然可以吃同一种"药"——增加个体的成功体验！这既是一种巧合，但同时也从另一个角度证明了成功体验对人发展的重要性。

（二）增加控制感

除了通过增加个体的成功体验来预防习得性无助之外，还有没有其他的办法呢？心理学的研究发现，还有另外一种方法也可以有效预防个体产生习得性无助，那就是增加个体的控制感。

这种免疫方法其实是根据习得性无助形成的心理学原理而提出来的，因为既然实验显示，人们对厌恶刺激失去了控制感，就会形成习得性无助，那反过来，如果能不断增加个体的控制感，自然就会使人不容易产生习得性无助了。

在这里，另一位美国著名心理学家朱利安·伯纳德·罗特（Julian Bernard Rotter）的一个猜扑克牌颜色的实验也许会让我们对控制感有更深的理解。罗特有一次郑重其事地对许多大学生说："心理学现在有一项重大发现，即正常人群中有一部分人具有特殊的第六感觉能力（所谓第六感觉能力其实是欺骗学生的一个谎言），即有些人不用眼睛看就能知道某一张扑克牌是红色（红心和方块）的，还是黑色的（梅花和黑桃）。"然后罗特就对上千名学生进行了测量，并从这一人群中随机选出了60人，煞有介事地告诉这60名学生说他们有第六感觉能力，不过这种能力如果不经过培训就不会显现出来。接着，罗特就把这60人又随机分成A、B两组，分别对他们进行所谓的第六感觉能力训练。

训练的流程大致如下：首先要求被试凝视一张扑克牌反面的中心点3分钟，然后轻轻闭上自己的双眼，这个时候再要求被试将注意力集中到自己的感觉上。然后，主试对被试说，如果他们在闭眼时觉得自己的心头一热，则那张扑克牌就是红色的，如果在闭眼时感觉到自己的心头一凉，则那张扑克牌就是黑色的。实际上，这个训练过程就是一种装模作样，根本没有任何价值。

不过在训练过程中，罗特要了一个小阴谋，他让A组的30名被试每天的训练成绩都有10%左右的提高，从本质上说，成绩的提高实际上意味着这些被试对扑克牌的控制感在逐渐增加。为了实现让这些被试猜扑克牌的成绩能逐渐提高这一目的，罗特每次都在手中藏有两张不同颜色的扑克牌（一张红的和一张黑的），这样他就可以通过魔术手段进行作假来任意控制这些被试猜扑克牌的成绩了。当这样的训练持续近一周之后，A组被试猜扑克牌的成绩都提高到了90%左右。这时候，罗特问了A

组被试两个问题：

问题1：现在给你100张扑克牌，其中50张红的、50张黑的，你觉得你能猜对几张？为什么？

问题2：你愿意继续接受一周这种第六感觉训练吗？

对于问题1，A组被试的绝大多数认为自己至少能正确猜对其中约80张，并认为这主要归咎于自己的第六感觉能力，而且这种能力在过去的一周训练中得到了明显的提高（对结果表示乐观）。

对于问题2，A组被试的绝大多数人都非常愿意继续接受一周这样的训练（即在这项活动中表现出了继续努力的愿望，意味着坚强）。

尽管B组被试也接受了与A组被试同样的一周训练，但对于B组被试，罗特却给予他们真实的反馈，即每次罗特手上只拿一张扑克牌（红色的或者黑色的），被试猜对或猜错都给予真实的反馈评价，这样这组被试在训练的一周中每天猜扑克牌的成绩就永远停留在机遇水平（也就是50%左右）。一周训练结束后，罗特同样问了B组被试上文的两个问题。结果对于问题1，B组被试认为自己至多只能猜对其中50张左右，弄不好还有可能一张也猜不对，并认为这个猜扑克牌成绩主要归咎于运气；而对于问题2，B组被试都明确表示不愿意继续接受一周这样的训练（意味着放弃和不愿意坚持）。

为什么接受了完全相同训练的两组被试会出现完全相反的行为意愿呢？A组被试愿意选择坚强，而B组被试却选择了放弃。实验结果清楚地表明，A组被试在训练过程中的控制感得到了逐渐提高，所以他们选择了坚持和坚强；B组被试在训练过程中却始终没有控制感，所以他们选择了放弃。这说明增加控制感可以使人变得更坚强，更不愿意放弃，更难以形成习得性无助。

生活中的一些经验其实也可以印证这一规律。我们经常会在各种媒体报道中看到某个男孩可能会追一个女孩几年（很坚强），事实上，只有当这个女孩让这个男孩在追的过程中不断提升控制感，这个追几年的情形才能得以出现。

在本章前面提到的公平公正和民主协商等，本质上都可以有效提高个体的控制感，从而帮助个体免疫习得性无助。从现代心理学的研究来看，提升控制感不仅仅是获得某种权力或职位，它更在于提升个体的长处和优势。当一个人有了某一项或几项长处之后，他在相应的领域就会有控制感，而这种控制感甚至可以伴随他的一生。因此，从积极心理学的角度来看，通过提升个体的长处或优势来获得控制感，是其理论的核心和基础。

乐商：一个比智商和情商更能决定命运的因素

喜悦日益成为一种奢侈品，
只因乐观言易行难。
那么，
它能否习得呢？

第二章 积极心理学——寻找失落的幸福

尽管人们很早就在实验中发现了习得性无助现象，但在塞利格曼之前，还从来没有任何一个心理学家对习得性无助进行过系统研究，更不用说研究心理无助感的机制和来源。所以从某种意义上说，塞利格曼开创了一个人类从未涉足的新的心理学研究领域，而这一领域揭开了人们失去幸福的根源。当然，从另一个角度上来说，习得性无助机制更是对人们找回失落的幸福起到了助推作用。

第一节　从习得性无助到积极心理学

　　从积极心理学现在的发展态势来看，有关习得性无助的意义远不仅仅是一种理论的创新和突破，它还具有非常重要的应用价值和实践意义。塞利格曼通过实验清楚地向世人证明了心理无助感是通过学习而形成的，与人对行为及其结果的控制感有关，而控制感更主要体现在认知层面，是动物或人认知的一种结果。实际上，多数情况下，动物或人总是根据自己的真实生活状况而形成一种关于自己控制感的主观认知结果。因而在具体的生活过程中可以通过控制、改变动物或人的认知来影响其心理无助感，这在本质上是一种新的学习理论。这意味着学习不仅仅是获得一种行为，它也可能使人获得一种观念。

一、从习得性无助到习得性乐观

　　塞利格曼提出的无助感理论完全不同于当时盛行的行为主义心理学学习理论，行为主义认为一切形式的学习都是被动的，不需要任何认知参与，是刺激—反应间的一种联结（也就是说学习是一种不经过头脑的外周活动），俄国著名生理学家伊万·彼得罗维奇·巴甫洛夫（Ivan Petrovich Pavlov）的经典条件反射原理就是当时公认的最好的学习模式。与经典条件反射学习理论一脉相承的操作性条件反射学习理论虽然强调强化的作用，但它同样拒绝了认知在学习中的地位和作用。因此，当塞利格曼提出了带有明显认知特点的心理无助感学习理论之后，他实际上打破了行为主义在当时心理学领域里的统治局面，为学习理论的发展和完善做出了自己的贡献。

有意思的是，塞利格曼本身在早期是一个坚定的行为主义者（至少在发现心理无助感之前），但这似乎并没有影响他对行为主义的批判，这在一定意义上体现了一个真正的科学研究者的开放性。习得性无助意味着学习不一定只发生在行为上，它也可以发生在看不见、摸不着的观念上。塞利格曼团队把实验结果写成论文投递出去，他们的文章很快就被刊登在美国心理学会（The American Psychological Association，简称APA）著名的《实验心理学》（*Journal of Experimental Psychology*）期刊上，而且排列在当期的第一篇。这一实验结果向全世界的行为主义学习理论家发出了宣战，即"学习只有在行为获得奖励或消除奖励时才可能发生"这一结论是错误的！

当然，尽管塞利格曼团队的实验结果是可靠的，但这仍然避免不了与行为主义者之间的一场理论争执。为了进一步巩固自己的理论成果并反击行为主义观点，他们又设计了一系列严谨的实验，持续对狗、老鼠等动物进行实验研究，这些实验的结果最后都证明了无助感是可以学习而获得的。最终，他们的研究结果与当时美国著名的语言学家和心理学家诺姆·乔姆斯基（Noam Chomsky）、瑞士著名儿童心理学家琼·皮亚杰（Jean Piaget）等人的研究结果，再加上当时其他信息加工认知学派心理学家的发现，一起扩大了心智研究的领域，并形成了一个完整的证据链，从而证明了学习并不是简单的刺激—反应之间的联结，帮助认知心理学赢得了与行为主义心理学之间的学术战争胜利，行为主义心理学也因此让出了心理学的主流地位。

不过，在每次实验中，塞利格曼也总会发现存在几个特例，比如总有几只狗在接受不可逃避的电击后，仍然可以很快就学会跳过隔板来躲避电击（即它们总也学不会习得性无助）；另外几只狗却更奇怪，尽管它们接受的是自己能主动终止的电击（在活动中有控制感），但在后续的实验中却学不会通过自己的努力去终止电击而出现了习得性无助现象（不该学会习得性无助时却学会了）。

实验中的这些不完美之处也引起了当时学术界同行们的注意，有人进而在一定程度上质疑他的理论，塞利格曼接受了同行们的质疑并邀请他们中的一些人和自己一起进行这方面的实验。在一系列实验的基础上，塞利格曼发现，之所以出现以上这些现象，主要是因为这些狗在接受实验之前就已经形成了某种特定的认知观念。

为了更好地研究人的习得性无助情况，塞利格曼接受了当时著名心理学家罗特的归因控制点方面的研究成果，将"解释风格"概念引入了习得性无助理论。归因控制点理论认为，人在面临一定的生活事件时，要么把其原因归咎于外部力量（如运气、机遇、命运或者其他人的力量等）；要么把其原因归咎于自己的内部力量（如智力、勤奋或者其他一些个人所拥有的特征等）。

前一种人的归因控制点在外部，具有外部控制点的人常常会觉得自己对所要发生的事件无能为力。

后一种人的归因控制点在内部，具有内部控制点的人常常会觉得自己是生活的主人，自己能控制外在事件的发生或发展。

塞利格曼发展了归因控制点理论，提出了解释风格理论，认为个体的解释风格其实反映了人对所发生事件（或将要发生的事件）的评价方式，可以分为悲观型和乐观型两个极点，不同的人的解释都处于这两个极点之间的连线上，离悲观一端近则具有悲观的特点多一些，离乐观一端近则具有乐观的特点多一些。

解释风格具有三个方面的属性，分别是永久性、普遍性和个性化。例如面对同一件挫折事件，悲观的人习惯于从永久（以后也会遇到挫折）、普遍（在其他地方或情境也会遇到挫折）和自我（遇到挫折是因为我本身缺乏能力或魅力）的角度去解释；而乐观的人则从暂时（挫折只发生在这个时间）、具体（挫折只发生在这个特定的地方或事件）和他人（遇到挫折是因为运气或外在干扰）的角度去解释。

但面对一件好事，二者的角度却又刚好相反。乐观的人习惯于从永久（以后也会出现类似的好的结果）、普遍（在其他地方或情境也会出现好的结果）和自我（好结果是因为我本身具有能力或魅力）的角度去解释；而悲观的人则从暂时（好事或好结果只发生在这个特定的时间）、具体（好结果只发生在这个特定的地方或事件上）和他人（好结果纯粹就是一种运气或外在力量的帮助）的角度去解释。

悲观型解释风格特点的人面对困难或失败时容易放弃，遇到挫折往往一蹶不振，即使在面临好的结果时也怀疑自己的能力。如有一个老师在30岁时就做了某个市实验小学的校长，工作也干得不错。有一次，这位校长曾经的老师在和他谈起为什么做校长这件事时，这位年轻的实验小学校长说了这样一句让人印象深刻的话："老师，我做校长是运气好，因为前面那位校长死得早！"这一句话描绘出了一个典型的"抑郁猫"形象。而乐观型解释风格特点的人，面对困难或坏结果时不会轻易放弃，即使受到挫折打击也能很快恢复，而面对好结果时显示出极强的自我能力归因特点，是典型的"坚强猫"。例如有的孩子在考试时语文没有考及格，但他依然会认为自己在接下来的数学或其他考试中会及格，即使当所有的考试都不及格时，他也会说那是一些不太好的运气所导致的（如考试时外面的嘈杂声等），他绝不会认为这是自己能力差而导致的；而一旦这个孩子考了高分，他就会告诉别人自己是个天才，这个高分是因为他自己的能力而获得的。

习得性无助理论经过修改，发展成为解释风格理论之后，习得性无助实验中出现的一些特例就得到了很好的解释：不同的动物或人在其不同的生活经历中形成了不同特点的解释风格（既有质性方面的差异，同时也有量的方面的差异），而这种不同特点的风格指导了其随后的行为，这样习得性乐观也就成了人类行为或人格中的一个重要组成部分，塞利格曼的理论终于因此赢得了学术界的普遍赞同。

二、从习得性乐观到积极心理学

解释风格理论的一个最大特点是告诉人们，既然无助和悲观可以习得，那乐观也一定可以并能够习得，这就如一张纸，如果有了正面，那它也一定有反面，两者之间是相互对应的。解释风格理论形成之后，塞利格曼的研究方向开始逐渐从习得性无助转向了习得性乐观，即转到了一张纸的另一面。

塞利格曼认为普通人和悲观者都可以让自己朝乐观的方向发展，如果能采用一定的技巧，有意识地改变自己平常的习惯想法（内心的信念），那他对不愉快事件的悲观性应对就会发生改变，从而变得振奋和充满活力。于是塞利格曼与史蒂夫·霍伦（Steve Hollon）、艾特·弗里曼（Art Freeman）两位认知心理治疗大师合作，提出了一种帮助正常人学习乐观的"ABCDE技术"，从而为习得性乐观提供了直接的技术支持。这一技术中的A是指不愉快的事件（Adversity），B代表个体对该事件的信念（Belief），C是指该信念可能导致的后果（Consequence），D是对自己的某些信念的反驳（Disputation），E是激励（Energization）。

如果对不愉快事件（A）的信念（B）不同，产生的后果（C）也就不同，因此，改变的核心就是对自己所具有的悲观信念进行反驳（D），当反驳任务完成以后，最后对自己进行激励（E），从而巩固自己刚建立起来的新信念（具体内容请参阅第四章）。

塞利格曼团队的这种习得性乐观技术其实是将美国著名心理学家阿尔伯特·埃利斯（Albert Ellis）的情绪ABC理论和阿伦·贝克（Aaron Beck）的认知心理疗法融合了起来，塞利格曼的贡献则在于把一种治疗心理疾病的模式最终发展成了一种适合于普通人的乐观学习技术。这一技术的核心在于致力于帮助正常人改变已经形成的悲观型解释风格，重新认识和定义不愉快事件，最终使自己变得乐观起来。

在多年对习得性乐观研究的基础上，塞利格曼把自己的眼光放得更远了，他有了建立一种以研究人的积极品质为核心的心理学理论的想法。当他于1998年担任美国心理学会主席时，塞利格曼发起了一场积极心理学运动，倡导心理学在了解各种心理疾病机理的情况下也要了解人积极的心理机理，因而他被世界公认为"积极心理学之父"。2000年，

x

他在美国心理学会会刊《美国心理学家》（*American Psychologist*）上发表了《积极心理学导论》一文，在该文中，塞利格曼指出心理学自“二战”以来一直只研究人的各种心理问题和破坏力量，而忽视了研究人类的美德和建设力量，积极心理学的任务就是要改变这一现状，使人类自身的积极力量能得到充分的关注和发掘，这被认为是吹响了建立积极心理学的号角。塞利格曼还一手构建了积极心理学的学科框架，即“一个中心、三个基本点”。

“一个中心”是指积极心理学要以研究人的幸福为中心，在前人研究的基础上，塞利格曼提出了幸福的三个要素——乐趣、投入和意义。乐趣通常表现为兴高采烈的外在情绪表现形式（如笑脸等），即人的幸福和个体自身的主观感受结合得很紧密，所谓感觉好才幸福。投入是指个体对家庭、工作、爱情与业余爱好的投入程度，幸福与这种投入是成正比的，没有投入则没有幸福，反过来，没有幸福也不会投入。意义则意味着个体的幸福并不完全是由个体的主观感觉决定的，人是有理性的，当他对行为或事件有了深层价值的理解之后，他就会不辞辛苦地去做这件事或这种行为，并在此基础上发挥自我的力量，达成超越个人的目标，尽管在做的过程中也许感觉不太好，但做完之后则会产生真正的幸福。

积极心理学的“三个基本点”是积极情绪、积极人格特质、积极的社会组织系统。积极情绪主要包括对过去感到满意、对现在感到满足、对未来充满希望这三个组成部分。积极人格特质则主要由人的力量和美德组成，包括爱和胜任的能力、勇气、同情心、复原力、创造力、好奇心、诚实、自知力、克制、自我控制和智慧等多个方面。积极的社会组织系统主要包括大的组织系统（如民主的国家制度、舆论自由等）、中的组织系统（如人性化的单位管理规章等）和小的组织系统（如牢固的家庭关系等）三个方面，它们为积极人格特质的形成和积极情绪的获得提供社会支持。

在确定了积极心理学理论框架的同时，塞利格曼还与美国心理学家、密歇根大学（The University of Michigan）教授克里斯托弗·彼得森

（Christopher Peterson）历经三年建立了支撑积极心理学学科的基础内容——积极品质的分类标准（即具有积极心理健康的个体到底应该具有哪些积极品质）。

在塞利格曼的领导下，积极心理学运动目前正方兴未艾，在全世界引起了广泛的反响。积极心理学已经成为当代心理学的一个最重要的发展方向，成为一种世界性的心理学运动。现在，越来越多的研究正着眼于人类积极的一面，各种研究成果层出不穷。即使在以传统心理学为主流的临床心理治疗领域，积极心理学的影响也在逐渐扩大，出现了积极心理学治疗等。

三、积极心理学的发展

积极心理学是基于习得性无助产生的，可以说，如果没有习得性无助的研究，也就没有今天的积极心理学的发展。尽管积极心理学从创立到现在，时间还不是很长，但它对当代心理学的影响却已经不容小觑了。例如，美国名校哈佛大学（Harvard University）从2002年起就开设了积极心理学课程，到2006年，积极心理学课程已经成为哈佛大学最受学生欢迎的选修课，选修人数排名全校第一。哈佛大学教学委员会的调查发现，23%体验过积极心理学课程的学生反映这门课"改变了他们的一生"，有些学生甚至将自己的父母，乃至祖父母带到了积极心理学课堂上来。泰勒·本–沙哈尔（Tal Ben-shahar）在他的《幸福的方法》（*Happier*：*Learn the Secrets to Daily Joy and Lasting Fulfillment*）中写道，2002年，他第一次在哈佛大学教授积极心理学，当时有8名学生报名，其中还有2名中途退学。第二年，听这门课的学生有近400名。第三年，学生人数达到了850名。2006年，听这门课程的学生已经超过了1000人，超过了曼昆的"经济学导论"。目前，美国已有100多所大学开设了积极心理学课程。

2003年，塞利格曼首次在宾夕法尼亚大学开设应用积极心理学硕士研究生班，这是全球首个以积极心理学命名的硕士教育项目，这意味着积极心理学专业已经得到了社会认同，并成为一种单独的心理学研究方向。

2005年，英国剑桥大学（University of Cambridge）首度成立积极思想研究中心。2006年9月新学期开始，英国最顶尖的私立贵族学校威灵顿公学（Wellington College）和剑桥大学的尼克·贝里斯（Nick Baylis）博士合作，为该校14～16岁的学生开设每周一次的积极心理学课程，这意味着这个在古希腊文化、橄榄球以及冷水浴中寻求生活意义的传统精英教育机构，也开始加入了积极心理学行列，这是世界上第一所教导学生如何从积极角度思考的高中。

在中国，从事积极心理学研究的队伍逐步发展壮大，积极心理学方面的学术论文逐年增加。在积极心理学的应用上，国内成立了"亚洲积极心理研究院"等相关培训机构，推动积极心理学在社会的传播，同时也涌现了一批"幸福讲师"，致力于向企业、个人推广积极力量。这些机构还致力于引进哈佛大学积极心理学的全套课程资源，并与一些国际积极心理学大师合作，邀请他们来华演讲，让国人也受益于方兴未艾的积极心理学成果。清华大学还两次出面组织了中国国际积极心理学大会，尤其是2012年11月第二届大会，国际积极心理学会主席和塞利格曼等在内的一大批国际知名学者都亲临参加。

塞利格曼还专门建立了"真实的幸福"网站，免费提供各种积极心理学方面的自我测验以及相关的学习资料，帮助人们进一步了解积极心理学的内容，目前该网站在全世界已经有将近70万名注册会员。2007年国际积极心理学协会（International Positive Psychology Association，简称IPPA）在美国建立（其会员必须有心理学博士学位，或者是从事心理学研究的专业人士），塞利格曼担任学会名誉主席，美国伊利诺伊大学（University of Illinois）著名心理学家埃德·迪纳（Ed Diener）担任学会主席，同年还创办了会刊《积极心理学杂志》（*the Journal of Positive Psychology*）。2009年6月18—23日，第一届国际积极心理学大会在美国的费城召开，来自世界各地的近1300人参加了大会，这次大会受到了美国《时代》（*Time*）周刊等多个媒体的关注。

乐商：一个比智商和情商更能决定命运的因素

第二节　积极心理学形成过程中的几个重要事件

塞利格曼和积极心理学分不开，可以这么说，没有塞利格曼就没有积极心理学。因此，如果要弄清楚积极心理学建立的全过程，那我们就不得不把和塞利格曼有关的几件事单独列出来做个介绍。

一、父亲的去世

塞利格曼童年时的生活说不上很幸福，但至少比较安逸，因为他的父亲是一个相当有名望的大律师，不过这种安逸的生活在塞利格曼13岁时出现了变化，那年他的家里发生了一个影响他一生的重大变故。

有一天，塞利格曼突然被父母送去一个好朋友家里过夜，这是一个不同寻常的举动，在塞利格曼之前的生活中还从没有出现过，直觉告诉他，家里一定发生了什么事。在莫名的担忧中度过一夜之后，第二天一大早，他就独自惊恐地穿过六条街，偷偷地跑回自己的家，他很想知道家里到底发生了什么事情。

刚走到离家不远的地方，他就看见父亲被人用担架抬下家门口的台阶。从周围人焦急的对话中，他才知道父亲患了重病，而且是中风。塞利格曼躲在院子的树后面不敢出来，不过他从远处可以清楚地看见担架上的父亲，尽管父亲想展现自己的勇气，却只能大口地喘着粗气，一遍遍地向他人抱怨着自己的身体不能动弹，父亲的眼睛里充满了无可奈何。

　　之后不久，他的父亲又相继中风了三次，这导致了他父亲全身完全瘫痪。在随后的几年里，塞利格曼目睹了不能动弹的父亲那充满绝望的眼神、那一直陷在无助之中的痛苦。父亲去世之后的很长一段时间，他都不能忘记父亲绝望的情景。这是他第一次认识了无助感那强大的摧毁力量，曾经那么强势的父亲竟然也会出现这种绝望无助的眼神，这间接坚定了他后来对无助感进行研究的决心。

　　在13岁之前，塞利格曼一直有点年少不懂事，不太喜欢读书，喜欢玩儿。他一度非常喜欢篮球运动，希望自己有朝一日能加入一支职业篮球队。不过现实让他失望了——他甚至没有入选学校篮球队，为此他伤心了好一阵子。而此时，父亲的中风更是让他的心情坏到了极点，他发现自己陷入了深深的痛苦与失望之中。不过有一件事促使塞利格曼从这种痛苦失望中挣脱了出来，并使他从此振作了起来。有一次去疗养院探望父亲时，他听到父亲悄声对母亲说："从今以后，我再也不相信任何其他的事情了，我只相信你和孩子，我不想死。"父亲的这一席话让年少的塞利格曼变得若有所思，他觉得自己应该有所担当，并表现出责任心。塞利格曼似乎突然变得懂事了，他开始把自己的主要精力花在学习上。

　　有意思的是，尽管塞利格曼是一个行为主义者（那个时代也是行为主义心理学最流行的时代）和实验主义者，但对他影响最大的却是精神分析学派的弗洛伊德。在父亲中风后，他开始经常托已经在读大学的姐姐带一些大学生读物给自己看，在这些书中有一本弗洛伊德的《精神分析引论》（*New Introductory Lectures on Psycho-Analysis*）深深地吸引了他。正是受了弗洛伊德精神分析的影响，他决定将来要从事心理学方面的研究。

　　不过塞利格曼似乎并不是被精神分析理论的具体内容吸引，而是被弗洛伊德本身的人格特点吸引，有一件事可以证明这点。当塞利格曼看完《精神分析引论》之后，他告诉他的家人，他今后要像弗洛伊德一样，提出有吸引力的心理学理论。塞利格曼没有食言，12 年之后他就实现了自己当初的诺言。

二、牛津大学的演讲

在塞利格曼早期的游历生涯中有一件事不得不提，那就是牛津大学（University of Oxford）的一次学术演讲，因为这次学术演讲让塞利格曼清楚了自己的未来研究方向。

1975年，为了更进一步丰富自己的学术知识，塞利格曼来到伦敦大学莫德斯利医院精神病学研究所（Institute of Psychiatry, Maudsley Hospital, University of London）脱产进修。而由于他之前在习得性无助研究方面的成就，他于当年4月的一天受邀前往牛津大学做演讲，演讲内容就是他的习得性无助研究。

牛津大学在世界上的学术地位是众所周知的，塞利格曼有点紧张，边整理演讲稿边看了看底下的听众。他发现到场的专家很多，除了牛津大学的教授们，还有一些心理学领域的大师级人物。现代信息加工认知心理学的重量级人物唐纳德·埃里克·布罗德本特[①]（Donald Eric Broadbent），有名的社会科学家M. 格尔德（M. Gelder），1973年诺贝尔奖得主生态学家尼古拉斯·廷伯根[②]（Nikolaas Tinbergen），著名儿童发展学家J. 布鲁纳（J. Bruner），著名的大脑和焦虑研究专家J. 格雷（J. Gray）等都赫然在座。

塞利格曼开始讲他的习得性无助研究，坐在底下的那些教授们有时对他的结论点头，有时对他讲的笑话报以微笑，一切似乎都在掌控之中。演讲结束后，塞利格曼赢得了不少掌声——这看起来是一个美好且

① 唐纳德·埃里克·布罗德本特（Donald Eric Broadbent，1926—1993年），英国认知心理学家、实验心理学家。1970 年当选为英国国家科学院院士，1975 年获美国心理学会颁发的杰出科学贡献奖，"注意的过滤器模型"的提出者。
② 尼古拉斯·廷伯根（Nikolaas Tinbergen）因对动物行为模式的研究而与康拉德·柴卡里阿斯·洛伦兹(Konrad Zacharias Lorenz)等三人于1973年同获诺贝尔生理学奖。

令人欣慰的结果。但是，挑战很快来临了，这位挑战者名叫约翰·蒂斯代尔（John Teasdale），一位博士刚毕业不久的英国的年轻心理学研究者。蒂斯代尔刚从伦敦大学莫德斯利医院精神病学研究所升到牛津大学精神科当讲师，所以塞利格曼并不认识他。

蒂斯代尔走上演讲台，对塞利格曼的结论进行了尖锐地批评，他说："这个理论是完全不对的，塞利格曼先生轻描淡写地带过去一个事实，即有1/3左右的被试（包括动物和人）是不会变得无助的，这些被试为什么不会变得无助？在你的研究中，有的被试可以立刻从失败中爬起来，从头再来；而有的被试永远也不能从打击中复原。有的被试只有在学习导致无助的相同情境下才会变得无助，而在其他情境里却不会；但有的被试在全新的环境里也会变得无助而放弃。我们应该问一下自己，为什么会出现这样的情况？实验中有的被试失去了自尊，怪自己无法逃开这个噪声；有的被试却开始怪研究者给了他一个不能解开的难题，这又是为什么？"[①]

塞利格曼震惊了，他觉得这个批评是对的，为什么之前自己一直都没有想到这些问题呢？他上台之前还对自己10年来的研究充满了信心，但此时却突然觉得自己之前的研究漏洞百出，一瞬间，他甚至觉得之前所有的研究工作似乎都白做了。台下的许多教授这时也开始面露疑惑，蒂斯代尔这些一针见血的批评动摇了在场所有人的信心。尽管面临从未有过的窘境，但是塞利格曼很快就意识到，科学就是在这样的诘难中才获得进步。他之前实验中确实存在一个现象，就是三个被试当中总有一个被试不会变得无助，不管什么样的事情发生在他们身上，他们都不会变得无助。只有解决了这个疑惑，他的理论才站得住脚。于是演讲结束后，塞利格曼与蒂斯代尔一起走出会场，力邀他与自己共同来完善这个理论，蒂斯代尔同意了。

于是，塞利格曼定期从伦敦前往牛津，与蒂斯代尔进行讨论，进一

① Seligman, M. E. P. (2006). *Learned optimism: How to change your mind and your life.* (pp.31–32). New York: Knopf.

步探讨有关习得性无助方面的问题。蒂斯代尔认为，对于"谁比较容易变得无助，谁又比较能够抵抗挫折"这个问题，除了基因的作用之外，一个人对恶劣情境的解释可能也起着非常重要的作用。容易变得无助的人肯定对这个情境做了某种特定的解释，正是这种特定的解释才对他的无助感起了决定性的作用。如果研究者能知道那些容易变得无助的人是如何解释自己所处的情境，并加以改变，那就有可能治疗这些人的沮丧感。尽管蒂斯代尔是一个心理治疗专家，特别是治疗抑郁症，但塞利格曼仍然从他那里获得了很多启发，特别是关于如何改变沮丧的人对不幸遭遇的自我解释。

塞利格曼在伦敦进修期间，每隔两个月就要回宾夕法尼亚大学一次，因为他在那里还带着一些研究生。在结束牛津大学的那次演讲之后不久，他回到宾夕法尼亚大学的研究小组，这时他的两位学生也开始他的习得性无助理论。一位研究生名叫林恩·艾布拉姆森（Lyn Abramson），另一位则是朱迪·加伯尔（Judy Garber），他们两人都曾是伯纳德·韦纳（Bernard Weiner）心理学理论的追随者，受韦纳的影响很深[1]。韦纳是著名的归因理论的提出者，他认为个人对自己结果的成败是从能力、努力、任务难度和机遇（运气）四方面进行解释的。其中，能力和努力是"内因"，是个人相对能够控制的；任务难度和机遇则属于"外因"，是个人较难控制的。能力和任务难度又属于稳定的因素；努力和机遇则是不稳定因素。不同的归因倾向会使人对成功和失败产生不同的情感体验和情感反应，并由此影响个体对未来结果的预期和努力。归因理论对社会心理学产生的影响很大，艾布拉姆森和加伯尔就是从归因出发来看待习得性无助理论，认为习得性无助理论可能还存在一些问题。一番讨论之后，两个人都认同蒂斯代尔关于解释风格的提法，并放下手边的工作，全力支持塞利格曼的研究。就这样，他们一起废寝忘食地工作，有时就某一问题讨论起来甚至会连续12小时不休息。他们

---

① Seligman, M. E. P. (2006). *Learned optimism: How to change your mind and your life.* (p. 40). New York: Knopf.

的探讨主要围绕精神病的病因，研究人的解释风格如何引发无助感和抑郁症，最终形成了人格的乐观型和悲观型解释风格理论。

正是由于塞利格曼勇于接受批评，将批评的声音作为自己改进的方向，他才获得了这三位盟友，并开始从认知疗法和抑郁症的病因上探讨"解释风格"在习得性无助中所起的作用。他们后来一起以韦纳的归因理论为蓝本，同时吸收了罗特的归因控制点理论，对无助感理论进行了卓有成效的修订。

一般来说，由于长久以来积累的医学的权威性（即医生在病人面前永远是一个权威），精神病科的医生都有一个不太好的习惯，他们往往不愿意承认自己的错误，这一传统似乎从弗洛伊德时代起就开始形成了。他们通常的做法是将与自己意见不一致的人视为闯入该领域的野蛮人，并将其驱逐出境。如弗洛伊德就很少听得进不同的意见，正是因为这一原因，弗洛伊德先后把阿尔弗雷德·阿德勒（Alfred Adler）、荣格等人驱逐出了精神分析学会。但是，塞利格曼是一个例外，虽然他在精神治疗领域有着深厚的造诣，在抑郁症的预防和治疗等方面成就很大，但他从来不逃避批评。相反，他一直强调接受他人批评的重要性，并非常愿意接受别人的意见。他曾多次告诫自己实验室的学生：做研究最重要的是讲原则和讲证据，绝对不能人云亦云。塞利格曼认为，科学研究上的批评和看戏剧后的批评是完全不一样的。对一部戏剧而言，过多的批评往往意味着这部戏的失败；而科学上对某个理论的批评就像是从另一个角度来验证这个理论，这种批评只会让这个理论乃至整个科学体系越来越完善。

塞利格曼是这样说的，也是这样做的。1978年2月，美国著名心理学杂志《变态心理学期刊》（*Journal of Abnormal Psychology*）第87期见证了塞利格曼的这一研究态度。该杂志用一整期来刊登艾布拉姆森和蒂斯代尔等人对习得性无助理论的修正意见，以及另外12篇批评塞利格曼习得性无助理论的文章①。在这个双方辩论的战场上，塞利格曼团队对早期的习得性无助理论受到的批评做了预先回答，并补充了自己的一些新的研究成果。事实上，正是这次理论的大交锋，在心理学界掀起了一场习得性无助研究的热潮，并最终引发了积极心理学研究方向的产生。塞利格曼团队的有关这方面的一些研究成果会在下文进行具体介绍。

三、竞选美国心理学会主席

美国心理学会拥有超过15万名会员，是美国心理学界最大的组织（美国还有另外一个规模较大的心理学组织，美国心理协会，American Psychological Society，简称APS），也是世界心理学界最有影响力的组织。从1995年开始，塞利格曼就决定要竞选美国心理学会主席一职。因为他认为任职美国心理学会主席，一方面是一个伟大心理学家的荣耀；另一方面更可以为他实现积极心理学理想提供好的机会。不仅如此，其实塞利格曼的心里还认为美国心理学会主席一职是自己过去心理学研究价值的一个衡量器。塞利格曼天性上是一个悲观者，他其实一直不太敢去竞选美国心理学会主席，因为他害怕竞选失败。但自从他有了成立积极心理学的想法之后，似乎战胜了自己的悲观天性，他要去勇敢地尝试。那么，竞选的结果会怎么样呢？

"第二次世界大战以前，心理学有三项使命：治疗心理疾病、帮助普通民众生活幸福、识别和培育天才……可50多年之后，我想提醒各位，我们的心理学似乎已经偏离了它的最初的目标，心理学已经成为一种病理性心理学了。心理学不应该只是研究人的弱点和消极方面，它也应该研究人的积极品质、积极力量和美德。心理学不应该只是关注被破坏的部分，它也应该为我们自身最美好方面的培育提供技术支持……50多年来，心理学都以医学模式来对待人性的弱点和消极方面，这使得

---

① Seligman, M. E. P. (2006). *Learned optimism: How to change your mind and your life.* (p. 43). New York: Knopf.

我们这些从事心理健康的同行们无法开展有效的预防工作。事实上，我们需要大量关于人类力量和美德的研究，我们要让心理健康从业者认识到，他们最好的工作是增强普通人的积极力量和积极品质，而不只是修补病人的问题和弱点……"①

以上这些内容是塞利格曼在竞选美国心理学会主席时的演讲片段，他当时的一番话引起了在场众多心理学家的共鸣，大家纷纷向他鼓掌致意，甚至有一部分人激动得热泪盈眶。最后，他以绝对性优势战胜了另外几名候选人，并以史上最高得票数当选为1998年的美国心理学会主席，其得到的"选票数是第二名的三倍，是历届当选人平均票数的两倍"②。竞选美国心理学会主席成功，意味着塞利格曼不仅战胜了竞选对手，也在一定意义上战胜了自己的悲观。

专栏：竞选之后

竞选美国心理学会主席的演说之后，塞利格曼在家等待着结果公布。

"丁零零……"电话铃声骤然响起，塞利格曼快步走向电话。

他的继父丹尼斯（Dennies）耳背很严重，但此刻似乎也听到了电话铃，在客厅里扯着嗓子大声询问："选举结果怎么样啊？"

塞利格曼拎起听筒，里面传出的是多萝西·坎托（Dorothy Cantor）的声音，她是美国心理学会的上一任主席："喂，马丁，我想你正在等着竞选消息吧，结果出来了……咯吱咯吱……嗡嗡……"电话在一阵电流声之后是一片安静，见鬼，家里的电话居然在这个时候坏了！

塞利格曼："喂……喂，多萝西，请问，谁赢了？"

---

① Hirtz, R. (1990). Martin Seligman's journey: From learned helplessness to learned happiness. *The Pennsylvania Gazette.* http://www.upenn.edu/gazette/0199/index.html

② Seligman, M. E. P. (2002). *Authentic happiness: Using the new positive psychology to realize your potential for lasting fulfillment.* (pp. 17–26). New York: Free Press.

"选举不是……咯吱咯吱……"电话里又是一片安静，电话信号差得令人沮丧。塞利格曼感觉"不是"似乎是个坏消息。

　　家里人都在焦急等待，塞利格曼驾车去了附近的一个电话亭，回拨给多萝西女士，但是对方电话却是占线，过了好一会儿再打过去还是忙音。"她可能正在和竞选成功的那位家伙通电话，是迪克（Dick）还是帕特（Pat）呢？"塞利格曼心中默默地想着。

　　塞利格曼是个悲观者，此时沮丧在他的心头蔓延开来，但是，他运用自己《习得性乐观》（*Learned Optimism*）那本书里所写的与悲观念头辩论的技术，很快让自己重新振作了起来。他想到了另一个途径——打电话给雷·福勒（Ray Fowler）博士，美国心理学界的一位德高望重的元老级人物，他以前也曾担任过美国心理学会主席，而且也参与了这次主席竞选的组织工作，他应该知道消息。

　　电话是福勒博士的秘书接的："请稍等，我让福勒博士听电话。"难耐的等待之后，福勒博士激动的声音终于在电话里响起："你赢了，马丁！你不但赢了，而且你的选票数是第二名的三倍，是历届当选平均票数的两倍。你赢得了美国心理学会历史上选举的最高票！"[①]

四、尤卡坦半岛的度假

　　在塞利格曼成名之后，他的一次国外度假对积极心理学的发展起到了直接的推动作用，这就是墨西哥尤卡坦半岛（Yucatan）之行。1998年1月1日，正是新年伊始，墨西哥加勒比海地区尤卡坦半岛一个叫作艾库玛尔（Akumal）的度假胜地迎来了三位顶尖的心理学家，为首的正是当时刚刚接任美国心理学会主席的塞利格曼。

　　塞利格曼此时刚刚担任美国心理学会现任主席（美国心理学会一般

———————
① Seligman，M. E. P.(2002). *Authentic happiness*：*Using the new positive psychology to realize your potential for lasting fulfillment*. (pp. 17–26). New York：Free Press.

有三个主席同时存在，分别是前任主席、现任主席和候任主席），按照惯例，他要为未来一年美国心理学会主席任期内的工作拟定一个主题。他认为心理学界应该突破过去过分偏重于疾病与痛苦的研究传统，心理学更要深入研究个体的积极情绪、积极力量与美德等层面的内容，心理学要致力于帮助更多普通人追求真实的快乐。怎样才能让这个主题更具号召力和吸引力？塞利格曼想到了另外两位重要人物。

于是，塞利格曼出面邀请了出生于匈牙利的著名心理学家米哈伊·西卡森特米哈伊［Mihalyi Csikszentmihalyi，目前在美国定居，长期担任美国芝加哥大学心理系主任，是著名的"福乐"（flow）理论的提出者，致力于探讨如何帮助普通人获得较高层次的美好生活体验］和美国著名心理学家福勒俩人来到墨西哥尤卡坦半岛，和自己一起享受温暖的阳光、洁白的沙滩和充满悠闲情调的海边假日。

在度假期间，经过一个星期的讨论，塞利格曼等人最终确定了要发起一场积极心理学运动，并且明确了积极心理学研究的三大支柱，即三个主要内容，并分别指定了相应的负责人。第一大支柱是积极情感体验，负责人是著名幸福研究专家、世界幸福研究协会主席迪纳；第二大支柱是积极人格，负责人是西卡森特米哈伊，为了加强积极人格研究的可操作性，塞利格曼等人提出要依照美国精神病学会制定的《精神疾病诊断与统计手册》（*Diagnostic and Statistical Manual of Mental Disorders*，简称DSM）对心理疾病的分类方式来对人的积极品质或美德进行分类和界定；第三大支柱是积极的社会组织系统，负责人是K. H. 贾米森（K. H. Jamieson）。另外塞利格曼还出面邀请R. 诺扎克（R. Nozick）负责有关积极心理学的一些哲学问题的研究，对积极心理学所涉及的有关哲学问题进行澄清和厘定。在这次讨论之后，塞利格曼还建立了一个积极心理学网站来宣传积极心理学的理论和思想，网站基地设在宾夕法尼亚大学校内，该网站由塞利格曼本人直接负责，P. 斯库尔曼（P. Schulman）等人协助其做一些具体工作。

尤卡坦半岛之行除了讨论有关积极心理学本身的理论问题之外，还提出了许多推动积极心理学发展的具体措施，例如怎样吸引年轻的学者投入到积极心理学的研究中来，怎样让积极心理学和人们的日常生活更接近，怎样在普通的民众中提高积极心理学的影响等。

为了落实这些具体的措施，1998年以后，塞利格曼利用自己的名望为积极心理学运动拉来了大笔的赞助，许多有影响的基金会都在塞利格曼的影响下为积极心理学研究提供资金。其中坦普尔顿基金会（Templeton Foundations）还专门为积极心理学研究设立了奖励基金。该奖励每年颁发一次，主要是奖励那些在积极心理学领域的研究中，做出杰出贡献的年轻学者。1999年11月9～12日，在美国盖洛普基金会（Gallup Organization）的赞助下，积极心理学在内布拉斯加州（Nebraska）的首府林肯市（Lincoln）召开了第一次高峰会议。塞利格曼、唐纳德·克里弗顿（Donald Clifton）、迪纳等人都参加了这次会议，这次会议重点讨论了积极心理学的几个重要问题和一些相关的概念，如什么是人的积极力量，它是一种性格特点还是一种心理过程。

艾库玛尔讨论之后，为了进一步发展积极心理学，塞利格曼又把这个讨论会定期连续举办了4年，时间都是每年一月的第一个星期，地点还是艾库玛尔。对于邀请谁来参加艾库玛尔会议，塞利格曼有着自己的想法，他认为应该让心理学的学术新秀们来参加会议，以便了解并喜爱积极心理学。于是，塞利格曼每年都会给世界心理学领域的50位顶尖人物写信，请他们推荐将来最有潜质担任自己所在院系心理学学科带头人的人选。然后，塞利格曼每次从推荐名单中遴选出25人，邀请他们参加自己的讨论会（所有参会的费用全部由会议举办方承担）。这些人虽然年轻，但塞利格曼看中的就是他们的潜力，并相信他们最终会成为积极心理学研究的中坚力量。就这样，凭借艾库玛尔会议这个平台，积极心理学储备了一批极为优秀的学术人才，其中著名的如美国密歇根大学（University of Michigan）的心理学副教授芭芭拉·L.弗雷德里克森（Barbara L. Fredrickson），她在心理学界提出了著名的"积极情绪扩建理论"（the Broaden-and-build Theory of Positive Emotions）。

五、和彼得森教授在人类积极品质或美德标准研究方面的合作

1999年11月的一天，塞利格曼接到了一个电话，电话是迈耶森基金会的主席尼尔·迈耶森（Neal Mayerson）先生打来的，他在电话里表示希望与塞利格曼合作开展一些有关积极心理学方面的项目研究。

迈耶森读了塞利格曼的一篇关于积极心理学方面的专栏文章之后，觉得积极心理学研究应该会有广阔的发展前景，所以他主动提出资助塞利格曼的积极心理学研究，他相信积极心理学绝不会像其他项目一样，其研究成果最终只能摆在书架上积灰而无实际的用处。他决定和塞利格曼合作，一起建立并推广一个旨在对青少年进行积极干预的项目。

为了能够很好地规划这一项目，塞利格曼特地安排了一个周末，与迈耶森以及一些优秀干预方案的提供者共进晚餐。在这次晚餐聚会上，与会的人在讨论后达成了共识，即当前的首要任务是建立一套积极心理品质的分类标准。只有建立一个统一并科学的积极品质的分类标准，才能知道需要对青少年的哪些方面加以干预，进而提高青少年的心理健康。

建立积极品质分类标准的想法显然是借鉴了传统心理健康领域业已成熟的精神病诊断标准的创立经验。几十年来，传统心理学之所以能在精神病治疗方面取得这么大的成就，关键就是在美国国家心理卫生研究院的鼓励和资助下建立起了一套通用的精神疾病诊断标准，即《精神疾病诊断与统计手册》作为诊断和治疗的准绳。目前，这个标准已经发展到了第四版，被国际上许多国家所采用。

塞利格曼意识到，积极心理如果想要切实地改善人类的生活实践，那积极心理学也一定需要建立积极品质的分类标准。经过再三考虑之后，塞利格曼认为彼得森教授是主持这项工作的最佳人选。彼得森教授是一位非常著名的人格心理学家，尤其是在乐观和希望的研究

方面具有世界性权威。他所著的人格心理学方面的专著，如《变态心理学》（*Abnormal Psychology*）等是美国各大学人格教学领域的首选教科书，而且他负责的密歇根大学的临床心理学项目也是全世界公认的最大、最好的人格研究项目。

但彼得森教授能同意来担任这个项目的主持人吗？塞利格曼对此并不抱太大的希望，因为邀请一个已经成名的学者来从事一项全新的工作实在不是一件容易的事。不过自从1995年和自己女儿的一番对话之后，塞利格曼就已经不再是一个悲观主义者了，他愿意进行一切新的尝试并为之努力，所以他还是试着拨通了彼得森教授办公室的电话，出人意料的是，彼得森教授在了解他的意图后立即答应了他的要求。

事实证明，彼得森教授作为这个项目的负责人是最合适不过的，他在接手这个项目后，很快就制定好了项目研究的计划，并立即带领一些人全身心投入了项目研究。首先，他们从纵向上对人类历史上所流传下来的一切美德进行了罗列，这一时间跨度约3000年；其次，又从横向上对全世界各主要宗教派别、各哲学学派以及各民族传统文化所提倡的美德进行了罗列；最后，对所罗列的约200种美德进行因素分析，从中提取出所有宗教、哲学学派和社会文化都赞同的内容，他们认为这就应该是他们所要寻找的积极品质的标准。他们之所以这么做，主要是想把积极品质标准做成一个真正权威、科学、有说服力的跨文化价值标准，从而避免被指责只代表美国白人男性中产阶层的价值观。这一过程总共历时3年，最终他们顺利完成了这项繁杂而又艰苦的工作。

彼得森教授等人的工作成果表明，人类的积极品质可以分为6个大类，它们分别是智慧与知识（wisdom and knowledge）、勇气（courage）、爱与仁慈（love and humanity）、公正（justice）、节制（temperance）、精神力与超越（spirituality and transcendence）[①]。为了增加积极品质的可操作性，针对每一个大类，他们又区分出了若干可测

---

① Seligman, M. E. P. (2002). *Authentic happiness: Using the new positive psychology to realize your potential for lasting fulfillment.* (pp. 130–133). New York: Free Press.

量的并且可以习得的构成因素（称为积极力量要素），这些积极力量就像是培养积极品质的阶梯，你只要顺着这些阶梯走，那你就可以最终形成相应的积极品质。当然，每类积极品质所包含的力量要素是不同的，6大类积极品质一共包含有24种力量要素。这个标准为积极心理学的研究者提供了具体评测和培养的可操作目标，同样也为临床医生提供了一套完整的参考内容（具体内容请参阅第五章）。

第三节　塞利格曼的主要生活经历

塞利格曼所做的这一切努力，既是出于将心理学应用于日常生活，提高普通人生活质量的莫大热情，同时也是他自己生活经历的真实写照。塞利格曼出生在一个不太幸运的家庭，起初他是以研究悲观在心理学界扬名，但他最后却成为研究人的积极品质和积极力量的积极心理学的创始人，这或许可以算是一个小小的传奇。

因此，在对习得性无助、习得性乐观和积极心理学进行考查时有必要了解一下塞利格曼本身的生活经历，从一定意义上说，塞利格曼本身的生活经历也许就是积极心理学理论的一个重要组成部分。

一、主要的受教育经历

塞利格曼出生于1942年8月12日，出生地为美国纽约州（New York）的奥尔巴尼市（Albany），他的母亲是当地的一位公职人员，父亲老塞利格曼是一位著名的律师，因而塞利格曼的早年生活还是比较安逸的。

塞利格曼的中小学教育是在自己的家乡纽约州完成的，中学毕业后，他于1960年进入了著名的普林斯顿大学攻读本科。由于受弗洛伊德精神分析的影响（当时美国的许多学者把弗洛伊德的理论看作一种哲学，而不是心理学），塞利格曼本科期间学习的是哲学。不过在这期间，他阅读了大量的心理学书籍，由于当时新行为主义心理学在美国心理学界占据了绝对的地位，因此，他也逐渐对行为主义心理学的动物研究产生了兴趣。

1964年，塞利格曼以优等生（Summa Cum Laude）的身份从普林斯顿大学毕业，并获得哲学学士学位。由于学习成绩优异，他于毕业那年获得了普林斯顿大学精神哲学奖（Philosophy of Mind Prize），这是该校对于哲学类学科的学生所颁发的最高奖。他大学毕业后一年，由于在校期间的突出表现，又获得了伍德罗·威尔逊奖学金①（Woodrow Wilson Fellowship，伍德罗·威尔逊于1913—1921年任美国总统）。

本科毕业之后，他带着伍德罗·威尔逊奖学金进入了宾夕法尼亚大学攻读心理学博士学位，他的导师是著名的实验心理学家所罗门教授。在宾夕法尼亚大学，塞利格曼表现出对动物行为的研究兴趣，他先是与J. B. 奥弗米尔（J. B. Overmier）、B. A. 坎贝尔（B. A. Campbell）等合作，后来又与梅尔合作研究了狗在受到预置的不可避免的伤害后所表现出的习得性无助，在这一期间，其研究范式主要是行为主义的刺激—反应动物研究范式。博士就读期间，塞利格曼就表现出了一定的学术天赋，他一共发表了5篇学术论文，其中有2篇发表在心理学的国际权威期刊《实验心理学杂志》（*Journal of Experimental Psychology*）上，并有一篇论文被3种杂志分别转载。他也因表现优异而获得了宾夕法尼亚大学的最高奖学金"国家科学基金会研究生奖学金"（National Science Foundation Graduate Fellowship）。1967年，塞利格曼顺利获得了宾夕法尼亚大学的心理学博士学位。

此后，他还于1989年获得了瑞典的乌普萨拉大学荣誉博士（Honoris causa, Uppsala University, Sweden），1997年获马萨诸塞专业心理学院的人文学荣誉博士（Doctor of Humane Letters, Honoris causa, Massachusetts College of Professional Psychology），2004年获西班牙马德里康普斯顿大学荣誉博士学位（Honoris causa, Complutense University, Madrid）等。

1964年，大学本科毕业后不久，塞利格曼和曼迪·麦卡锡（Mandy

乐商：一个比智商和情商更能决定命运的因素

① 伍德罗·威尔逊（Woodrow Wilson）是19世纪80年代美国学会会长、普林斯顿大学的校长，后来还成为美国总统。他是第一次世界大战期间美国的三军统帅，战后大力推动国际联盟的成立，曾获诺贝尔和平奖。他的学术著作主要是关于美国制度和比较制度方面的。

McCarthy）结婚，这是一段美满的婚姻。麦卡锡不仅是一位持家能手，更是塞利格曼工作中的好帮手。塞利格曼多数著作的第一位读者就是麦卡锡，而麦卡锡每次都是带着欣赏的目光来阅读丈夫的文章。麦卡锡不是心理学家，但她会把自己女性特有的生活经验告诉塞利格曼，让塞利格曼从中获得灵感和启发。对于这一点，塞利格曼曾在他的著作《真实的幸福》（*Authentic Happiness*：*Using the New Positive Psychology to Realize Your Potential for Lasting Fulfillment*）中提到。塞利格曼夫妇一共生有7个孩子，他们的名字分别是阿曼达（Amanda）、戴维（David）、拉腊（Lara）、尼科尔（Nicole）、达里尔（Darryl）、卡莉（Carly）和珍妮（Jenny）。

二、主要的教学及科研实践

塞利格曼一生去过许多国家，但都是成名之后参加讲座而去。早期对其学术研究具有重大影响的海外游学经历主要有两次，一次是1975年去英国伦敦大学的莫德斯利医院精神病学研究所进修。另一次是1982年塞利格曼到德国柏林的马克斯·普朗克研究所[①]（Max Planck Institute, Berlin，Germany）做访问学者，期望把量子力学中关于能量的研究应用于人类的精神领域，德国的这次游历对他以后提出积极心理学思想具有极大的影响。

1967年，塞利格曼博士毕业之后，来到了纽约伊萨卡岛（Ithaca）的康奈尔大学（Cornell University）担任助理教授，进行实验心理学的教学工作。康奈尔大学是个很小的学校，尽管校方为塞利格曼提供了许多便利的研究条件，但塞利格曼却始终想念宾夕法尼亚大学良好的心理学研究条件和学术氛围。三年以后，由于塞利格曼的心理学研究在当时的美国心理学界已经小有名气，1970年，塞利格曼应母校的邀请再次回到了宾夕法尼亚大学，不过这一次他不再以一名学生而是以一位研究者的身

[①] 1918年获得诺贝尔物理学奖的德国物理学家马克斯·普朗克，被誉为量子力学的创始人，该研究所以他的名字命名。

份来到了母校。他先在该校的精神病学系接受了为期一年的培训，然后重返心理系担任教学工作。从这一年起，塞利格曼的学术生涯都是在宾夕法尼亚大学度过的。

1972年，塞利格曼升任宾夕法尼亚大学的心理学系副教授，1976年他从英国伦敦进修回来后破格晋升为宾夕法尼亚大学心理系教授。同年，他因习得性无助的研究而获得了美国心理学会颁发的新人奖（Early Career Award）——这个奖项每年只颁发给一位出道不到10年，但是对这个领域做出了杰出贡献的心理学家。

从1980年起，塞利格曼开始担任宾夕法尼亚大学心理学系的临床训练（Clinical Training）项目主管，他在这个岗位上任职了14年。1998年，他担任美国心理学会的主席，亦为美国心理协会临床心理学部门的前任主席。他现在仍然担任国际积极心理学网站的网络主管，也是迈耶森基金会"价值实践"计划的科学主管。同时，他还是科西公司的科学总裁，该公司专门研究不同阶层人士的成功状况。

1998年，塞利格曼当选为美国心理学会主席之后，他认为，心理学在20世纪取得了巨大的进展，人们已经能熟练治疗几十种在40年前还无能为力的心理疾病，但这显然还不够。他希望心理学不仅仅能减少人的心理痛苦，比如抑郁、恐惧，也要能增加人的心理幸福，比如快乐、自信、宁静等。这一观点获得了其他心理学家的支持，这不仅坚定了塞利格曼建立积极心理学的决心，同时也增强了他的责任心和使命感。

按照惯例，他有权利在美国心理学会主席任期内选某一个领域作为自己任内的主题研究，于是，塞利格曼决定选取旨在让全人类繁荣兴旺的积极心理学作为自己任内的主题研究内容之一。

在具体研究方法上，塞利格曼吸取了人本主义心理学的经验教训，主张强调积极心理学研究的科学性，也就是说，积极心理学要以心理学传统的实证研究方法为主，要把心理学的主题和人类的生活实践相结合。在研究对象上，塞利格曼也没有把积极心理学研究和过去的传统心理学研究对立起来，而是把积极心理学看作传统心理学的一种补充。事实上，过去的心理学界也有少数心理学家在研究人类的积极心理，但这种现象从没有成为心理学研究的主流，直到塞利格曼旗帜鲜明的一番高调呐喊，心理学才正式诞生了一个以研究人类的积极品质、积极力量和美德为核心的分支——积极心理学。

让我们来看看美国《时代》周刊对塞利格曼的评论：塞利格曼想要说服这个行业的大部分同仁，去探索零度以北的地区（当一个人什么心理疾病也没有时，也只是处于零度的位置，这并不意味着他获得了幸福），去找寻能使人们感受到自我实现的、参与的、有意义的真正幸福。塞利格曼对这个新领域的热情激发了许多心理学家们对积极心理学的研究热潮，这些研究包括幸福、乐观、积极特质和积极情绪等多个方面。塞利格曼本人也身先士卒，全身心投入积极心理学的研究之中，并在2002年出版了《真实的幸福》一书，向普通大众系统介绍了自己的积极心理学研究成果。

塞利格曼的理论核心着眼于心理学和正常的普通人之间的关系，着眼于怎么让这个世界成为一个更加幸福、更加乐观和令人满意的地方。这些观点被《纽约时报》（*New York Times*）、《时代》、《新闻周刊》（*Newsweek*）、《美国新闻与世界报道》（*U.S. News and World Report*）、《今日美国》（*USA Today*）、《财富》（*Fortune*）、《读者文摘》（*the Reader's Digest*）、《红书》（*Red Book*）、《父母世界》（*Parents*）、《家庭圈》（*Family Circle*）等众多流行杂志竞相刊登。

塞利格曼是一位严谨的学者，同时他也是一位优秀的理论营销师〔在这一方面他甚至可以和他的前辈、行为主义心理学创始人约翰·布罗德斯·沃森（John Broadus Watson）相媲美〕，他懂得刺激普通观众或听众，这对增强自己理论的生命力至关重要。因此，塞利格曼经常往返于各地，给教育界人士、工业界人士、家长和心理健康职业者做各种演讲，他还在不同的专栏撰写文章，这些文章题材广泛，涉及教育、暴力和心理治疗等多个方面，但其核心则是强调怎样发掘和培养人的积极品质。他也经常参加各种电视和广播节目，就各种话题和积极心理学的内容发表观点，将他洞悉的乐观型人格的长处和积极品质所具有的力量传播给人们。塞利格曼的这些做法不仅扩大了积极心理学在民众中的影响，也在一定意义上也为心理学赢得了社会声誉，坚定了人人需要心理学的社会信念。

为了进一步发展积极心理学，2003年，塞利格曼在宾夕法尼亚大学成立了应用积极心理学硕士（MAPP）班，招收专职的积极心理学硕士，这是全球第一个以积极心理学为主要教学内容的教育项目。通过这个项目，塞利格曼为培训积极心理学专家创建了一个平台，他期望这些积极心理学专业的学生毕业后能帮助人类，使这个世界成为一个更快乐的地方。事实上，这项努力在全世界形成了广泛的影响，后来世界各地的许多大学，如哈佛大学、墨尔本大学（The University of Melbourne）等都相继开办了积极心理学课程。2006年，在塞利格曼等人的倡导下，第一届国际积极心理学高峰会议在美国华盛顿举办，吸引了几百位心理学家的参加，会上相关的研究百花齐放，可谓是心理学界少有的盛况。正如2007年《纽约时报》所发表的评论，塞利格曼受到了学术界的热烈拥护，这项运动看起来后继有人。

针对传统心理学定位的诊治功能，塞利格曼把积极心理学定位于心理预防。他在担任美国心理学会主席期间，大力提倡加强心理预防。他认为，心理疾病一旦患上，要彻底矫治它并不是一件容易的事，而预防心理问题的产生则相对容易得多。塞利格曼说服了一些心理学家和他一起来实施心理预防研究项目，这个项目不仅获得了梅隆基金会（Mellon Foundation）及国家精神健康研究院（National Institute of Mental Health，简称NIMH）的长期支持，还建立了所罗门·阿希研究中心（Solomon Asch Research Center），该中心与全球多个大学开展合作研究，这进一步扩大了积极心理学的影响，同时也吸引了一批才能出众的心理学家加入积极心理学的研究队伍。为了使积极心理学研究具有充足的研究经费，塞利格曼没有局限在传统的政府资助上。他相继邀请了盖洛普基金会、迈耶森基金会、皮尤慈善信托基金会（Pew Charitable Trust）、爱林伯格基金会

（Annenberg Foundation）、坦普尔顿基金会以及大西洋慈善基金会（Atlantic Philanthropies）等成为研究资助组织，并从这里获得了大量的研究经费。

2020年，塞利格曼已经78岁了，他所做的一切并不因美国公众、国会或者美国卫生保健决策者的苛责和要求，而是出于他对积极心理学事业的满腔热情。

从2005年开始，每年的春天和夏天，塞利格曼都会邀请世界各地积极心理学领域的一些顶尖学者（包括艾库玛尔会议的参加者）到宾夕法尼亚大学的校园内聚会，这成了心理学界特有的"积极心理学惯例"。这是一个非严肃性的聚会，包括学术演讲、讨论会、成果展示、研究规划等，用塞利格曼的话来说，这个聚会就是提供一个把酒言学的机会——各位学者一起随意坐坐，喝喝啤酒，交流一下自己的想法。塞利格曼的这种聚会方式明显是模仿了"二战"前尼尔斯·玻尔（Niels Bohr）在丹麦哥本哈根举行的研讨会，他把世界各地的顶尖原子科学家们聚集在一起，既工作，也休闲，这最终达成了对原子结构的共识。

三、在心理学发展历史上的地位及贡献

塞利格曼在20世纪最著名的100位心理学家中排名第31位，同时在普通心理学教科书中被提名次数，排名第13位。这是S. J. 哈格布鲁姆（S. J. Haggbloom）等学者根据6项指标（其中3项为质的指标，3项为量的指标），以及对1725名美国心理协会会员的问卷调查而得到的，这一调查共对符合标准的219位心理学家进行了数据搜集，并对相关数据进行了严格而科学的统计[①]。

美国心理协会是由那些最正统的心理学研究者所组成的一个心理学协会。相对于美国心理学会比较强调心理学的应用性，同时以心理学研究技术见长，美国心理协会特别强调心理学研究的科学性，其会刊便

---

① Haggbloom, S. J.(2002). The 100 most eminent psychologists. *Review of General Psychology*, 6, 139–152.

是世界知名的心理学期刊《心理科学》（*Psychological Science*）。这个排名也许并不完全客观［以提出遗忘曲线而闻名的著名心理学家赫尔曼·艾宾浩斯（Hermann Ebbinghaus）并没有进入这个排名的前100位］，但这至少在一定程度上说明了塞利格曼在心理学发展历史上的地位和贡献。

塞利格曼就任美国心理学会主席后的目标主要有两个：一是利用心理学来解决人类存在的种族和宗教冲突，另一个就是建立积极心理学。前一项目标由于种种原因完成得不尽如人意，但后一项则完成得相当漂亮。

塞利格曼因在抑郁、无助感、社会行为、儿童抑郁等多个心理学领域的卓越成就而获得了众多奖项，其中比较知名的有：美国国家应用学术研究会（National Academies of Practice）冠以他"杰出实践者"（Distinguished Practitioner）称号；1995年，宾夕法尼亚州心理学会授予他"科学与实践杰出贡献奖"（Distinguished Contributions to Science and Practice）；美国心理学会因不同的研究贡献而两次颁发给他"杰出科学贡献奖"（Distinguished Scientific Contribution Awards）；美国应用心理学及预防协会（The American Association for Applied Psychology and Prevention）授予他"罗拉奖"（Laurel Award）以表彰他对预防青少年抑郁所做的贡献；美国精神病理学研究学会（The Society for Research in Psychopathology）给他颁发了"终身成就奖"（Lifetime Achievement Award）。1991年，由于他在基础科学领域的杰出贡献，美国心理协会向他颁发了"威廉·詹姆斯奖"（William James Fellow Award），1995年又颁发给他"詹姆斯·麦基恩·卡特尔奖"（James McKeen Cattell Fellow Award），以表扬他在心理学理论的推广和应用方面获得的成就。

塞利格曼的学术研究获得了众多机构的广泛支持，包括：美国国家精神健康协会（The National Institute of Mental Health）自1996年至今每年都给予经费支持，此外，美国国家老年化研究院（The National Institute of Aging）、美国国家科学基金会（The National Science Foundation）、古根汉姆基金会（The Guggenheim Foundation），以及麦克阿瑟基金会（The

MacArthur Foundation）等都给他的研究提供了大量的经费支持。

塞利格曼既在学术界和临床心理学界久负盛名，同时也是一位小有名气的畅销书作家。到2006年为止，塞利格曼出版了21本书，其中绝大多数是个人专著，发表了218篇有关动机、人格等各方面的学术文章。《科学》（*Science*）、《今日心理》（*Psychology Today*）、《美国心理学家》、《实验心理学》、《人格与社会心理学》（*Journal of Personality and Social Psychology*）、《行为研究与治疗》（*Behaviour Research and Therapy*）、《认知治疗与研究》（*Cognitive Therapy and Research*）、《变态心理学期刊》、《比较生理心理学》（*Journal of Comparative and Physiological Psychology*）、《临床咨询心理学》（*Journal of Consulting and Clinical Psychology*）等世界性权威杂志都刊登过他的论文[①]。塞利格曼为心理学领域做出了卓越的贡献，现在仍继续为这个特别的、不断成长的领域——尤其是积极心理学——在做着贡献，这从他近几年的主要学术文章中可以看出：

如"积极心理治疗"[②] "早期青少年女性的抑郁预防：女校组与男女同校组的初步研究"[③] "自我约束对青少年学术成就的预测比智商更有效"[④] "女性的自我约束优势：自我约束、年级和成绩测验的性别差异"[⑤] "周边特质力量与疾病复原"[⑥] "平衡的心理学与完整的生

① Maier, S. F., Peterson, C., & Schwartz, B. (2000). From helplessness to hope: The seminal career of Martin Seligman. In Gillham. J. (Ed). *The science of optimism and hope* (p.24). Radnor, PA: Templeton Foundation Press.

② Seligman, M. E. P., Rashid, T. & Park, A. C.(2006). Positive psychotherapy. *American Psychologists*, 11, 774–787.

③ Chaplin, T.M., Gillham, J.E., Reivich, K., Levy–Elkton, A., Samuels, B.,Freres, D.R., Winder, B. & Seligman, M.E.P. (2006). Depression prevention for early adolescent girls: A pilot study of all girls versus co–ed groups. *Journal of Early Adolescence*, 26(1), 110–126.

④ Duckworth, A.L., & Seligman, M.E.P. (2006). Self–discipline outdoes IQ in predicting academic performance of adolescents. *Psychological Science*, 16(12), 939–944.

⑤ Duckworth, A.L., & Seligman, M.E.P. (2006). Self–discipline gives girls the edge: Gender in self–discipline, grades, and achievement test scores. *Journal of Educational Psychology*, 98(1), 198–208.

⑥ Peterson, C., Park, N., & Seligman, M.E.P. (2006). Greater strengths of character and recovery from illness. *The Journal of Positive Psychology*, 1(1), 17–26.

活"① "共同的美德：跨文化、跨历史人类力量的集合"② "临床实践中的积极心理学"③ "青少年早期抑郁和焦虑症状的学校预防：一个包括家长干预成分的试验"④ "抑郁症状的学校预防：宾夕法尼亚复原力计划的效度和特征"⑤ "幸福感和生活满意度的目标：充实的生活和空虚的生活"⑥ "复原力对于治疗和预防青少年抑郁的作用"⑦ "积极视角的青少年发展"⑧ "让人们更幸福：一个通过运动建立积极情绪、参与和意义的随机控制研究"⑨ "积极心理学进展：干预的实证研

① Seligman, M.E.P., Parks, A.C. & Steen, T. (2006). A balanced psychology and a full life. In F. Huppert, B. Keverne & N. Baylis, (Eds.), *The science of well-being* (pp. 275–283). Oxford: Oxford University Press.

② Dahlsgaard, K., Peterson, C., & Seligman, M.E.P. (2005). Shared virtue: The convergence of valued human strengths across culture and history. *Review of General Psychology*, 9, 203–213.

③ Duckworth, A.L., Steen, T.A., & Seligman, M.E.P. (2005). Positive psychology in clinical practice. *Annual Review of Clinical Psychology*, 1, 629–651.

④ Gillham, J.E., Reivich, K.J., Freres, D.R., Lascher, M., Litzinger, S., Shatte,A., & Seligman, M.E.P. (in press). School-based prevention of depression and anxiety symptoms in early adolescence: A pilot of a parent intervention component. *School Psychology Quarterly*.

⑤ Gillham, J.E., Reivich, K.J., Samuels, B., Elkin, A.G.L., Freres, D.R., Chaplin,T.M., Litzinger, S., Lascher, M., Shatte, A.J., Gallop, R., & Seligman, M.E.P. (in preparation). School-based prevention of depressive symptoms: Effectiveness and specificity of the Penn Resiliency Program.

⑥ Peterson, C., Park, N., & Seligman, M.E.P. (2005). Orientations to happiness and life satisfaction: the full life versus the empty life, *Journal of Happiness Studies*,6(1), 25–41.

⑦ Reivich, K.J., Gillham, J.E., Chaplin, T. M., & Seligman, M.E.P. (2005). From helplessness to optimism: The role of resilience in treating and preventing depression in youth. In S. Goldstein & R.B. Brooks (Eds.) *Handbook of resilience in children.* (pp.223–237). New York: Kluwer Academic/Plenum Publishers.

⑧ Seligman, M. E. P., Berkowitz, M. W., Catalano, R. F., Damon, W., Eccles, J. S., Gillham, J. E., Moore, K. A., Nicholson, H. J., Park, N., Penn, D. L., Peterson, C., Shih, M., Steen, T. A., Sternberg, R. J., Tierney, J. P., Weissberg, R. P., & Zaff, J. F.(2005). The positive perspective on youth development. In D. L. Evans, E. Foa, R. Gur,H. Hendrin, C. O'Brien, M. E. P. Seligman, & B. T. Walsh (Eds), *Treating and preventing adolescent mental health disorders: What we know and what we don't know* (pp. 499–529). New York: Oxford University Press, The Annenberg Foundation Trust at Sunnylands, and The Annenberg Public Policy Center of the University of Pennsylyania.

⑨ Seligman, M. E. P. & Steen, T. (submitted) Making people happier: a randomized controlled study of exercises that build positive emotion, engagement, and meaning. *American Psychologist*.

究"①等。

　　塞利格曼的多本学术专著已经被翻译成了超过20种语言（包括中文在内），在国外深受人们的好评。他的著作主要有《习得性乐观》、《改变》（*What You Can Change and What You Can't: The Complete Guide to Successful Self-Improvement*，1993）、《乐观的儿童》（*The Optimistic Child: A Proven Program to Safeguard Children Against Depression and Build Lifelong Resilience*，1996）、《真实的幸福》等（以上这几本著作已经被翻译成中文）。

　　塞利格曼是个什么样的人？也许他的学生苏珊·约翰逊（Susan Johnson）的评价能给人们一些启示，她说：

　　　　"马丁总是会让我大吃一惊。当你年轻的时候，你总是认为你能改变整个世界。但随着年龄的增加，我们终于认识到能完成的事并没有我们想象得那么大，所以，我们转向了某个小的领域，去尝试控制其中的一小部分。但马丁却似乎永远不长大，他仍然认为自己能够改变这个世界，总是做一些稀奇古怪的事。"

　　"要说塞利格曼在心理学史上的地位，我们必须指出，他是听从乔治·米勒（George Miller）在美国心理学会主席就职演说中'播散心理学'（Give Psychology Away）忠告的极少数心理学家之一"，梅尔等人在文章中高度评价了塞利格曼。很多严肃的心理学家并不喜欢跟普通大众交流自己的想法，尤其是自己在专业里的一些想法，但塞利格曼从来不羞于此事。他把基础性的研究转化成通俗易懂的内容，呈现给公众，同时又不过分简单化或迎合当前的潮流。未经过专业训练的读者也能够看懂深奥而重要的心理学内容，这激起了人们对心理学的极大兴趣，并一直持续下去。他的畅销书总是能够传播一些有价值的内容，因此总能

① Seligman, M. E. P., Steen, T., Park, N., & Peterson, C. (2005). Positive psychology progress: Empirical validation of interventions. *American Psychologist*, 60(5), 410–421.

和他的论著、期刊文章一样引人称赞。

纵观塞利格曼的研究历程，我们不难感受到他所具有的敏锐观察力、富于想象的创造力，以及勇于挑战权威的科学精神。

塞利格曼身上有着勇于接受批评、积极改进的优秀品质。他善于汲取他人思想营养，碰撞思想的火花。

此外，尽管塞利格曼在学术上有着杰出成就，但他并不是只懂钻研学术，相反，他热爱生活，风趣幽默，兴趣也非常广泛。他热爱桥牌，大学里就是一名职业桥牌手。后来，他身居要职，学术和工作任务繁忙，却仍将每周三晚上的时间抽出来与朋友切磋桥牌技术。他也经常在地区性桥牌锦标赛中获奖，1997年还曾与搭档联合获得"北美地区桥牌锦标赛"第二名。他还坚持每天游泳，让自己的身体、情绪、睡眠都变得更好。另外，各电视台、报纸专栏都争相采访、邀请塞利格曼，一方面是他的学术成就引人注目，另一方面也在于他的演讲技巧和优美文笔。他擅长将深奥的心理学研究和大众日常生活融合到一起，无论是演讲还是专栏，都信手拈来，生动风趣，深受公众的喜爱。

现在，塞利格曼正在为不断成长的积极心理学做着自己的贡献，他希望通过自己的努力会集更多的心理学工作者，从而使心理学走上帮助人们发挥力量和美德、寻找真正的幸福之路。我们相信，总有一天，我们会生活在一个真正快乐的地球上！

第四节　关于积极心理学的几个争论

积极心理学的发展取得了相当大的成就，这不仅体现在积极心理学取得了一批令人瞩目的研究成果，更体现在积极心理学的影响范围已经从美国遍及了全世界。不过，伴随着不断扩大的影响，积极心理学也一直面临着一些争议，这些争议在一定程度上困扰着它的进一步发展。

一、不够精准的术语——复杂的幸福感

幸福感是积极心理学的关键概念，它既是人积极体验的核心，同时也是人生活的最高目标。人类所有的努力都是为了提高幸福感和改善未来。任何人追求任何事物都是源于某种幸福感的驱动，也就是追求能让自己感觉良好或感到满足的事物。生活因为有了幸福感而变得丰富活跃，生命因为有了幸福感而变得快乐和有意义。不论人们处在什么样的环境下，有什么不幸的遭遇，只要人们能从中发现幸福的根源，那么所有的努力和遭遇都会变得值得。那么，幸福到底是什么？尽管积极心理学对此做过多次的回答，但实际上这是一个很难回答清楚的问题，即使是在2000多年的哲学历史中，也没有任何一个概念能比幸福更模糊。

当代大多数心理学家都是从人的主观感受方面来研究幸福，认为幸福就是根据自己的标准，对生活质量进行综合评价后的一种积极体验，是指主体认为自己现有生活状态，正是自己理想生活状态的一种肯定态度和主观感受，也就是人们常说的主观幸福感（Subjective Well-Being，简称SWB）。很多积极心理学家也持同样的观点，认为主观幸福感既

是一个人对自我的生活状态、周围环境和相关事件的满意度的认知和评价，同时也是一个人在情绪体验上对这些方面的主观认同，即幸福是两者的结合。

不过，用这种观点来解释幸福可能存在几个问题。

第一，若不涉及任何个人所处的特定环境、过去生活经历等因素，单凭一个主观幸福感分数，并没有太大的意义。假定有两个人的主观幸福感得分完全相同，但一个人正在贫困和逆境中挣扎，而另一个人则生活富足、一帆风顺，那么这两个人的主观幸福感得分所代表的意义就完全不同，但这一点在研究中根本区别不出来。另外，对不同的人来说，要维持一个同样水平的主观幸福感，那些处境越消极的人，就越需要做出更大的适应努力，主观幸福感分数也反映不出这种幸福努力。因此，一个主观幸福感得分的真正价值，可能还需要用当前环境的消极指数和其适应逆境的历史因素来解释。

第二，仅用主观幸福感来测量人们对于幸福的感觉是否太过笼统和主观？M. C. 纳斯鲍姆[①]（M. C. Nussbaum）认为，目前的主观幸福感测量，逼得人们要将许多不同类型或领域的经验整合为一个单一的整体，其中一些可能是令人满意的，而另一些则可能不那么令人满意。那些不满意的，在这一过程中就会处于"被平均"的地位，所谓的住在富人边上的穷人也"被平均"成了富人。不仅如此，那些毫不含糊地认为自己的生活是成功的人，有可能是缺乏抱负和自我主见的人。也就是说，对生活降低期望和消除欲望，得过且过，同样可以提高个体的幸福感，而这似乎有悖于幸福本身的真实意义。而且每个人对幸福感的判断标准是完全不同的：如果对幸福感只做主观测量，强调所有的幸福都只是个体对自己的一种感觉，这就会导致有些人的生活，可能令人满意的事并不多，但仍评估自己是幸福的；而另外一些人的生活中可能拥有大量令人满意的事，但由于其有更高的主观标准，因而就会评估自己为不幸福。

① Nussbaum, M. C. (2008). Who is the happy warrior? Philosophy poses questions to psychology. *Journal of Legal Studies*, 37, 81-113.

这种现象在2012年下半年中央电视台做的《你幸福吗》节目中体现得非常明显，有些看起来生活很窘迫的人却十分肯定地说自己很幸福，而另一些看起来生活惬意的人却羞羞答答地说自己不够幸福。

第三，从幸福与道德之间的关系来看，幸福可以分为两大类：一类是建立在道德价值之上的，我们称之为绿色幸福（Green Happiness）；另一类是建立在违背道德价值之上的，我们称之为黑色幸福（Black Happiness）。而目前的幸福感的定义却不包含任何道德价值，采用这样的概念来解释人类的幸福就存在一个明显的道德缺口。有些人可能通过道德败坏的行为找到了幸福感、满足感甚至是自我实现的感觉，这种黑色幸福感难道也可以成为人们追求的目标？幸福感研究的这种价值中立，减弱了人们的道德意识，并在一定程度上鼓励了不择手段，影响了人们在创建积极社会组织机构时对文明和美德的重视。

因此，心理学应该找到一个更客观和更全面的方法来定义和测量幸福，有一些心理学家在这方面进行了尝试，其中比较著名的有塞恩（Sen）和纳斯鲍姆[①]等人，他们主张心理学要为幸福开出一张实实在在的、客观的清单，因此这一理论又被称为客观清单理论（Objective-List Theory）。在这个理论中，幸福可以通过若干可操作的维度得到精确测量，这些维度主要包括良好活动或操作的能力以及机遇等方面，比如生活、身体健康、想象力水平、情感、思想、人际关系、社会归属感、能力发挥、感官的运用等。

不过这种定义幸福的方法看似提高了可操作性和客观性，人们也确实借此可以明确自己的幸福之路，但这种客观的解释还存在一个很重要的问题，那就是幸福又有可能变得捉摸不定。因为，如果某人认为自己并不幸福，那即使有最好的客观优良指标，人们也不能肯定地说这个人是幸福的！

这样看来，人们似乎会很自然地想到要从主客观二者结合的角度来

① Kristjansson, K. (2010). Positive psychology, happiness, and virtue: The troublesome conceptual issues. *Review of General Psychology*, 14, 296–310.

解释幸福，但用这种混合的方式来解释幸福，也存在一定的问题：主观和客观标准之间缺乏可靠的相关性。如果一个人报告自己很幸福，而客观指标测量出来却不幸福，那这样的人到底是幸福还是不幸福？同样主观报告不幸福而客观指标显示很幸福的人，又算作怎样的人？不仅如此，幸福客观清单上所列的这些标准，就它们每一条而言，可能是可操作和可测量的，但如何使幸福客观清单上的所有要素成为一个可操作化的整体，即各项指标的排列顺序，以及它们在幸福中所占的比例或权重等问题还没有解决。

所以，幸福感这一积极心理学运动中的核心概念，目前仍然是复杂和不够明确的，如何对其进一步明确应该引起积极心理学研究的重视。

二、积极和消极之间复杂的关系

在主观层面上，积极心理学主要研究人类的积极情绪体验。事实也的确证明，积极情感体验确实能给我们带来莫大的益处，这些良好的感觉改变了我们的心态，改善了我们的身体系统，给我们带来了很多有益于身心健康的结果，比如抵御逆境、成熟的心理成长、减少对压力的激烈反应等。但是这种对积极的过分强调，也使得积极心理学始终受到一个批评，那就是它忽视了消极的好处，同时也没有对积极情绪可能带来的坏处足够重视。这种过分强调积极会使人们对生活中非常现实的消极面没有充分认识，从而对世界持一种盲目乐观的观点。

正如D. M. 哈布龙（D. M. Haybron）[①]所说的，"任何关于幸福感理论的一个重要任务就是对愉快和不愉快的经验——尤其是对不幸的遭遇——要做出可靠的解释"。一方面，从本质上说，积极的情感也许并不是在任何时候都有益，过分强调用积极的情感态度来解决所有问题，有时可能会适得其反，因为积极的情感并不一定就必然有积极的结果。比如当人们在生活中面临许多困难时，不管其怎样努力地用积极的态度

---

① Haybron, D. M. (2007). Well-being and virtue. *Journal of Ethics and Social Philosophy*, 2.

去奋斗，都不能改变已有的这些痛苦，这就有可能使人变得比原来更加痛苦。而另一方面，一些消极情绪（如内疚、遗憾、失望、愤怒等）在有些时候却能激励人们做出积极的改变，所谓的知耻而后勇，也就是说，适当的消极也是人发展所必需的重要因素。

归根结底，人的健康发展往往是很复杂的，它涉及各种积极要素和消极要素的相互作用。所以，大部分心理现象要被正确理解就一定要同时考虑到积极和消极两种经验，只有这样才能从整体上充分了解生活的复杂性。如果只片面地考虑积极的益处，那人们就将无法完整了解真正的幸福感。积极和消极对人们的生活都很重要，进化机制决定了人们的生存必然要依赖它们两者。

三、关于美德和积极品质的争议

积极心理学强调心理学应该研究人内心存在的积极力量，也就是研究积极人格，积极人格主要指个体由积极品质和积极力量所组成的那部分人格结构，积极心理学认为只有人的积极力量得到培育和增长，人性的消极方面才能被消除或抑制。如果人格心理学仅仅只是以帮助人们消除问题人格，或人格中存在的消极方面为中心，即使所有的问题都被消除，人本身具有的积极力量也不可能得到自然增长，这样的人也不可能成为一个完善的自我实现的人。

所以，塞利格曼和彼得森教授总结出了一些几乎在世界所有文化中都被肯定的普遍美德，并对此做了系统分类。在这个分类系统中，积极人格的核心是6大积极品质，而每一种积极品质又都可以通过几个具体的积极力量得以表现，这样共提出了24种积极力量。

但这一分类系统也存在一些问题和争议。首先，这一积极人格分类系统只是各种积极品质的一个集合体，而缺乏一个主导美德。也就是说，这些积极品质和力量被视为彼此独立和平行，它们之间的相互作用没有被考虑到。塞利格曼和彼得森教授认为，一个拥有良好道德品格的人并不需要具有清单上所列的所有积极品质和力量，有时候可能只需要具有某一种或两种积极品质，就可以算是拥有了良好的品格。但这种观点实际上没有注意到一种积极品质与另一种积极品质间可能存在相互冲突的问题，也没有关注到各种不同的品质如何融入人们的具体生活，以及融入的程度等。也就是说，这一分类系统并没有明确那些拥有一种或两种积极品质，总体上品德良好但并不具有特别突出的积极品质的人，与在某种情况下，偶然做出良好道德行为的人两者之间的区别。比如，有的人可以通过勇敢和良好的自我控制等积极力量来获得自己的幸福，但这些人在追求自身利益的时候却又过分关注自己而很少关心别人，甚至还可能会做出一些有损他人利益的事，这样的人难道也可以被称为拥有良好道德品质的人吗？当然不能，但如果按照积极人格分类系统，这样的人至少拥有了两种积极力量，他就应该被称为具有积极人格特质的人。所以，积极人格分类系统还应该对24种积极力量之间的关系做出研究和界定，并使之和人类的普适价值观结合起来。

其次，所谓的积极品质是否都应该被贴上"积极"的标签？J. K. 麦克纽迪（J. K. McNulty）等一些研究者[1]仔细研究了积极心理学目前比较推崇的几种积极品质，具体如宽恕、积极思考和仁慈等。他们发现，所谓的积极心理特质本身并不总是具有积极或消极特性。人格品质是促进还是削弱个体的幸福感，主要取决于这些品质运作的具体背景环境。也就是说，幸福感并不是单独完全由个体的心理特质所决定，而是由心理特质和个体所处的社会环境的相互作用而决定。

比如，在一个极端险恶的环境下对坏人仁慈可以算作积极吗？而且，人们还有理由担心，总是一味地努力培养那些曾经经历过不理想环境的人的积极品质，这不仅可能导致培养本身的失败，还可能对培养对象造成伤害。所以，人们需要更深层次地思考积极心理学，进一步细化积极品质的关联属性，而不是简单地给心理特质贴上"积极"或"消

乐商：一个比智商和情商更能决定命运的因素

---

[1] McNulty, J. K., & Fincham, F. D. (2012). Beyond positive psychology? Toward a contextual view of psychological processes and well-being. *American Psychologist*, 67, 101–110.

极"标签。具体来说，积极心理学应该从研究那些可能提高幸福感的平均特质开始，再深入研究各种心理特质具体在何时、对谁、在何种程度上可以提高个体的幸福感。S. 拉布米斯基（S. Lyubomirsky）[1]也持同样的观点，他认为不管从什么角度来定义积极，都不能弥补人类生活的包罗万象和千变万化，积极心理学在这方面应该持更开放的态度。

麦克纽迪等甚至还声称，把宽容或其他任何特定的心理特质定义为"积极"都是不准确的。特质是一个价值中立的东西，这正如一把刀，它的性质应该取决于在什么时候用，以及如何用，人的特质的性质同样应该主要取决于情境、文化和时机，即特质不具备超越特定情境的一般性价值。考虑到各种心理特质的情境性特性，以及人们在生活中必定会遇到各种不同的生活情境的事实，积极心理学要想在提升人们的幸福感方面有所作为，首先，必须提高人们在特定情境下使用积极品质以及如何使用的能力；其次，要提高人在不同环境条件下的认知和行为方面的灵活性，实现合理应对。麦克纽迪等为此还提出了"恰当校准的心理灵活性"（properly calibrated psychological flexibility）的概念，强调心理学应该着重发展人们在特定的情境下使用最合适的认知或行为等方面的能力，并认为"恰当校准的心理灵活性"这一概念足够抽象，适用于任何情境、文化和时机，而且也是可测试和可教习的。

但是，更多的人对此持不同意见，A. S. 沃特曼[2]（A. S. Waterman）等为此进行了心理特质方面的元分析，他们通过分析埃里克森的人格发展阶段理论来做类比，发现在不同背景环境下有不同的结果，这并不意味着心理特质就不应该被贴上"积极"或"消极"的标签。因为心理学不是拘泥于一事一物，它寻找的是大多数条件下的可能性和规律。而且从过去的绝大多数研究来看，当跨越了时间和背景之后，较大比例的宽恕、乐观、积极思考和仁慈等肯定可以促进人们更大程度上的心理健康

① Lyubomirsky, S. (2012). Positive psychologists on positive constructs. *American Psychologist*, 67, 574–574.

② Waterman, A. S. (2012). In support of labeling psychological traits and processes as positive and negative. *American Psychologist*, 67, 575–576.

和生活幸福，这意味着这些特质就应该被贴上"积极"的标签。不仅如此，贴上标签之后，它还可以为教育和人类生活指出明确的目标，不然教育和人类生活中的教养将无所适从。

当然，积极心理学关于积极人格分类系统还有很多值得商榷和需要完善的地方，其深度和系统性肯定还都有待加强。如何看待积极心理学存在的这些问题和争论？如果换一种积极的角度来看，这些问题和争议的存在反而是值得高兴的事，因为这可以促使研究者对诸如乐观、勇气等这些人格特质进行深入研究，并把它们和人类的生活结合得更紧密。

虽然积极心理学目前仍存在一些问题和争议，但其表现出的蓬勃生命力和对心理学界所带来的贡献是不容忽视的。更为重要的是，积极心理学的发展历史只有短短的十几年，还是心理学界的"新生儿"，争议的存在不应该也不会成为积极心理学发展的阻力，反而会成为其继续前进的推动力。

总的来看，当前积极心理学的研究内容主要还是围绕塞利格曼等人1998年在艾库玛尔会议中所确定的积极心理学研究的三大支柱。三大支柱之间是相互联系的：积极情绪体验的不断获得有助于积极人格的形成；如果个体形成了积极的人格，则增加了获得积极情绪体验的可能性；而积极社会组织系统则为前两者的获得和形成提供了社会支持。

从对人类生活的影响来看，积极情感体验和积极人格方面的研究可以直接帮助人们生活得更乐观、更开心和更满意，这两个领域的研究内容似乎可以为提高生活质量提供直接的方法，是积极心理学的核心组成部分。而积极的社会组织系统则是让生活更加美好，使人们更乐观、更开心、更满意的条件。但是，学者们将他们大部分的注意力倾注在积极体验和积极人格研究上，而对积极的社会组织系统（第三大支柱）的研究还稍显稀少。所以，为了更有效帮助提高人类生活的幸福感，积极心理学今后的重大任务就是要提高有助于人类生活幸福的社会和文化方面的条件。塞利格曼在2009年年初的一次采访中也明确指出，积极心理学未来的发展应以改善社会生活为核心，要致力于把各种积极心理学研究成果应用于人类生活的各个领域，他具体从四个方面谈了积极心理学未来的发展方向。

（一）积极的生理健康

所谓积极的生理健康就是指个体不再仅仅关注自己生理指标的不良方面（如血压超过正常多少等），也要关注自己生理指标的良好方面（自己肌肉的弹性处于多么优良的状态）。不仅如此，积极生理健康还要求个体在充分了解自己生理优势的同时，也能充分利用自己的这些优势来获得更多的生理健康。这正如，一个人乒乓球打得好，而另一个人篮球打得比较好，这两个人都可以分别利用自己的优势来进行身体锻炼，从而达到身体健康。

（二）积极的神经科学

经过各领域学者的努力，现在人们已经对许多疾病的神经机制有了非常清楚的了解，如心理学家早在20世纪50年代就已经知道了杏仁体控制着人的恐惧情绪，与杏仁体相关的缺陷被称为心理盲（Psychic Blindness）。随后的研究也证实了脑岛与人的厌恶情绪相关，眶额皮质则与人的愤怒相关等，但与此同时研究者却基本上对人的积极神经机制一无所知。因此，许多研究者呼吁神经科学也应该致力于研究人的积极机理，要揭示那些快乐、健康、幸福的人的神经机制，这就是所谓的积极神经科学。

（三）积极的社会科学

社会科学构成了一个社会事业发展的有机组成部分，它以社会现象为研究对象，其本质在于寻找使人类社会变得生机勃勃的客观规律，并帮助每一个个体在求得解放和生活幸福的基础上，成为一个具有自觉性的命运的主人。

积极社会科学正是这样一种以人的心理和生理幸福为价值核心的新视野，它使社会科学真正回归了它的价值意义。积极社会科学是指人们在研究社会现象时，应以人固有的、实际的、潜在的具有建设性的力量、美德和善端为出发点，以引导全体社会成员过上幸福生活为最终目标，这是一种对社会科学本质的真正理解。今天，社会科学所面临的一项最重要的任务就是调动起所有人的力量、积极品质、智慧和创造性，从而促进社会的日益完美，并以此来满足人类自身不断增长的各种需求。

（四）积极教育

教育是对人的一种教化，它的主要功能在于发展人的社会意义，使人通过一定的活动而成为具有一定知识、能力和社会道德的人。从本质上说，每个人都有自我提升和自我实现的动机或愿望，天生具有学习特点的学生更是如此。积极教育就是指教育要以学生外显和潜在的积极力量、积极品质等为出发点，以增强学生的积极体验为主要途径，最终培养学生的积极人格，使学生成为一个幸福快乐的人。从这个意义上说，积极教育并不仅仅是为了纠正学生的错误和不足，更主要是寻找并发展学生的各种积极力量和积极品质，并在实践中实现这些积极力量与学生自身生活的良好结合。具体来说，积极教育就是指在保证传统的教育内容顺利进行的同时，把积极品质和积极力量的培养融合进去，从而让年轻人学会获得并发展自己的积极情绪，形成积极人格，学会理解人生的意义，学会建立良好的人际关系，学会善待自己和他人等。

未来的世界是这样的：
乐商高，
学习成绩才能高；
乐商高，
工作能力才能高。
乐商高于情商和智商，
幸而它竟然可以后天习得！

第三章 乐商是一种可培养的能力

从理论上说，人只有乐观才会坚持，才会做如"坚强猫"一样的人。比如，当一个保险推销员一次次登门拜访一位客户时，他一定对自己的每次登门都很乐观，否则他绝不可能多次主动拜访同一个客户。因而，一个坚强的人首先就应该是一个乐观的人。但这里就有一个问题，乐观也有程度，那些"阿Q式乐观"是不是就一定比普通的一般性乐观更好呢？在人们的日常生活经验中，人们总觉得"阿Q式乐观"是一种傻乐，这样的人并不会比一般的人有更好的发展或更幸福的生活。

生活中有一种情形经常发生，有两个人的生活非常相似，生活环境差不多，工作性质也一样，获得的收入也比较接近，但两个人的心情却差了很多。一个开朗乐观，天天开心；而另一个却整天愁容满面、唉声叹气。这是为什么呢？人们首先想到的是那个开心的人之所以开心可能是因为碰到了开心的事，而那个不开心的人则可能是碰到了不开心的事。可事实完全不是这样，从统计学角度来看，两个人碰到的好事和坏事其实都差不多，之所以出现这种差异，主要是因为两个人的快乐能力出现了差异。快乐不仅仅是一种状态，它还是一种能力，一种可以习得的能力。这也正是人类研究快乐的一个最重要的理由：因为快乐可以习得，所以才有研究的价值。

快乐的能力主要指一个人的乐观能力，快乐必然以乐观为基础，没有乐观就一定没有快乐。乐观一般泛指对世界、社会、人生等充满信心和希望，认为理想终将成为现实，善良一定会战胜邪恶，正义必将战胜非正义等，正是这种积极信念支撑着人们的快乐。所以在本书中快乐能力主要指个体的乐观能力，两者在本书中不做严格区分。

为了更清楚地表明乐观的这种特性，在这里我们依照智商概念提出一个乐观能力（Optimistic Intelligence）或乐商（Optimistic Intelligence

Quotient，简称OQ）概念，即人们的快乐或乐观能力存在大小差异。从本质上说，乐商不仅仅指一个人乐观水平的高低，它还指个体从所经历的生活中如何获得快乐以及获得快乐的技术、方法、手段及相应的策略等。所以从内涵角度来说，乐商主要包括以下四个方面的内容：

第一，乐商的第一个组成部分指人感受乐观的程度，即个体的快乐感受阈限，也就是人们通常所说的快乐感受力。不同的人对待同一件事，其感受到的快乐是不一样的，而这取决于个体的阈限值。比如一位小学校长给每位老师发了100元的午餐补助，学校的甲老师就会很开心，会把这件事当作一件幸运的事给自己的朋友或亲人们宣讲；而另外一位乙老师，则有可能会把这件事当作是一件消极的事，到处给其他人讲，因为他发现其他学校给老师的午餐补助是200元，他觉得只拿到100元午餐补助简直是倒霉透顶。

快乐的阈限也就是所谓的"笑点"，人们常常在生活中用"笑点"这个词来描述一个人。如果一个人的笑点比较高，那他在日常生活中就不太容易快乐起来；而笑点较低的人则更容易快乐起来，因而人们要努力降低自己的笑点。每个人都有一个相对固定的笑点，碰到一件快乐的事之后会变得开心，笑点值也从而下降（所谓人逢喜事精神爽，看什么都美好），但随着时间的推移，人们又会重新回到自己原来的笑点水平；同样，一个人碰到了一件消极的事之后，他的笑点值也会因此而升高（所谓的悲伤令人满目疮痍），其快乐感受力则会暂时下降，但随着一段时间之后人们又会恢复到自己原来的笑点水平。

那么，笑点到底由什么来决定呢？从现在已有的研究来看，基因和后天环境可能分别起着一半的作用（这也是部分心理学研究者的一种推测，并不一定就确实如此）。不过，心理学的研究发现，有两件事可以真真切切地影响人的快乐感受力，这两个因素的影响可能会持续人的一生，但不会遗传给下一代。

因素一，从坏的方面来说，长时间的噪声经历会降低人的快乐感受力，而这种降低不是暂时的，有可能是终身的。这是因为现代科学发现，一个生活在吵闹环境中的人，大脑中那部分分管快乐的神经，会因噪声的刺激而萎缩。

因素二，从好的方面来说，整容能提高人（特别是女孩子）的快乐感受力，而且这种提高了的快乐感受力能终身持续下去。这一研究结果似乎和中国传统文化有点抵牾，中国传统文化强调"身体发肤，受之父母，不敢毁伤"，即自然的才是最好的。其实，从心理学已有的研究来看，如果技术成熟稳定、经济条件允许、和家人沟通方面顺畅，人们借助整容来提高自己的快乐感受力也不失为一种好方法。

另外，迪纳研究发现，有两个消极事件对人们的快乐感受力损害颇大，可能需要5~8年才能恢复到自己原来的水平，一个是个体失去心爱的伴侣，另一个是工作失业。

第二，乐商的第二个组成部分指个体从消极事件中获取积极成分的能力。人不可能一生都碰到积极事件，面临消极事件时，个体必须具有能从消极事件中获取到积极成分的能力。从消极事件中获取的积极成分越多，人们也就越容易摆脱消极事件的影响，其乐商也就越高，这种能力其实就是心理学通常所谓的积极应对能力。

如何才能有效地从消极事件中获取积极成分呢？这可能是一个十分复杂的问题，但其中的一个核心要素是提高一个人的见识（知识水平和阅历水平），高见识的人更有可能全面地看待自己所面临的问题或消极事件，从而获得问题之外的另外一些积极信息。如很多人的人生意义主要体现在事业方面，而事业成功与否主要通过权力和金钱这两个指标，因而他们相对都比较喜欢挣更多的钱和获取更大的权力。但实际上金钱和权力包含有一长串的副作用，如使人陶醉、忽视风险、盲目、过高估计自己等。

加州大学伯克利分校（University of California，Berkeley）的达彻·凯尔特纳（Dacher Keltner）教授的研究就发现，权力会让被试变得更加冲动，风险意识更低，而且更不会从别人的角度或观点看待问题，也即权力会使人失去移情的能力，不会设身处地为别人考虑。心理学有一项实验要求被试在自己的额头上写一个大写字母"E"，结果发现，凡是拥有较大权力的人，在自己额头上写的"E"，更有可能是他自己看起来是"E"，而外人看起来却是开口相反的"E"，普通人则不存在这种现象。如果有合适的机会，你可以让你的领导试试做下面这件简单的事，即让领导用两只手的食指，摆出一个"人"字。你看看你的领导是摆出了"人"字还是摆出了"入"字，而同样的行为你再让你单位新来的小年轻做一下，就会发现两者之间可能存在明显差异。

加拿大麦克马斯特大学（McMaster University）的神经科学家苏克温德·奥博海（Sukhvinder Obhi）对权力的这种现象进行了磁共振研究。他在研究中发现，权力能导致分管共情的脑神经损伤，也即领导者会因权力而失去他们得以成为领导的一种重要能力——共情的能力（即设身处地为他人着想的能力）。

心理学有一个简单的小实验来证实权力所带来的危害。研究者事先随机把大学生被试分成两组：A组被试回忆一个在小组中自己说了算的场景（启动权力意识），并把这个故事在纸上写下来；B组被试则回忆一个小组成员协商的情景（启动民主意识），也把这个故事在纸上写下来。然后研究者让所有被试观看一个人用手挤压一个橡皮球的视频，同时用磁共振扫描这些被试的大脑活动状况。结果发现B组被试的镜像神经元工作正常（人的大脑中存在一种特别的镜像神经元，这种神经细胞会使人在看到别人做某事时产生自己亲自做了的感觉，榜样之所以起作用，就是因为人们大脑中存在镜像神经元），他们大脑中做挤压球动作的相关神经区域出现了强烈的兴奋；而A组被试大脑中做挤压球动作的相关神经区域则没有反应。这说明哪怕仅仅只用回忆唤醒了人的权力感，也有可能妨碍他随后的共情能力。

权力在一定程度上就像恋爱一样，有时会使你失去理性。人和动物的前额叶皮层是一个重要的区域：平时的判断、决策、洞察、计划，以及回忆等高级认知功能都处于前额叶皮层中椎体细胞（pyramidal cell，一种锥形神经元）形成的网络的掌控之下。但当特别的压力性事件（包括快乐事件和消极事件）袭来时，位于大脑底部的下丘脑会迅速做出反应，并诱导脑垂体和肾上腺分泌一系列激素（如多巴胺、去甲肾上腺素等），这些激素可以迅速削弱椎体细胞之间的连接，从而关闭了人的前额叶皮层。这样，人的决策能力就会被下放给更原始的情感脑区，人因此表现得似乎失去了理智，与平常判若两人。

总的来说，尽管使自己摆脱消极事件，走出生活低潮的能力并不等同于让人乐观的能力，但个体要想乐观，还是要先摆脱自己已有的消极心理，然后才能运用各种积极的技术使自己高兴起来。高乐商的人一般能迅速摆脱自己所面临的各种消极影响。

第三，乐商的第三个组成部分是指个体的快乐或乐观感染他人的能力。快乐或乐观会感染他人，但不同的人对他人的感染力不一样，这也是乐商的一个重要组成部分。这就好比同样是相声演员或喜剧表演者，尽管表演的内容差不多，但他们却会产生完全不同的演出效果，高乐商的人显然更能够影响周围的人或生活环境。

如图3.1所示的儿童的笑脸是彼得森教授留下的一张照片，当你静静地盯着它30秒之后，你就能体会到即使是照片，其感染他人变开心的力量也是非同寻常的，因为，你也会不由自主地跟着笑起来。

图3.1 孩子的笑脸

如何才能使一个人的快乐更有感染力呢？其核心在于表达快乐的方式要合适。苹果公司的创始人史蒂夫·乔布斯（Steve Jobs）有一句名言："顾客不是真的要占便宜，而是要有一种占了便宜的感觉。"如果你快乐的表达方式让对方觉得舒服（让他有一种占了便宜的感觉），你的快乐就会被对方接受，对方就容易受你的影响。马云在这方面是个大师，他创造的“双十一效应”已经闻名世界，人们在“双十一”时，总是会不由自主地买了超出自己预算的东西，这是因为“双十一”时淘宝网上到处充斥着打折和降价，这些让人们有一种占了便宜的感觉（和平时相比）。心理学上有一个所谓的“诱饵效应”（Decoy Effect），如商场里的帽子和毛衣标签上的价格分别是帽子49元，毛衣129元，但最后一定还有一行字，帽子+毛衣=129元。这就是一个诱饵，它会让你买了以后觉得自己赚了一顶帽子。

如图3.2所示，2018年9月17—26日，中国投资有限责任公司（总部）在网上公示了他们2018年的拟录用人员名单，结果引起了舆论的轩然大波。

中国投资有限责任公司2018年度拟接收毕业生情况公示

二级（三级）单位	姓名	性别	学历	毕业学校	专业
中国投资有限责任公司（总部）	[illegible]	男	博士研究生	北京大学	产业经济学
中国投资有限责任公司（总部）	[illegible]	男	硕士研究生	北京大学	经济学
中国投资有限责任公司（总部）	[illegible]	男	硕士研究生	清华大学	金融
中国投资有限责任公司（总部）	[illegible]	男	硕士研究生	北京大学	金融
中国投资有限责任公司（总部）	[illegible]	男	硕士研究生	清华大学	金融
中国投资有限责任公司（总部）	[illegible]	男	硕士研究生	中国人民大学	法学
中国投资有限责任公司（总部）	[illegible]	女	硕士研究生	清华大学	法律
中国投资有限责任公司（总部）	[illegible]	男	硕士研究生	北京大学	金融
中国投资有限责任公司（总部）	[illegible]	男	博士研究生	北京大学	会计学
中国投资有限责任公司（总部）	[illegible]	男	硕士研究生	北京大学	法律
中国投资有限责任公司（总部）	[illegible]	女	本科	绍兴文理学院	英语语言文学

通信地址：北京市东城区朝阳门北大街1号新保利大厦20楼

邮政编码：100010

图3.2　中国投资有限责任公司（总部）2018年度拟接收毕业生情况公示

这个公示之所以引起人们的猜测和质疑，主要是因为公示表达的方式不合适，这个公示没有明示每一个人的工作性质，让人们觉得这11个人似乎都担任了同一种（或类似的）工作。实际上，最后一位招的是行政文秘岗，不一定需要博士或硕士等高学历，也不一定需要名校毕业。所以，只要你和周围的人不一样，即使你是对的，你也可能会遭受质疑，甚至遭受攻击。而要想让自己和周围人一样，你就要想办法让周围的人受你的影响，而这很大程度上取决于你的表达方式。人们有时候会拿自己的性格来掩盖自己的能力，如对别人说："我的性格就这样，你别生气啊！"其实这不是理由，一种性格可以有几十种（甚至上百种）表达方式，你为什么不选择一种对方最能接受的方式来表达你的性格呢？如果你只会用一种方式来表达你的性格，这实际上意味着你的能力低下。这就如水一样，水有多种形态，固态、液态和气态，不同的形态代表不同的环境。

第四，乐商的第四个组成部分指品味能力，即个体对自己生活中的积极事件进行精细加工的能力。生活中并不只有消极事件，任何一个人在其一生中都有许多精彩事件和荣耀时刻，当人们面对这些积极事件时会怎么办呢？所采取的方式又会是什么呢？美国心理学家F. B. 布莱恩特（F. B. Bryant）将人们处理积极事件的心理和行为过程称为品味（savoring）[1]。品味意指个体主动地对自己的积极经历、积极体验或积极事件进行精细加工（或深加工），以增强或延长自己的积极情绪体验。

从品味的心理结构来看，品味主要由好的事件经历（experience）、加工（process）、策略（strategy）和信念（belief）这四个相互区别又相互联系的成分组成。其中，经历指主动去经历或感知那些包含积极因素的行为或情绪，如主动去欣赏音乐会、品尝美食或与好友悠闲地度过一个美好的下午等；加工指的是个体将好的经历通过一系列的身心操作（mental and physical operations）转化成自己的积极情绪过程；策略是通过选择或采用某种具体的心理活动或行为来增强积极情绪的强度或延长

---

[1]　Bryant, F. B. (1989). A four-factor model of perceived control: Avoiding, coping, obtaining, and savoring. *Journal of Personality*, 57(4), 773–797.

积极情绪体验的时间，属于品味的可操作层面；信念体现的则是个体从过去、当下或未来的积极事件中感受到积极情绪的愿望或渴望，反映了个体追求幸福的意愿，是品味能力的体现。

品味的心理结构揭示了品味的心理机制：首先需要一段美好的经历或体验，其次个体要有意愿和能力去体会这一美好的经历，并主动采用有效的行为或心理活动将其转化为自己的积极情绪体验。

品味是一个和应对相对应的概念，虽然总的来说应对和品味都是通过一系列的认知或行为操作使个体处于一种更好的心理状态，但是它们的对象和过程均不相同。显而易见，应对的对象是生活中的消极事件，而品味的对象则是积极事件。就过程而言，人们在进行应对和品味时所采用的策略存在明显差异，有人将应对策略分为12类：解决问题、寻找信息、进行回避、自我调节、寻求支持、自我抱怨、远离社交、感到无助、接受、协商、屈服以及对抗。

而布莱恩特等人则从行为和认知两个方面将品味策略分为10类，其中行为层面包括同他人分享、沉浸专注、行为表达，认知层面包括对比、感知敏锐、建构记忆、激励自我、当下意识、细数幸运、避免扼杀愉悦的想法。

除此之外，这两种心理操作所产生的结果也不尽相同，应对处理的是个体的消极情绪体验，使得个体心境处于平和，而品味则是将积极事件内化为积极情绪体验，从而提高或延长积极情绪体验。

如果从时间维度来看，品味可以分为品过去、品现在和品未来。其中品过去主要指两个方面：一是构建记忆时，要以好的线索作为整个事件的回忆线索；二是指要经常刻意回忆生活中所经历过的快乐事件。重新回忆过去的快乐时光可能对抑郁具有很好的抑制作用，麻省理工学院的刘徐（Xu Liu，音译）和史蒂夫·拉米雷斯（Steve Ramirez，音译）2012年在《自然》（Nature，第484期，第381～385页）杂志上发表了一个很有影响的研究，证明了回忆快乐事件对抑郁具有很好的抵抗作用。

第一步，研究者让一只公老鼠产生一段愉快的情景记忆，即让一只公老鼠和一只母老鼠自由自在地待在一起，并给它们提供充足可口的食物和惬意的环境。当它俩开始有吃有喝并自由恋爱时，这只公老鼠就会产生愉快的体验。这时候研究者会把这只公老鼠在这一快乐时期的脑活动状况提取出来，然后从这些产生了快乐体验的特定脑区引出光纤。

第二步，通过让这只公老鼠体验应激（这只公老鼠一下子有了从天堂到地狱的感觉）来让它变得抑郁。科学研究中判定一只老鼠是不是抑郁，主要有三个指标（把老鼠倒着挂起来后其不再努力挣扎，有点类似于生活中所谓的佛系行为；给老鼠糖水和自来水，而老鼠竟然不挑剔地随便喝，即对以前爱吃的东西也不太想吃了；看到异性老鼠也不再想谈恋爱或没有任何行为反应了），如果一只老鼠具有了其中两个指标，那一般就意味着这只老鼠可能变得抑郁了。

第三步，研究者打开之前植入那些特定脑区光纤的蓝色激光开关，蓝光就开始进入这只公老鼠的这些特定脑区而唤醒它曾经拥有的快乐体验记忆，结果这只抑郁了的公老鼠立刻就开始积极主动，变得活跃起来。更重要的是，实验发现如果连续5天对这只公老鼠进行"蓝光激活"特定部分神经元，抗抑郁的效果就会持续24小时（这意味着持续回忆快乐的时光真的可以抵抗抑郁）。

为了证实该实验结果的有效性，研究者在这个实验中还额外设置了一个对照组，即另一只具有同样快乐体验的公老鼠被同样弄抑郁以后，这只倒霉的、抑郁了的公老鼠不是用蓝光激活那些特定神经元来唤醒其过去和母老鼠的快乐记忆，而是当公老鼠很抑郁地被倒着吊挂在那里的时候，把那只曾经与它在一起制造快乐的母老鼠放进笼子里，试图用曾经的刺激来唤醒其快乐记忆，或重新制造快乐体验，使这只公老鼠摆脱它的抑郁状态，但结果都失败了。这说明一旦抑郁之后，这只公老鼠曾经的最爱也激不起它的兴趣，唤醒不了它曾经的努力和积极的心态。这在一定程度上说明人在真正抑郁的时候是没有办法让自己快乐起来的。抑郁意味着人们当下的大脑已经完全被消极情绪所控制，哪怕把曾经最让人开心的东西或事物放在面前，人们也没法重新快乐起来，唯一的办法可能就是直接用蓝光来强行"唤醒"人的记忆深处那些曾经的美好，而这也许就是品味的最大价值所在。

这个实验也从另外一个角度表明，人在过去的那些美好经历，其实只是被储存在了大脑的一个很深、很隐蔽的地方。人们都以为自己已经把这些快乐全部忘记了，其实这些快乐体验还原封未动地贮存在大脑的一个特定位置，它们可以在一定的条件下被重新唤醒或激活，而这种唤醒快乐的方法（也即品味的方法）或许是一个人们抵抗抑郁的真正有效的方法。

但在真实的生活情境中，人似乎更愿意对过去发生在自己身上的不如意进行抱怨、发泄、埋怨、后悔。例如在见到了自己的好朋友之后，有些人总是会有意地向对方倾吐自己的不如意或受到的委屈，认为这样做会有效地减轻自己的心理压抑。这种做法实际上是错误的，人对消极事件进行抱怨、埋怨等过程其实更可能是一种重新学习消极体验的过程，这样真的可以让人变得更轻松吗？许多人生活不快乐有很大可能就是因为脑子里总是记住那些委屈，这是一种典型的没有品味能力的表现。人确实应该对自己的生活进行反思，但这种反思不能仅仅只是对问题进行修正，更主要的还应该主动反思自己生活中的美好和快乐。

从心理学的多个研究来看，乐商越高，生活就越成功，取得的成就也越大，如爱情更稳固，收入更高，社会地位更高，寿命更长，工作绩效更优良等，所以从一定意义上说，乐商显然要比智商或情商更能决定或改变一个人的命运。不仅如此，在一定程度上，那些已经由智商或情商所决定的东西也许只有通过改变乐商，尔后才能发生相应的改变。

乐商是一种能力，更是一种可学习的技巧和策略，它有规律可循，多多练习就熟能生巧。乐商水平高的人一般具有一些明显的特点：开朗且活泼，外向而愉快，有较多的朋友，易成各种交际活动或晚会的主角，不易陷入失望、恐惧、习得性无助或悲伤，无论是自己一个人或者是与他人相处均能有怡然自得的心态和从容淡定的神情。乐商高的人不仅能提高自身的乐观水平，同时也能够提升其周围人的乐观水平，具有很大的乐观辐射作用。

　　不过，为了更好地了解乐商所具有的积极价值，还是先看看习得性无助可能导致的消极价值。

第一节　习得性无助真的可怕吗？

本书前面已经对习得性无助的特点及形成机制进行了论述，但习得性无助到底会对人造成什么伤害呢？事实上，心理学并不会去研究日常生活所发生的每一种心理现象，它总是把主要精力用来研究那些可能对人造成某些伤害或给人带来某些益处的心理现象。

一、住在疗养院的老人

习得性无助真的对人的生活有很大影响吗？这吸引了许多心理学工作者的关注和热情，越来越多的人开始进入这一研究领域。

塞利格曼的习得性无助理论的核心是控制感的有无。1976年，耶鲁大学（Yale University）的两名研究员埃伦·兰格（Ellen Langer）和朱迪·罗丁（Judy Rodin）联名发表了一篇非常有影响的关于控制感的研究报告。她们选取了康涅狄格州一所最好的名叫阿登屋（Arden House）的疗养院①。这家疗养院是一所临终关怀养老院，这里有最理想的科学研究条件，规模比较大，还有齐全的现代化设施和设备。这里生活的老人的身心健康状况相近，社会背景也相似。兰格和罗丁随机选取了同一幢大楼的不同楼层的老人，分别进行两种实验处理：四楼的老人对自己的生活有着额外的控制权和选择权；二楼的老人作为对照组，得到的福利和四楼的老人一样，却没有控制权。

① Seligman, M. E. P. (2006). *Learned optimism: How to change your mind and your life.* (p. 169). New York : Knopf.

根据实验设计，管理人员召开了一次会议，对四楼的老人说："你们可以自己决定房间的设施布置，不管是希望保持现在的样子，还是需要工作人员再重新布置，都可以。你们有什么想法，都可以向我们提出来。另外，院方想趁这个机会送每位老人一个盆景，作为阿登屋疗养院的礼物。（护士拿着盆景走到老人们中间，让所有的老人自己决定两件事：一是决定要不要盆景，二是要的人可以选择一个自己喜欢的。结果所有的老人都自己选了一份。）这些盆景是你们的了，请你们自己照顾好它。最后告诉大家一件事，每周四、周五我们将各放一场电影，但每个人只能看其中的一场，或者一场也不看；如果想看的话，请自己选择是周四看，还是周五看。"

管理人员同样也在二楼召开了会议，对老人们说："我们希望你们的房间舒适，也尽力为你们做了精心安排，我们的责任就是给你们创造一个幸福的家，所以会尽最大的努力给你们各方面的帮助。另外，我想趁这个机会送你们每人一个盆景作为阿登屋疗养院的礼物。（护士拿着盆景走到老人们中间转了一圈，并发给每位老人一盆。）这些植物是你们的了，护士会每天替你们给植物浇水并照顾好它们。最后还有一件事，每周四、周五我们将为你们各放一场电影，但每个人只能看其中的一场，稍后我们会通知每个人被安排在哪天看。"

这个实验设计的巧妙之处就在于使二楼老人的生活状态完全匹配四楼老人的生活状态（201匹配401，202匹配402，203匹配403，204匹配404……），从而使二楼、四楼老人的生活完全一样。假如401的老人自己选择了某种布置房间的方式，那么服务员就会完全按照401的布置方式来布置201，只是401的老人是自己选择的，而201的老人则是被迫的，同样选择盆景、看电影等都是采用这种匹配方式。

该实验持续了3周，在整个实验期间的不同时间段，研究者用了多种方法来测量老人们在那次会议前后的变化。

首先，采用了两份问卷对老人进行相关数据的搜集。第一份问卷在会议前一周由老人自己填写，内容主要涉及老人对自己的控制力，在疗养院的快乐程度和活动水平（这实际上就是调查这些老人的基线水平）；第二份问卷则在会议之后3周由护士填写，内容主要涉及老人的快乐、机敏、依赖、社交、活力等方面的水平，还有饮食和睡眠习惯等。

其次，研究者详细观察记录了这些老人在此期间的一些行为表现，其中最主要的一项就是记录老人观看电影的情况，另外一项则是记录老人参加疗养院组织的一个竞猜活动的具体情况。

问卷和行为观察记录结果证明，兰格和罗丁的预测是正确的。两组老人在这两个方面的差异非常显著。前后两份问卷结果的比较发现，四楼老人明显比二楼的老人在控制感各个指标上的得分都高。同时，3周的实验之后，在行为观察方面，四楼老人参与疗养院活动的整体情况显著上升（更主动积极），而二楼老人参与疗养院活动的情况却有所下降。

18个月之后，兰格和罗丁再次回到了阿登屋疗养院，这次他们使用了更多的测量量表，这些量表的结果无一例外地显示：和二楼没有控制感的老人相比，有控制感的四楼老人明显快乐和活泼。而且研究还发现了一个惊人的事实：这一期间四楼老人去世的人数比缺乏控制感的二楼老人要少！

从这个研究可以看出，增加个体的控制感可以使人心情更愉快，身体更健康，甚至还能延年益寿。从生活的角度来看，生活质量的核心指标就是快乐，每个人都在一天天地过，但谁活得质量更高呢？大多数人都认为，快乐开心是衡量生活质量的最主要指标。所以，这个研究意味着习得性无助能显著降低人的生活质量。不仅如此，无助感（失去控制感）不仅会让人沮丧、悲伤，甚至还有可能会缩短人的寿命。事实上，一些相关调查的结果表明，许多疾病如抑郁症、结肠炎以及心脏病等都可能与无助感有关。

二、习得性无助与癌症

1977年，为了进一步研究自主控制和无助感对人健康的影响，塞利格曼的博士研究生玛德隆·维辛坦娜（Madelon Visintainer）设计了一项精密的实验室研究[1]。她以老鼠为实验对象，研究习得性无助与老鼠抵抗癌症能力的关系。

维辛坦娜首先挑选了一批健康的老鼠，并往这些健康老鼠的身上移植了一些肿瘤细胞。如果这些肿瘤细胞没有被老鼠自身的免疫系统消灭掉，而是自由生长的话，老鼠就会患上癌症死亡。完成移植之后，她开始对老鼠进行习得性无助的实验。这些老鼠被分为三组：一组每天接受轻微的电击，但是它们只要按到身边的一根小杆就可以停止电击；另一组也接受同样轻微的电击，但是无论老鼠自身怎么努力，都摆脱不了电击（当然这一组老鼠和塞利格曼之前的实验一样，它必须和第一组老鼠被试共轭在一起，以确保两组老鼠接受的电击次数和电击强度一致）；最后一组老鼠则不接受任何的电击，也就是实验设计中的对照组。

实验结果让人非常恐惧，一个月后，第三组老鼠死了50%，这个数据说明移植癌症细胞的程序应该没有问题，因为之前许多的研究已经证明，正常条件下有50%的老鼠能够抵抗癌细胞的侵害，而另外50%的老鼠则不能抵抗癌细胞的侵害而患病去世，即老鼠对癌细胞的抵抗力大概处于50%的机遇水平。请注意另两组老鼠的惊人差异：第一组老鼠，也就是有自主控制感经验组（能够按杆停止电击）的老鼠中有70%能抵抗癌症，但是无助组（即没有自我控制感的第二组）老鼠中却只有27%抵抗住了癌症侵害。

也许细心的读者看到这里会有疑问，患癌症比率高的那组老鼠会不会还受到其他因素的影响呢？需要指出的是，实验中移植给三组老鼠的肿瘤细胞数量完全相同——这一数量限定让癌细胞在正常发育的情况

① Seligman, M. E. P. (2006). *Learned optimism: How to change your mind and your life.* (pp. 168–171). New York : Knopf.

下，有50%的老鼠会患癌症，而另外50%的老鼠不会患上癌症；三组老鼠吃的食物、住的环境也都一样。另外，在施加电击的两组老鼠中，电击的强度、次数也得到了相同的控制。总之，除了在电击控制力上有不同处理之外，老鼠的其他生活条件都完全一样。

这样，这三组老鼠在抗癌症能力上的差别，唯一的解释就是心理状态的不同。塞利格曼和他学生的这个实验，令人信服地证明了一个事实：习得性无助的心理状态会显著提高患癌症的风险。

从本质上说，习得性无助产生的直接后果是让人变得抑郁而不快乐，从而降低了人的乐商水平，因而人应该要努力提高自己的乐商。

第二节　人应该提高自己的乐商

什么是乐观？对不是专门从事学术研究的人来说，要想严格地定义乐观，恐怕是一件很困难的事。事实上，即使是做学术研究的人，要想对乐观下一个准确的定义也很困难。尽管大多数人不能准确定义乐观，但这并没有影响人们对乐观的认知，看看以下的情形，多数人都会说："这就是乐观！"

日出东海落西山，愁也一天，喜也一天；
遇事不钻牛角尖，人也舒坦，心也舒坦。
你可以把我踩进泥地，但像尘土一样，我仍将奋起！

尽管以上这些话都只是人生活中耳熟能详的一些生活经验，但这实际上是乐观的鲜明标记，所以如果形象地描述乐观，那乐观就应该像放在炉灶上的茶壶一样，屁股被烧得红红的，还有心情吹口哨。

当塞利格曼顺利完成了一系列习得性无助实验之后，他觉得自己应该把所做出的这些研究成果告诉更多的人，光放在书架上的学问又有多大的价值呢！于是，塞利格曼决定把他的习得性无助的研究结果写成一本通俗性的大众读物，从而使一项严肃的科学研究成为一本流行书的核心主题。

随后塞利格曼找到一家出版社，这一天他和他的出版经纪人共进晚餐，一起对出版方面的具体事宜进行商讨。在餐桌上，出版经纪人提醒塞利格曼说："习得性无助对专业心理学家来说固然是个不错的标志性概念，但对于普通大众读者来说，这绝对是个'岔路式概念'（即容易让人产生误解的概念），普通大众或许会认为这是一本教人如何变得无助的书。试问这个世界上有谁愿意有意识地让自己变得无助呢？你为什么不尝试向公众强调习得性无助研究的积极一面呢？比如说叫作'习得性乐观'或者'怎样让自己变得更乐观'等，因为这个世界上所有的人都愿意使自己变得更乐观，而不是更无助。这样的标题一定更能吸引普通大众。事实上，你研究习得性无助也是间接地想让人们变得更乐观。"

出版经纪人的一席话，也许只是从纯粹的商业利益出发，却让塞利格曼茅塞顿开。多年来一直研究悲观的塞利格曼突然明白，人们对世界的看法有着积极和消极之分。塞利格曼迅速抓住了经纪人建议的要点，并付诸行动。是啊，既然无助可以习得也可以预防，那乐观也一定可以习得。从此塞利格曼开始用习得性无助实验范式来研究乐观，并在此基础上出版了自己的代表作《习得性乐观》。他自己也从一位研究悲观和抑郁的专家变成了全世界研究乐观的权威，这为他后来创建积极心理学打下了基础。

习得性乐观从本质上说就是提高人的乐商，人为什么要提高自己的乐商？如果乐商水平高的人并不比乐商水平低的人发展得更好，那习得性乐观或提高乐商就只是个伪概念，所以，在号召人们提高乐商之前，先得看看高乐商对于人的发展到底具有怎样的积极价值。

一、高乐商有利于个体的社会性发展

所谓社会性发展是一个学术用语，在这里通俗一点说就是高乐商的人会挣更多的钱，获得更高的社会地位，有更稳定的婚姻关系等，即一个人会因为高乐商而获得相对更成功的社会生活。心理学是以实证数据来说话的，所以，我们还是来看几个具体的研究报告吧。

（一）"迪香微笑"——高乐商的外在形式

在证明高乐商具有良好的价值之前，在这里有必要首先解释一下心理学研究乐观时常用的一个概念——"迪香微笑"（Duchenne Smile）。所谓迪香微笑指人由衷发出的一种笑容。人主要是一种社会性动物，为了有效地参与各种社会生活，人的面部会有很多种表情，据心理学家的研究发现，人的面部表情超过20种，其中大部分是人在进化过程中形成的。

笑是面部常有的一种表情，但笑又有很多种，如傻笑、皮笑肉不笑、媚笑、奸笑、甜笑、似笑非笑、憨笑、狂笑、讥笑、窃笑、冷笑、苦笑等。对于这么多种笑，心理学为了研究方便，对其简单地进行了二分法：一种是真笑，另一种是假笑。真笑是由衷地表现出的笑（笑与其内心世界一致，笑意味着内心快乐），而假笑则是迫于某种社会目的而假装出的笑（笑与其内心世界不一致，笑并不意味着内心快乐）。19世纪，法国神经学家迪香（Guillaume Duchenne）首先对真笑和假笑做了区分，他发现当一个人真笑时，他面部有两组肌肉都会有显著运动［分别是颧大肌（zygomatic major）和眼轮匝肌（orbicularis oculi）］，而假笑时面部则只有后一组肌肉运动（即眼轮匝肌）。说得简单一些，就是当人真心快乐而笑时，其嘴巴周围和两只眼睛周围的肌肉都会出现显著性运动，而当一个人假笑时则只有嘴巴四周的肌肉产生运动。由于这种微笑分类法是迪香首先提出的，因而人们习惯上就把真心的笑称为迪香微笑，假笑则被称为非迪香微笑或空姐微笑（飞机上的乘务员的脸上一般都习惯性地挂着职业微笑）。需要说明的是，这里绝没有否定或贬低空姐的微笑，只是借用空姐这一职业微笑来说明一下问题。

已有的研究更是发现，当人们展现迪香微笑时，个体的大脑会产生让心情更好的化学物质，美国心理学家保罗·埃克曼（Paul Ekman）和威斯康星大学（University of Wisconsin System）神经学家理查德·J.戴维森（Richard J. Davidson）利用大脑扫描发现，迪香微笑显著增强大脑中与满足、快乐等相关的神经活动。他们甚至还发现，即使人有意去运动那两组肌肉（颧大肌和眼轮匝肌），人也会因此而产生快乐的感觉。这样，心理学在自然状态下要鉴别一个人是不是具有高乐商这一特征就只需看他是不是具有迪香微笑，如果经常表现出迪香微笑则证明他可能具有高乐商的特点；如果总是假笑或干脆板着脸不笑，则预示着他可能不具有高乐商特点。这种用迪香微笑来预测人是否具有高乐商特征的方法，已经得到了心理学的证明。不过在这里有一点一定要引起注意，即迪香微笑必须是在个体没有自我控制的自然状态下的表现。

（二）高乐商能获得更幸福的婚姻

现在我们来看心理学已经做过的一些经典研究，这些研究报告的结果也许会令你大吃一惊。

加州大学伯克利分校的L.哈克（L. Harker）和凯尔特纳做了一项有名的研究[①]，该研究报告于2001年发表在世界著名的心理学期刊《人格与社会心理学》上。两位研究者搜集了一些大学在1958—1960年出版的各期年刊，并把这些年刊上所刊登的所有女性照片全部提取下来，然后对她们的表情进行仔细分析。研究者一共搜集到了114人，除了3个人之外，其他人刊登在学校年刊上的照片都毫不例外地面带微笑。研究者对这111名女性的微笑进行了精心辨识和分类，其中61人的笑属于空姐微笑，而另外50人的笑属于迪香微笑。

两位研究者从20世纪90年代起开始系统调查这111位女性30多年以后的具体生活状况，结果发现：那些在年刊上有迪香微笑的女性，她们更喜欢结婚，婚姻关系也比较稳定（离婚率显著低于那些空姐微笑的女性），而且这些人的身体健康状况也显著好于那些空姐微笑的人。另外相比于那些空姐微笑的女性，具有迪香微笑的女性即使在生活中遇到一

① Harker, L., Keltner, D. (2001). Expressions of positive emotion in women's college yearbook pictures and their relationship to personality and life outcomes across adulthood, *Journal of Personality and Social Psychology*, 80(1), 112–124.

些不幸或伤心的事件，她们也能很快从悲伤中走出来。

相关的生理检测更是表明，当女性进行迪香微笑时，她身体内会分泌大量的催产素激素，而催产素被称为"拥抱荷尔蒙"，可以有效增进夫妻的亲密关系，这有利于建立良好稳定的夫妻关系。

有些读者可能会质疑容貌、动机等一些其他变量会对研究结果起作用，但如果是大样本数据的话，这些无关变量的影响其实会被大样本数量的被试中和或稀释掉，而且在这个研究中，研究者还有意识地控制了容貌等变量，感兴趣的读者可以去看一下该研究报告的原文。

同样，M. J. 海登斯顿（M. J. Hertenstein）、C. A. 哈塞尔（C. A. Hansel）、A. M. 布茨（A. M. Butts）、S. N. 希尔（S. N. Hile）等人也于2009年在美国的《动机与情绪》（*Motivation and Emotion*）杂志上发表了一个研究报告[①]，该研究报告像之前哈克和凯尔特纳2001年的研究一样，选择了一些大学年刊上的照片（男女性都有），同时又选择了一些被试在未成年时的照片，然后，分别对所有被试的微笑进行分类，再对这些被试在30多年后的生活状态进行追踪比较。结果发现：不管是年刊上的照片，还是毕业时拍的照片，那些具有迪香微笑的被试，其离婚率要显著低于那些具有空姐微笑的被试。这些都证明高乐商（迪香微笑）的人具有更稳定和幸福的婚姻。

（三）高乐商能挣更多的钱

2011年有4位心理学家发表了一个研究报告[②]，他们调查了美国最好的100家律师事务所的盈利状况，结果发现：那些事务所的管理者在大学本科期间拍的照片，如果具有高乐商的特征——迪香微笑，其公司的盈利状况要显著好于那些具有空姐微笑的管理者，调查所涉及的时间跨度

---

① Hertenstein, M. J., Hansel, C. A., Butts, A. M., Hile, S. N. (2009). Smile intensity in photographs predicts divorce later in life, *Motivation and Emotion*, 33(2), 99–105.

② Rule, N. O., Ambady, N., Rule, N., Ambady, N. (2011). Judgments of power from college yearbook photos and later career success. *Social Psychological and Personality Science*, 2 (2), 154–158.

乐 商：一个比智商和情商更能决定命运的因素

大概在这些人本科毕业之后的20～50年。这说明具有高乐商的人能挣更多的钱，目前的研究已经发现具有迪香微笑的人要比那些没有迪香微笑的人每年多挣超过30%的钱，大约是15000美元。

另外一项有关保险公司的研究也证明了高乐商具有良好的价值，从过去有关职业研究的实际情况来看，有两种职业患抑郁症的概率相对比较大一些，其中一种就是保险推销员。当一个保险推销员拿起电话给一个陌生人打电话时，他不仅在生理上会产生一些应激反应（如心跳加快、血压升高等），而且打出的电话几乎总是以失败而结束。有一个调查数据清楚地说明了这一状况，一个保险推销员打了300个电话，其中只有一个人愿意静下心来听一听他介绍有关保险推销的事（但还不一定会购买），其余299个电话要么是委婉拒绝，要么是断然拒绝，有些甚至还是很不友好的语气。

所以，保险推销员每天都要经历许多次失败，再加上他几乎总是面对陌生人，其对卖保险成功与否的控制感非常低，这就使得保险推销员这一职业形成习得性无助的可能性大大增加。因此，保险公司常常面临两个非常难解决的问题：第一是员工患抑郁症的概率较高，而且患抑郁症的更可能是熟练工，这使得公司缺乏足够的熟练工；第二是较高的培训费，一个新员工培训成为一个熟练员工一般大概要花费3万美元，这样高的抑郁风险所导致的员工高流动性就会使得公司运营成本居高不下。面对这一难题，美国著名的大都会保险公司希望有人能帮他们找到解决办法。

塞利格曼领导的心理学团队解决了这一问题，他们认为如果让具有高乐商的人去卖保险，这些人在工作中患上习得性无助或抑郁的概率就会降低，同时其工作年限也会更长。塞利格曼领导他的团队开发出了一个归因风格测量量表，简称ASQ量表（可以测出正常人群中谁具有乐观型解释风格），然后用这个量表来帮大都会保险公司筛选具有高乐商特征的人做员工。经过5年多的追踪研究，结果发现这种筛选取得了非常大的成果，那些被筛选出来具有高乐商特点的员工不仅工作年限更长，其患抑郁症的概率也显著下降，更重要的是这些员工的工作绩效显著好于其他员工。

2012年11月19日出版的《美国国家科学院院报》（*Proceedings of the National Academy of Sciences of the United States of America*，简称 *PNAS*）上发表了一篇由英国学者德·尼夫（De Neve）和安德鲁·沃尔德（Andrew Oswald）等人的研究报告《快乐影响长大后的收入》（*Estimating the influence of life satisfaction and positive affect on later income using sibling Fixed Effects*）。该报告重新分析了美国一项著名的纵向研究"美国国家青少年健康纵向研究"所获得的数据，结果发现，一个人如果年少时越乐观（即乐商水平越高），则长大了就会越赚钱。

"美国国家青少年健康纵向研究"是一项始于1994年的国家层面的大型研究，共记录了约15000多名青少年的乐观水平的变化情况，这些数据在经过分析之后，研究者发现那些16～18岁时，乐商水平最低的被试，他们到了29岁时，其平均收入比这个群体的整体平均收入少30%；而16～18岁时，乐商水平最高的被试，到了29岁时，其收入则比整个群体的平均收入高了10%左右。

21岁（大概处于大学毕业时候）时的乐商水平如果低1分，那29岁时的年收入会减少大约2000美元。年少时乐商水平最低的个体和那些乐商水平最高的个体，到了29岁时年收入会相差约8000美元。这一研究是在控制了性别、受教育程度、身体健康状况、智商和社会经济背景等因素后取得的，这说明高乐商这一特征具有强烈的预测价值，既能预测人的婚姻幸福，也能预测人的经济价值。

同时在这个研究中，研究者还进一步分析了大约3000名同胞兄弟姐妹的数据，结果同样发现，16～18岁时乐商水平高的个体要比他们的兄弟姐妹们在29岁时挣钱更多，社会表现更好。所以让孩子有一个快乐的童年和少年是对他一生最有效的投资，想办法提高孩子的乐商是一种最切实际的做法。

目前，一些电视台很流行婚恋节目，人们都希望能找到一种好的方法，让自己后半生拥有幸福满意的婚姻。其实结婚有点类似于买股票，你要是买到了一只绩优股，后半生就会很幸福；但如果你买到了一只垃圾股，那你的后半生就会有很多困苦和麻烦。

从科学角度来说，买股票更主要靠运气，但婚姻其实并不完全靠运气，人们可以通过一些技术来挑选出所谓的"潜力股"（即将来可能发展得比较好的人）。现在可以告诉你，如果你能在谈恋爱时就把对方在高中、大学阶段的照片拿来看看，这个人如果具有迪香微笑（即高乐商），那他成为绩优股的可能性就较大；反之，则成为绩优股的可能性就相对小些。当然，人是感情动物，恋爱和婚姻也许并不完全靠技术支撑。

二、高乐商能增强人的免疫系统

免疫系统是人保持身体健康和对抗疾病侵扰的防卫组织系统，这个系统包含有多种细胞，它们的主要工作职责是指认并消灭那些侵入人机体的异类物，包括细菌、肿瘤细胞和病毒等。例如，人体有一种T细胞，它可以识别麻疹病毒，一旦发现身体组织某个部位有了麻疹病毒，它就会立即大量自我繁殖，从而把这些入侵者消灭掉。还有一种天然的杀手细胞叫NK细胞，它可以捕杀任何入侵人体内的异物。一些研究者在无助感的老鼠身上发现，之前有过不可逃避电击经验的老鼠，它们的免疫系统减弱了，从生理指标来看，无助感的老鼠血液里的T细胞不再能很快地自我繁殖，这样也就失去了对付入侵细菌的能力，同样，具有无助感的老鼠，其脾脏里的NK细胞液也失去了杀死入侵外在异物的能力。

塞利格曼与自己的一位名叫拉斯利耶·卡门（Laslie Kamen）的博士研究生，再加上耶鲁大学的罗丁一起组成了一个研究小组，这个研究小组专门研究高乐观水平（高乐商）和低乐观水平（低乐商）对人体免疫系统的影响[①]。他们对康涅狄格州海文市的一群老人进行了多年的追踪

---

① Seligman, M. E. P. (2006). *Learned optimism: How to change your mind and your life.* (pp. 167–184). New York : Knopf.

研究，每年都定期给这些老人抽一次血，检查老人的免疫系统的功能，同时，每年会多次定期或不定期与这些老人进行面谈，详细询问老人的生活状况、营养状况、健康情况以及儿孙的情况等，然后根据这些面谈资料对这些老人进行乐观程度的分类。研究结果正如他们之前所预料的，高乐商与否可以预测老人的免疫系统活动能力的强弱，低乐商会使免疫系统的活动能力降低，而高乐商者的免疫系统相对有比较强的活动能力。

塞利格曼团队的研究更是发现，当高乐商者遭受失败或挫折时，他们不会变得沮丧，不会很快放弃，不容易形成习得性无助，高乐商的人甚至会有意识地主动抗拒无助。多年的追踪研究结果还表明，一个人的无助感体验越少，其免疫系统的活动能力就越强健，也越长寿。

一项新研究发现，当个体在完成一项艰巨的任务或面对压力时，有意识地进行迪香微笑（故意表现出高乐商特征）可以显著降低个体的应激水平和压力意识，并能使个体的心率和血压迅速得到降低，而这有利于保护人心脏的健康。迪纳和其合作者比斯瓦斯-迪纳（Biswas-Diener）在2008年的一项研究中发现，高乐商的人有更强的免疫系统工作能力以及更佳的心血管功能（心脏病发作和动脉阻塞次数更少）。

三、高乐商的人更愿意听从医生的忠告并保持良好的健康习惯

高乐商者习惯于自己掌握自己的命运，一旦生病就会立即采取有效行动，去找医生或专业人士治疗。而低乐商者则不太一样，他们会把生病看作必然产生的事，是永久的、普遍性的事。他们认为自己在生病后做什么都不会有用，所以低乐商者往往不太愿意去看病，也不太愿意听从医生的建议，常常采取听之任之的态度。例如，谁都知道吸烟有害健康，但在对待戒烟这件事上，高乐商者远比低乐商者更愿意采取戒烟措施。在一个长达35年的追踪研究中，塞利格曼与其研究团队跟踪了100名

哈佛大学的毕业生，他们几乎每年都会对这些人的生活做一个回访并做详细记录。结果发现，一旦吸烟之后，相比于高乐商者，低乐商者更不会放弃吸烟行动，他们的健康状况也相对更差。

最近美国的一项研究又有了新的发现，当面临抽烟、酗酒等不良生活方式的引诱时，相比于低乐商者，高乐商者更能经得起引诱。在同样引诱条件下，低乐商者吸烟和酗酒的概率甚至超过高乐商者的一倍。

如果以涂防晒霜和系安全带为变量来看，研究者则发现，在同样条件下，高乐商者比低乐商者更愿意涂防晒霜（涂的量或面积更大）和系安全带。这一研究结果说明，高乐商者会主动做更多有利于身体健康的活动，而低乐商者却正好相反，他们会有更多不利于健康的生活习惯。

以上这些研究结果都只是证明了高乐商者比低乐商者有更好的、更健康的行为方式，那在具体的结果方面，两者间有没有差异呢？

如果现在问你一个问题：你想活到93岁吗？绝大多数人会给出肯定回答，因为毕竟活到93岁是很多人想努力实现的一个小概率事件。不过美国在2009年的一项心理学研究告诉你活到93岁其实并不困难。有研究者对美国的修女进行了研究，他们发现在所有修女中，乐观的修女（即高乐商修女）占了整体的1/4，这部分中79%的修女活到了85岁，而其中52%的修女竟然活到了93岁！相反，修女中有1/4不到的人，是典型的不快乐修女，其乐商水平较低，这其中只有54%的修女活到了85岁，只有18%的修女活到了93岁。所以这一研究结果意味着，如果你想活到93岁，你就要做一个乐观的人。

另外，美国心理学家S. D. 普雷斯曼（S. D. Pressman）和S. 科恩（S. Cohen）在2007年做了一个有趣的研究，他们在研究中对一些著名心理学家的自传资料进行了搜集，然后用电脑对这些自传资料进行了乐观和悲观方面的评分。结果发现，凡是电脑评价为高乐商的心理学家比那些电脑评价为低乐商的心理学家平均多活了5年，这间接证明了，一个人提高自己的乐商水平就可以多活5年。

不过，在这一研究中还有一条线索也许应该引起人们的注意，即凡是在自传中提到他们有良好社交生活的心理学家，他们的寿命是最长的，而且和其他人有显著性差异。这或许暗示良好的社交能提高人的乐商水平。

四、高乐商可以提高学生的学业成就并减少坏事件的发生

自从法国人艾尔弗雷德·比内（Alfred Binet）把智力测验引入学校教育之后，到了20世纪50年代以后，打着科学旗号的智力测验便风靡了世界各地。在美国许多学校开始流行给刚入学的孩子进行智力测验，然后根据智力测验的分数进行所谓因材施教式的分班教学。家长同样也对智力测验抱有很大的期望，他们都迫切想知道自己的孩子今后会不会取得较高的学业成就。这种观点事实上是错误的，且不论智力测验的科学性到底如何，即使智力测验本身的科学性毫无问题，智力测验的分数也并不是未来成功与否的预测指标。如今，一些家长把孩子的健康发展完全绑架在孩子的智力水平上，把一个复杂的人的问题简化成了一个计算公式。人们太看重孩子的智力因素了，而完全忽略了另外一个重要因素，这个因素实际上能够弥补人智商的不足，同时也可能瓦解或破坏一些天才的学业成就，这个因素就是孩子的乐商水平。

塞利格曼曾研究了一个个案，有个名叫艾伦的9岁小男孩，当时正在上小学。艾伦从小就一直很害羞，手眼之间的配合也不太协调，以致在日常活动中做什么事几乎都是最后才能完成。当然，在班级进行各种球队队员选拔时，他也总是最后一个被选上。但实际上艾伦在某些方面异常聪明，特别是很有画画的天分，他的画是美术老师见过的小学生里最好的。艾伦10岁的时候，他的父母离婚了，这对他的打击很大，他从此陷入了深深的沮丧，开始不愿与别人交流，甚至也不再愿意画画。

艾伦的美术老师看到这种情况后非常着急，他相信这个孩子在画画上有天赋，不愿意他就这样轻易放弃画画，于是，美术老师尽自己最大

的努力来与艾伦多交流。在交流的过程中，美术老师发现艾伦有一个消极的信念——总是认为自己很笨，什么都做不好，而且不像是个真正的男子汉，他甚至认为父母的离婚也是他的缘故。找到了问题之后，美术老师开始设法使艾伦明白，其实他在很多方面是很成功的，并不像他自己认为的那样笨。在他这个年龄阶段，男孩子的手眼配合是比女孩子要发育得晚一些，但这不代表他不像男子汉，这其实不能算是他的问题。当然，父母的离婚更不是他的错，是父母不再相爱了。这个世界每天都有很多人结婚和离婚，结婚和离婚的人都会说出成千上万的理由，但这些理由都可以贴上一个或两个字——爱或不爱，和其他任何人都没有关系。美术老师不厌其烦地给艾伦讲这些道理，想让艾伦明白自己原先的想法其实都是错的。

在美术老师的多次帮助下，艾伦逐渐变得乐观和开朗起来，他又重新画画了。几个月后，不可思议的事情出现了，艾伦的其他各门功课成绩也好了起来，逐渐进入班级前列，这一年的学期结束他还得到了学校的优秀学习奖励。不仅如此，艾伦在原先并不擅长的各种运动方面的进步也很大，事实上，艾伦正在以他的乐观来弥补他先天的运动技能不足。这证明提高乐商水平，能显著地改善生活中的一些不利方面。

当一个孩子在学校表现不好时，老师和家长很容易做出错误判断，认为这是智力问题所造成的，即这个孩子不够聪明。但许多时候，孩子的表现不好有可能只是这个孩子当时正沉浸在沮丧或悲观里而已，由于他感到沮丧或悲观，他就有可能不愿意努力、不尽力去努力尝试。面对这种情况，如果家长和老师断定这个孩子没有才能，智商较差，什么都做不好，那就会造成很严重的后果——这个孩子会真的越来越差。因为这个孩子一旦把家长和老师的这种说法纳入自己的想法中，他就会形成习得性无助。此时，他的坏成绩、坏表现就有可能会变成一个坏习惯，之后也很难改变。

所以，在教育孩子的时候，人们最好先把所谓的智力问题放一边去，别让孩子从一开始就形成一种不好的信念，还是先让孩子乐观起来，提高孩子的乐商在任何情况下都不会错。

高乐商不仅仅能影响人的学习成就，它还能减少坏事件在人身上发生的概率。这个世界相对来说还是公平的，每个人都必定会摊上一些坏事件，但相对公平并不意味着绝对平均，有些人也许会比别人碰到更多的坏事件。那什么样的人更容易遇上被解雇或失败等这样的坏事件呢？

心理学的研究发现，低乐商的人碰上坏事件的可能性要比高乐商的人的更大，二者有显著性差异。低乐商的人常常会对事件做悲观的假设，而这种悲观预言往往有可能会真的自我实现。比如你在工作中做错了某件小事，如果你是低乐商的人，你就会整天担心也许会因做错这件事而被解雇，于是在办公室里愁眉不展、心事重重。试想，老板怎么会喜欢一个时时情绪低落的职员？当经济危机来临而公司需要裁员的时候，老板第一个会想起的人是谁？一定是你！于是你的悲观预言变成了真实的存在。更让人吃惊的还在后面，低乐商和坏事件还存在明显的相互促进作用。一个人在一段时间内所遇到的坏事件越多，他就越容易悲观，而越悲观，其碰到坏事件的可能性就越大。

塞利格曼团队的另一项调查还发现，当一个人面临的坏事件越多，身体就越容易生病。有明确的数据显示，在过去6个月内曾经有过住所迁移、被解雇以及离婚的人，其得病的概率比正常人相对更高，甚至得心脏病和癌症等恶性疾病的概率也显著性高于一般人，这说明低乐商对个体的身体也会产生消极影响。

五、高乐商的人比较愿意寻求社会支持和交往

多个研究和生活经验表明，一个有许多朋友可以谈心的人，他的健康状况会比没有朋友支持的人好很多。例如在已婚的人当中，得抑郁症的情况要比独身的人更少，这主要是因为结婚的人有更多的交往活动。由此可见，友谊和爱情等社会关系对健康而言非常重要（该部分内容在后面的章节中会有详细论述）。那么从高乐商和低乐商的角度出发，谁

乐商：一个比智商和情商更能决定命运的因素

会更主动去寻求这些社会关系呢？研究表明，高乐商的人更愿意寻求社会支持和交往。

让我们来看两个有关微笑的心理学研究。从外在的表现形式来看，与低乐商的人相比，高乐商的人会具有更多的微笑形式。微笑的本质是什么？许多人认为人们微笑可能是因为碰到了一个值得笑的刺激，也就是说，人们的微笑可能并没有什么外在目的，只是外在刺激影响了我们的某根神经而导致了我们发笑，事实真的是这样吗？

心理学的研究发现，微笑并不仅仅是因为一个好笑的刺激而引发的结果。有研究者在研究中发现[①]，同样的内容当一个人和其他人在一起时，他会微笑得更多，而当仅有他一个人时，则微笑得相对较少，所以研究者认为微笑在一定程度上可能是一种改善人际关系、寻求社会支持的手段。

从进化论的角度来说，微笑可能是用来影响他人、与他人改善关系的一种自动化的交际策略，它在一定意义上是人由遗传而获得的一种社会交际工具，有一项很有趣的研究证实了这一命题。

研究者让一些被试倾听另外一个人讲笑话，并且让讲笑话的人扮演不同的角色，如果讲笑话的那个人，有权控制这次活动的奖金分配方案（在这一条件下，被试的权力比讲笑话的人要低），那这个被试就会微笑得更多（笑声持续的时间会更长）；如果讲笑话的这个人不能控制这次活动的奖金分配方案（被试的权力和讲笑话的人一样大），那被试就会微笑得更少一些，两组条件间存在显著性差异。

更奇怪的是，即使让被试处于单独一个人的境况，如果被试觉得对方的地位或权力比自己大，被试也会微笑得更多。研究者用录音机播放了一段权力较大的人讲的笑话，让被试听。结果表明，和听权力与自己一样大的人的录音相比，这些被试同样也会微笑得更多。这一研究结果

① Stillman, T. F., Baumeister, R. F., & Dewall C. N. (2007). What's so funny about not having money? The effects of power on laughter. *Personality and Social Psychology Bulletin*, 33, 1547–1558.

证明，被试的微笑反应可能是一种自动化策略，而不是个体有意识采取的一种行为控制。

上文的这两个研究充分证明：微笑更可能是那些低权力地位者用来获得更高权力者的友谊和支持的一种手段，即微笑可能是人具有的一种自动化的用来改善人际交往、寻求社会支持的手段。和低乐商的人相比，高乐商的人显然更爱微笑，因而，这也就在一定程度上意味着高乐商的人更愿意主动寻求社会支持和良好的人际交往。

从日常生活来看，当遭遇到不幸的事件之后，高乐商的人相对比较愿意向他人倾诉，向他人寻求安慰与帮助。而低乐商的人往往不愿意去寻求社会支持，他们比较被动，总是等待朋友主动来询问自己。事实上，如果一个人不主动去告诉朋友所发生的一切，谁又会知道他已经遭遇到了不幸事件呢？人幸福快乐的关键在于良好的人际关系，而微笑能有助于与人相处，所以日常生活中尽量让自己微笑起来就显得非常重要，而微笑恰恰是高乐商的一个重要外在形式。

以上这些科学证据证明：一个人的成功和乐商有很大的关系，可以毫不夸张地说，和智商相比，乐商对人的发展价值更大。这是因为智商很大程度上主要依赖于先天的遗传，其后天可控制性相对更低，而乐商则更主要是后天练习的结果，是人们本身可控制的。

第三节 乐商是一种解释风格

从进化论角度来看，人类早期更可能是低乐商者，或者说更主要是悲观者。因为悲观等消极情绪与人类的生存有着紧密的关系，具有一定的保护作用。大部分由人自身进化而来的情绪肯定是为了保护人更好地生存。这个世界的多数人又不像小部分人那么幸运（小部分人从事了一些比较轻松有趣的工作），他们为了生活不得不从事那些需要面临很大挑战并且具有一定压力的工作（这些工作事实上只有高乐商的人才能做好），这就导致人们有可能存在自然变得无助或抑郁的倾向。

不过幸好积极心理学的研究告诉人们，乐商水平可以通过后天学习而获得提高，从而使自己免于无助或抑郁。关于怎样或通过什么方式可以让自己（或帮助他人）变得更乐观，并在自己现在的这个工作岗位上表现得更好，具体内容请参阅第四章，在这里我们先对乐商的使用条件和技术做一个分析。

一、使用乐观的技术

前面两节的内容告诉人们，乐观对人们的工作和生活有很大作用，但这并不意味着人们应该在任何时间、任何情况下都无条件地乐观。即乐观的运用具有很大的弹性和很强的操作性。从严格意义上说，高乐商也包括正确有效地使用自己的乐观。那到底在什么情况下人们应该尽可能多地使用乐观呢？

由于具体情况比较复杂，心理学总结了一条基本原则：高乐商的人应该在失败代价与乐观行为代价之间获得合理的平衡。如果一件事或一个行动失败的代价很大，有时候大到你事后根本不可能弥补，那个体就最好不要使用乐观；如果一件事或一个行动失败了，付出的代价并不大，特别是事后可以有很多方法或途径对失败的后果进行弥补，那个体在这件事上就可以尽可能多地使用乐观。权衡在某一情况下失败所付出的代价，对乐观的应用有极大影响，所以高乐商的人并不是在任何场合或任何事务上都一味乐观。

还有一点需要指出，当乐观可能和一些积极价值相联系时，你就应该乐观，如乐观有可能使你变得不太沮丧、比较健康或获得较高的成就时，你可以选择使用乐观。一般来说，在日常生活中不需要准确的判断力时，人们可以较多地使用乐观；而在一些特定的场合需要准确的判断力时，你就要谨慎使用乐观。所以，乐观本身是一门技术，使用乐观也是一门技术，高乐商也体现在如何使用乐观这一方面。

根据塞利格曼以及其他一些人的研究，为使乐观的使用更科学有效，高乐商的人在有些生活情境中，会主动使用乐观；在有些情境中会保守一些，甚至不使用乐观；根据具体的实际情况，还有将使用或不使用乐观技术相结合的情境。

主动使用乐观的情境：

第一，如果你正处于想在职场中升职、追求一个漂亮的姑娘、卖一个产品、写一份困难的学术论文或报告、赢得一场演讲比赛这类成就竞争的情境中，这是为了使自己比目前变得更好，即使失败了，也不会对自己已经有的状态造成多大的损失，所以你大可不必忧心忡忡，而是要大胆乐观地去行动。可以这么说，在多数"成就竞争性情境"中，尽可能多地应用乐观技术，只会对结果更有好处而不是坏处。高乐商意味着在这样的情境中要充分发挥自己的乐观，从而使自己获得更大的成就。

第二，如果你想摆脱沮丧情绪、提升自己的信心，高乐商意味着你在这些情境中同样要表现出高水平的乐观。人会因一些消极事件而产生沮丧，这是一个客观现象，但人们不能一味地任凭这种沮丧的心情泛滥，在这时候乐观就是摆脱这种沮丧情绪的最好方式。当你面临失恋、竞争失败、亲人去世、意料之外的坏事件等，你应该乐观地从多个方面来寻找这些消极事件中的积极因素，这可以帮助你尽快摆脱心理阴霾。

第三，如果你正在努力获得某一个方面的成就，与此同时你的另一个更重要的方面却因此而受到了伤害，那就要乐观豁达地放弃目前的努力。中国有句古话："捡了芝麻，丢了西瓜。"如你一直很努力地工作或学习，但你的健康因此而出现了问题，你这时候就要乐观一些了。你应立即停止原先的那些工作，因为身体一旦垮掉的话，你用什么方法或东西也不能弥补。对了，这里一定要顺便提醒一些父母，千万不要用牺牲孩子的身体健康来换取一点点学习上的进步，这在什么情形下也不值得。

第四，如果你想要做个领导、想成为别人的榜样、想成为公众人物，或者希望别人在选举时能投你一票，你就一定要在他人面前表现高水平的乐观。一个郁郁寡欢的人经常在竞争中无法获得胜利，这主要是因为乐观才具有发展性功能，而郁郁寡欢更多的是保护自己不受伤害的功能。

不过，在另外一些情境下（特别是以下这些情境），你可能不适宜用或至少要小心使用乐观技术，这些情境主要有：

第一，如果你的目标是去计划或执行一个有危险且不确定的事件时，你一定不能乐观。面对危险——特别是能对自己或他人造成伤害的危险，千万不能乐观。侥幸就是侥幸，不会因为乐观就失去可能性。虽然侥幸所导致的这种危险并不会时时出现，但一旦出现，之后的损失是没法弥补的。所以，这种情形下，为最坏的结果做最好的准备才是高乐商的表现。类似的不确定事件有很多，例如冬天飞机停飞一段时间后要不要除冰，开车要不要闯红灯，要不要系安全带，工作中要不要贪污受贿，工程建筑中要不要偷工减料，要不要把年幼的孩子一个人关在家里等。

第二，如果你要去为一个目前生活情境很暗淡或者生命力很脆弱的人规划未来，你就不能使用你的乐观。因为乐观会让人的认知不那么准确，而非乐观会让人的认知相对更准确，这在20世纪70年代就已经得到了心理学的证明。所以，为一个前途暗淡的人规划未来必须以充分准确的认知为基础，这时候你应该要小心、小心，再小心一些。

其他情境：

如果你想对别人的困难或悲伤表示同情的话，你一开始不要用乐观等同理心（能站在他人立场上对问题进行判断和认知），信赖建立了以后再使用乐观会更好。当他人正处于困难或窘迫的情境时，即时的乐观激励并不可取，这会让对方觉得你可能是站着说话不腰疼（会觉得你并没有完全了解他，不能设身处地为他着想），只有当你已经被对方从心理上接受并出现共情时，你的乐观积极引导才会有好的效果。

上文的这些内容主要涉及个体的乐观使用技术。在实际生活中，乐观对于集体也很重要，在集体中所起的作用也不容小觑。从塞利格曼团队的研究来看，在能力和技术水平比较接近时，一个乐观的球队在与别的球队比赛时更有可能获得胜利。同样，不论其规模大小，一个公司如果要想获得好的业绩，就需要具有乐观的特性，这似乎意味着集体也有乐商。

不过集体的乐商并不一定是集体中每个个体的乐商之和，比如有两个个体乐商之和完全相等的集体，但其中一个集体的领导人的乐商很高，而另一个集体的领导人的乐商很低，那这两个集体的群体乐观程度肯定不一样。

目前积极心理学在集体乐商方面的研究还比较缺乏，这或许会是今后研究的一个方向。但尽管有关集体乐商的具体研究比较少，不过从过去已有的研究来看，要组建一个乐商水平高的集体还是要注意以下三个方面的问题①。

第一，要有目的地筛选具有乐观特征的人来组成集体。从一个群体来看，尽管有着许多相互作用的内在机制，但群体中每个个体的乐观水平如果越高，其整体的乐观水平肯定也会水涨船高。

心理学的研究已经表明，一个人的成功主要受三个方面的因素影响，除了传统的动机和能力（包括智商）之外，乐观的特点也起着很重要的作用。一个人仅有动机和能力是不够的，如果没有一个乐观的性格，人就不会树立自己一定会成功的坚定信念，在这种情况下，即使有最强烈的动机、最大的能力也不一定能取得好的结果。集体是由个体组成的，集体的性质在很大程度上也是由个体本身的一些特点所决定的，因此，如果一个集体能挑选那些具有高乐商品质的人组成，那这个集体也就更有可能具有乐观的特点。

本书前面提到过，塞利格曼曾帮助美国纽约的大都会保险公司挑选员工，他在挑选员工时除了看重一个人的动机和能力之外，还着重测量了这些人的乐观水平。结果表明，如果公司招收的员工的乐观水平高，公司不但会因此而减低人力资源开销成本、提高生产绩效，而且还能增加员工的工作满意度。目前，在美国的很多公司都开始盛行用ASQ量表来测量员工的乐观水平。

第二，高乐商集体并不意味着集体中的每一个人都要乐观，而应该是乐观的人与不乐观的人之间的一种合理组合。事实上，集体中的每一个人都乐观未必就是好事，因为有些情境条件下并不是越乐观就越好。

对一个公司而言，有着各种各样的职位，每一个职位由什么样性格特点的员工去担任，这种组成形式会直接影响到公司的业绩和发展前景。塞利格曼经过研究后认为，集体应让不同乐观程度的人做不同的工作，这样才能使公司的业绩最大化。一般来说，乐观程度较高的人适合去做压力大且挑战性高的工作，高乐观的人乐于挑战，不轻言放弃，遇到逆境更容易峰回路转，如市场营销员、危机公关员等；但集体中也有一些职位却不太适合乐观程度太高的人去做，比如公司的一些重要投资决策部门、财务部门等，因为低乐观可能会更有利于他们做出正确的选择和决策。尽管从总体而言，一个公司的决策层需要有乐观的导向，但在做重要决策时，还是需要一些低乐观个体的审慎小心。因为高乐观程度的人可能会偏向于低估面临的风险，而高估成功的可能性，他们在做决策时容易犯冒进的错误。心理学有关这方面的研究表明，悲观的人对真实世界的评估更正确，他们很少会超越现实去做梦，具有较精确的现实敏感性。

第三，注意利用集体来促进个体学习乐观。在工作环境中只有两种人不需要学习乐观：一种是天性就乐观的人；另一种是虽然是个悲观者，但刚好从事的是适合他的相对较稳定且具有低失败特性（不能失败或出错）的工作（如财务等）。

集体最大的优势是员工可以通过集体工作或活动来相互学习乐观，乐观具有感染性，实际上，一个集体中有了几个乐观者之后，要不了多久，乐观就可以在整个集体中流行起来。但乐观的感染不是自发的，它需要借助一定的活动或工作行为等作为载体，集体就可以利用自己的一些工作行为（也包括一些事务性的工作），从而使整个集体形成乐观的特性。

二、乐商可以通过解释风格来得到体现

解释风格是塞利格曼把习得性无助理论应用到人格研究中的一个重要创造，它既是习得性无助理论的发展，同时也是习得性无助理论的具体应用。那什么是解释风格呢？在弄清这个问题之前，还是让我们来看一个小故事吧。

蟑螂家有两个儿子，一天，老大哭着回来对父母说："爸爸妈妈，生活还有什么意思，别人都说我是害虫！"

这时候，弟弟回来了，高兴地对父母说："爸爸妈妈，别人对我真好，见到我都和我打招呼——Hi（害）虫！"

即使是同一件事、同一种行为，也在于你如何看待它。不同的看法一定会影响你随后的行为，人的多数行为总是被已经有的看法所决定（或影响）。当蟑螂把别人对它的称呼理解为"害虫"抑或"Hi虫"时，它随后的行为一定会与其理解相匹配。

这种对自己或外在事件的不同的具体理解就是解释风格，其主要核心是对自己的看法，而且这种理解会成为一种习惯性的自动化模式，也就是常说的固定的模式。所以解释风格在某种程度上说，就是指一个人如何看待自己在这个社会中的地位——是很受人尊敬、很有价值地位，还是一文不值、毫无意义，并且这种看法形成了某种固定模式，这就是塞利格曼所说的解释风格的实质。

解释风格既是习得性无助的调节器（乐观型解释风格可以阻止习得性无助，而悲观型解释风格可以散播习得性无助），同时个体本身又受习得性无助的影响（一旦具有了习得性无助，个体就会更加容易形成悲观型解释风格）。不同的解释风格对人们的生活影响非常大，它可以使每一个挫折都引发一定程度的沮丧，也可以使个体在悲剧发生之后立刻振作起来。当然，它更可以麻痹一个人，使他对生活失去乐趣，也更可以使一个人充分享受人生。总的来说，解释风格既可以阻止一个人达到他的生活目标，也可以使一个人离他的生活目标更近。

当个体遭遇无法控制的负性事件或者取得巨大的成功时，人们都会问自己：这是为什么（即心理学上所谓的归因）？对于这个问题，不同的人会有不同的答案，而答案本身就体现出个体所具有的不同解释风格，因为答案中会显现你持续一贯的解释态度。所以，解释风格就是"为什么这件事会这样发生"的习惯性思维方式，是一种人格特征。

三、乐商的测量

在讨论解释风格的具体内容时，我们还是首先来看看塞利格曼所编制的"解释风格"测量问卷，这一问卷其实就是乐商的测量问卷。我们在解释这个问卷的时候，会对解释风格所涉及的具体内容详细解释，其中的具体维度也就构成了乐商的主要内涵。

这一问卷主要是按照"乐观—悲观"两个极点的思路进行编制的。为了增加测试的有效性，读者在做问卷时可以尽量思考问卷里面的每一个问题，没有时间上的限制，但一般来说，这个测验要在15分钟内完成。每个参与测验的人都应该做完了再去看后面的答案，否则你的答案就不准了。

"解释风格"问卷[①]

请仔细阅读下面的每一种情境，并想象你在那个情境中。有的情境你可能从来没有经历过，这没有关系；有时候也可能提供的两个答案都不适合你，那也没有关系，圈一个最可能适用到你身上的情境就可以了。你可能不喜欢描写这些情境的语句，但是请不要圈选你认为"应该"说的或者是"对别人来说这样说才比较好"的选项，请选择你喜欢的、比较适合你的选项。每一题单选一项。请不要考虑答案旁边的字母和数字是什么意思。

1. 你所负责的那项计划非常成功   PsG

  A. 我监督手下很严   1

  B. 每一个人都花了很多心血在上面   0

2. 你和配偶（男/女朋友）在吵完架后讲和了 PmG

  A. 我原谅了他/她   0

  B. 我一般来说是很宽宏大量，不记仇的 1

3. 你开车去朋友家，中途迷路了   PsB

  A. 我错过了一个路口没转弯   1

  B. 我朋友给我的指引讲得不清不楚   0

① Seligman, M. E. P. (2006). *Learned optimism: How to change your mind and your life.* (pp. 32–39). New York : Knopf.

乐商：一个比智商和情商更能决定命运的因素

4. 你的配偶（男/女朋友）出乎意料地买了一件礼物给你　　　PsG

   A. 他/她加薪了　　　0

   B. 我昨晚请他/她出去吃了豪华大餐　　　1

5. 你忘记你的配偶（男/女朋友）的生日　　　PmB

   A. 我对记生日是很差劲的　　　1

   B. 我太忙了　　　0

6. 神秘的爱慕者送了你一束花　　　PvG

   A. 我对他/她很有吸引力　　　0

   B. 我的人缘很好　　　1

7. 你当选了社区的公职（民意代表）　　　PvG

   A. 我花了很多时间和精力去竞选　　　0

   B. 我做任何事都全力以赴　　　1

8. 你忘记了一个很重要的约会　　　PvB

   A. 我的记忆有时真是很糟糕　　　1

   B. 我有时会忘记去看记事本上的约会记录　　　0

9. 你竞选民意代表，结果你落选了　　　PsB

   A. 我的竞选宣传不够　　　1

   B. 我的对手人缘比较好　　　0

10. 你成功地主持了一个宴会　　　PmG

   A. 我那晚真是风度翩翩　　　0

   B. 我是一个好主人　　　1

11. 你及时报警阻止了一件犯罪　　　PsG

   A. 我听到奇怪的声音，觉得不对劲　　　0

   B. 我那天很警觉　　　1

12. 你这一年都很健康　　　PsG

   A. 我周围的人几乎都不生病，所以我没被传染　　　0

   B. 我很注意我的饮食，而且每天休息都足够　　　1

13. 你因为借书逾期未还而被图书馆罚款　　　　　　　　PmB

　　A. 当我全神贯注在阅读时，我常忘记借阅到期了　　　1

　　B. 我全心在写报告上，忘记去还那本书了　　　　　　0

14. 你买卖股票赚了不少钱　　　　　　　　　　　　　　PmG

　　A. 我的经纪人决定去试一个新的投资　　　　　　　　0

　　B. 我的经纪人是一流的　　　　　　　　　　　　　　1

15. 你赢了运动会上的竞赛　　　　　　　　　　　　　　PmG

　　A. 我觉得我是东方不败　　　　　　　　　　　　　　0

　　B. 我很努力训练自己　　　　　　　　　　　　　　　1

16. 你在大考中失败了　　　　　　　　　　　　　　　　PvB

　　A. 我没有其他考生那么聪明　　　　　　　　　　　　1

　　B. 我准备得不够　　　　　　　　　　　　　　　　　0

17. 你特意为你的朋友做了一道菜，而他连尝都不尝　　　PvB

　　A. 我做得不好　　　　　　　　　　　　　　　　　　1

　　B. 我的食谱也许不太合口味　　　　　　　　　　　　0

18. 你花很长的时间练习某项运动，但在比赛时失败了　　PvB

　　A. 我不是一个好的运动员　　　　　　　　　　　　　1

　　B. 我对那项运动不在行　　　　　　　　　　　　　　0

19. 你的车子在深夜的大街上没了汽油　　　　　　　　　PsB

　　A. 我没有事先检查一下油箱还有多少油　　　　　　　1

　　B. 油表的指针坏了　　　　　　　　　　　　　　　　0

20. 你对朋友发了一顿脾气　　　　　　　　　　　　　　PmB

　　A. 他/她总是烦我　　　　　　　　　　　　　　　　1

　　B. 他/她今天很不友善　　　　　　　　　　　　　　0

21. 你因为没有申报个人所得税而受罚　　　　　　　　　PmB

　　A. 我总是拖着不愿去办有关所得税的事　　　　　　　1

　　B. 我今年很懒散，不想报税　　　　　　　　　　　　0

22. 你约一个人出去玩，但他/她拒绝了你　　　　　　　　PvB

　　A. 我那一天什么事都做不成，心情恶劣　　　　　　　1

　　B. 我去约他/她时紧张得说不出话来　　　　　　　　0

23. 一个现场节目的主持人从众多的观众中，单挑了你上台去参

加节目　　　　　　　　　　　　　　　　　　　　　　　PsG

　　A. 我坐的位置比较好　　　　　　　　　　　　　　　0

　　B. 我表现得最热心　　　　　　　　　　　　　　　　1

24. 你在舞会上很热门，常有人请你跳舞　　　　　　　　PmG

　　A. 我在舞会上很活跃　　　　　　　　　　　　　　　1

　　B. 那一晚我所有表现都十全十美　　　　　　　　　　0

25. 你替你的配偶（男/女朋友）买了一件礼物，而他/她并不

喜欢　　　　　　　　　　　　　　　　　　　　　　　　PsB

　　A. 我没有好好用心思去想应该买什么　　　　　　　　1

　　B. 他/她是个很挑剔的人　　　　　　　　　　　　　　0

26. 你在应聘时的面试上表现得很好　　　　　　　　　　PmG

　　A. 我在面试时觉得非常自信　　　　　　　　　　　　0

　　B. 我很会面试　　　　　　　　　　　　　　　　　　1

27. 你说了一个笑话，每个人都捧腹大笑　　　　　　　　PsG

　　A. 这个笑话很好笑　　　　　　　　　　　　　　　　0

　　B. 我说笑话说得很好，时间拿捏得很准　　　　　　　1

28. 你的老板只给你一点点时间去完成一个计划，但是你还是如

期达成了　　　　　　　　　　　　　　　　　　　　　　PvG

　　A. 我对我的工作很内行　　　　　　　　　　　　　　0

　　B. 我是一个很有效率的人　　　　　　　　　　　　　1

29. 你最近觉得很疲倦　　　　　　　　　　　　　　　　PmB

　　A. 我从来都没有机会放松一下　　　　　　　　　　　1

　　B. 我这个礼拜特别忙　　　　　　　　　　　　　　　0

30. 你邀请某个人跳舞，他/她拒绝了　　　　　　　　　　　　　PsB

    A. 我不是一个好的舞者　　　　　　　　　　　　　　　　　1

    B. 他/她不喜欢跳舞　　　　　　　　　　　　　　　　　　0

31. 你救了一个人使他没有噎死　　　　　　　　　　　　　　　PvG

    A. 我知道如何急救哽噎的人，我会这个技术　　　　　　　0

    B. 我知道在紧急的情况如何处理　　　　　　　　　　　　1

32. 你的热恋情侣想要冷静疏远一阵子　　　　　　　　　　　　PvB

    A. 我太自我中心了　　　　　　　　　　　　　　　　　　1

    B. 我花在他/她身上的时间不够　　　　　　　　　　　　0

33. 一个朋友说了一些使你伤心的话　　　　　　　　　　　　　PmB

    A. 他/她说话每次不经过大脑就冲口而出　　　　　　　　1

    B. 他/她心情不好，把气出在我身上　　　　　　　　　　0

34. 你的老板来找你，要你给他忠告　　　　　　　　　　　　　PvG

    A. 我是这个领域的专家　　　　　　　　　　　　　　　　0

    B. 我给的忠告一向都切实可行　　　　　　　　　　　　　1

35. 一个朋友谢谢你帮助他/她走过一段困难时期　　　　　　　PvG

    A. 我很乐意协助朋友度过困难期　　　　　　　　　　　　0

    B. 我关心朋友　　　　　　　　　　　　　　　　　　　　1

36. 你在宴会上玩得很痛快　　　　　　　　　　　　　　　　　PsG

    A. 这里的每一个人都很友善　　　　　　　　　　　　　　0

    B. 我很友善　　　　　　　　　　　　　　　　　　　　　1

37. 你的医生说你的身体健康情况极佳　　　　　　　　　　　　PvG

    A. 我坚持经常运动　　　　　　　　　　　　　　　　　　0

    B. 我对健康很小心也很注意　　　　　　　　　　　　　　1

38. 你的配偶（男/女朋友）带你去度一个罗曼蒂克的周末　　　PmG

    A. 他/她需要远离城市几天　　　　　　　　　　　　　　0

    B. 他/她喜欢去看看新的、没去过的地方　　　　　　　　1

39. 你的医生说你吃太多甜的东西　　　　　　　　　　　PsB

　　A. 我对饮食不大注意　　　　　　　　　　　　　　　1

　　B. 我避免不了糖分，到处都是甜品，每样东西里都有糖　0

40. 老板指派你去做一个重要计划的主持人　　　　　　　PmG

　　A. 我才刚刚成功地做完一个类似的计划　　　　　　　0

　　B. 我是好的计划主持人，监督严谨，沟通良好　　　　1

41. 你和你的配偶（男/女朋友）最近一直吵架　　　　　PsB

　　A. 我最近压力很大，心情不好　　　　　　　　　　　1

　　B. 他/她最近心情恶劣　　　　　　　　　　　　　　　0

42. 你滑雪时总是摔跤　　　　　　　　　　　　　　　　PmB

　　A. 滑雪很困难　　　　　　　　　　　　　　　　　　1

　　B. 滑雪道结冰了很溜滑　　　　　　　　　　　　　　0

43. 你赢得了一个很好的大奖　　　　　　　　　　　　　PvG

　　A. 我解决了一个重大的难题　　　　　　　　　　　　0

　　B. 我是最好的员工　　　　　　　　　　　　　　　　1

44. 你买的股票现在跌入谷底　　　　　　　　　　　　　PvB

　　A. 我那个时候对商业投资不是很懂　　　　　　　　　1

　　B. 我买错了股票　　　　　　　　　　　　　　　　　0

45. 我中了奖券（大乐透）　　　　　　　　　　　　　　PsG

　　A. 真是运气　　　　　　　　　　　　　　　　　　　0

　　B. 我选对了号码　　　　　　　　　　　　　　　　　1

46. 你在放假时胖了起来，现在瘦不回去　　　　　　　　PmB

　　A. 就长远来说，节食是没有用的　　　　　　　　　　0

　　B. 我这次用的这个减肥法没效　　　　　　　　　　　1

47. 你生病住院，但是没什么人来看你　　　　　　　　　PsB

　　A. 我在生病的时候脾气不好　　　　　　　　　　　　1

　　B. 我的朋友常会疏忽像探病这种事　　　　　　　　　0

48. 商店拒收你的信用卡　　　　　　　　　　　　　　　　　　　　　PvB

　　A. 我有时高估了自己的信用额度　　　　　　　　　　　　　　　1

　　B. 我有时候忘记去付信用卡账单　　　　　　　　　　　　　　　0

计分方式：

　　参照每题右边的字母以及得分，将你各题答案的对应分数相加，然后填入下面的计分表。对你得分的解释，将穿插在下文塞利格曼的解释风格理论当中。

PmB:	PmG:
PvB:	PvG:
HoB:	
PsB:	PsG:
Total B:	Total G:
G-B:	

　　塞利格曼认为，解释风格从内容上可以分为三个维度：永久性、普遍性和个人性（有时也叫作自我性）。这三个维度的不同特点的结合就构成了不同的乐商水平，至于每一个维度本身则构成了乐商的具体特征。

（一）永久性维度——"永久的"对"暂时的"[①]

　　对于所遭遇到的厄运，如果你认为它是"永远的""从来都这样"而具有持续的特性，那你可能偏向于悲观型解释风格，你的乐商就可能有点低，即你离悲观型解释风格那个端点较近。反之，如果你认为厄运只是"有时候""暂时的"而具有临时的属性时，那你就有可能偏向于乐观型解释风格，你的乐商水平就可能比较高。

　　塞利格曼指出，那些相信发生在自己身上的坏事会永远不断、霉运会一直影响自己生活的人都基本上是低乐商者，这些人在遇到困难的事

乐
商
：
一
个
比
智
商
和
情
商
更
能
决
定
命
运
的
因
素

---

① Seligman, M. E. P. (2006). *Learned optimism: How to change your mind and your life.* (pp. 44–46). New York : Knopf.

时就会轻易放弃，容易形成习得性无助；相反，那些相信厄运是暂时的人的乐商水平就高，他们一般不会轻易向困难低头，生活中比较能够抵制无助感。

对于碰到好运气或大喜事等，低乐商水平的人会把它看成暂时的、偶然的，常常在成功之后也会放弃努力，因为个体认为这样的努力没有用，会被看作守株待兔式行为。而高乐商的人则倾向于把好运气或大喜事看作长期的、永久的，于是在成功后往往会更加努力。永久性是一个时间上的维度，这一维度既反映了一个人的坚持性，同时也反映了一个人的放弃性。

在前面的问卷中，PmB和PmG就是根据"永久性"（permanence）这个维度来计分的：PmB（Permanent Bad，"永久性的坏事件"）包括第5题、13题、20题、21题、29题、33题、42题和46题。这些题目的总分是你对不好的事件或厄运到底会持续多久的看法，从面对坏事件这个方面上说：

- 如果你的分数是0分或1分，那你对不幸事件的看法非常乐观，你绝对具有了高乐商水平特征；
- 2分或3分是中等乐观，也即具有良好乐商水平特征；
- 4分是一般，也即具有中等乐商水平特征；
- 5分或6分是中度悲观，也即具有轻度低乐商水平特征；
- 7分或8分是重度悲观，也即具有重度低乐商水平特征。

PmG（Permanent Good，"永久性的好运气"）包括第2题、10题、14题、15题、24题、26题、38题和40题。这几个题目的总分是你对好的事件会持续多久的看法和态度，从面对好事情这个方面上来说：

- 如果你的分数为7或8，那你对好运气事件的发生就非常乐观，也即是一个高乐商水平特征的人；
- 6分是中度乐观，也即具有良好乐商水平特征；
- 4分和5分是一般，也即具有一般乐商水平特征；
- 3分是中度悲观，也即具有轻度低乐商水平特征；

● 0分、1分或2分是重度悲观，也即具有重度低乐商水平特征。

（二）普遍性——"一般性的"对"特定的"①

对于失败，悲观型解释风格的人会把它看成一般性特征，很容易在某一件事失败的时候，认为自己今后做的每一件事都可能会失败。如当个体和某一个女孩谈恋爱失败之后，他会认为自己今后和其他女孩谈恋爱都会失败，这种个体常会把失败归因于自己。而乐观的人则把失败看成一件特定性事件，尽管在这个特定的事件上失败了，但他认为它的发生是有特定原因的，所以在生活的其他层面上，他还会继续努力前进（因为他认为这时候导致他失败的特定原因已经不存在了）。

就像有些人，他和一个女孩的爱情失败了，但他可以把这段爱情放进盒子里束之高阁，然后继续过自己正常的生活，特别是继续和其他女孩谈恋爱，因为他认为上次恋爱失败是一些特殊原因造成的，这种人就具有高乐商的特点。而有的人，一旦有过失败的爱情，他就把这件事看成一个巨大的灾难，认为以后谈恋爱也不会成功，因而不愿意继续努力恋爱，把自己封闭起来，并认为自己生活的其他方面也会一败涂地，这种人就具有典型的低乐商特点。

对于好事情的归因却正好和上文相反，具有低乐商特点、悲观型解释风格的人会认为好事情是由于特定的原因纯粹是一时运气好；而具有高乐商特点、乐观型解释风格的人，会认为好事情是一般性原因，是一件必然要发生的事。比如被同一家公司解雇的两个职员，由于需要又被公司找回来，当了临时工，具有低乐商特点的那个人就会认为"公司现在一定是人手不够了，才会又找我回去做事"，而具有高乐商特点的那个人则会认为"公司终于知道少了我就办不成事情了，所以又不得不叫我回来了"。

在前面的问卷中，PvB和PvG就是从"普遍性"（Pervasiveness）这

① Seligman, M. E. P. (2006). *Learned optimism: How to change your mind and your life.* (pp. 46–48). New York : Knopf.

乐商：一个比智商和情商更能决定命运的因素

个维度来计分的。PvB（Pervasive Bad，"普遍性的坏事"）包括第8题、16题、17题、18题、22题、32题、44题和48题。这几个题目的总得分主要测你是否会将坏的事件在各方面都灾难化，从面对坏事情这个方面上来说：

- 如果你的分数是0分或1分，那你对不幸事件非常乐观，具有典型的高乐商的特征；

- 2分或3分是中等乐观，具有良好乐商特征；

- 4分是一般，具有一般乐商特征；

- 5分或6分是中度悲观，具有轻度低乐商特征；

- 7分或8分是非常悲观，具有重度低乐商特征。

PvG（Pervasive Good，"普遍性的好事"）包括第6题、7题、28题、31题、34题、35题、37题和43题。这几个题目的总得分就是你对好的事件普遍性的乐观程度，从面对好事情这个方面上来说：

- 如果你的分数为7分或8分，那你对好的事件就非常乐观，你就具有了较高乐商水平的特征；

- 6分是中等乐观，具有良好乐商特征；

- 4分或5分是一般，具有中等乐商水平特征；

- 3分是中等悲观，具有轻度低乐商水平特征；

- 0分、1分或2分是非常悲观，具有重度低乐商水平特征。

（三）个人性——"内在化"对"外在化"[①]

对于坏事件或即将要发生的厄运，有些人会把它归因于自己，这样归因的人往往会自视较低或者自卑，如一个人恋爱失败会认为是自己没有魅力而导致的，这种人就是典型的悲观型解释风格的人，其乐商水平就较低；而把不幸事件归于外在偶然性方面原因的人，他们的自我感觉则要好得多，这种人会认为自己恋爱失败是由于恋爱的场所不太好等，这样的人属于乐观型解释风格，其乐商水平就较高。

① Seligman, M. E. P. (2006). *Learned optimism: How to change your mind and your life*. (pp. 49–51). New York : Knopf.

而对于好运或大喜事，悲观型解释风格的人会认为这些好事是外在环境、他人给自己带来的，这样的人对自己的满意程度不高，容易自卑，是个典型的低乐商水平的人。而乐观型解释风格的人相信好运气是自己努力的结果，是自己给自己带来的，这样的人会比较喜欢自己，对自己的满意程度要比前者高得多，同样，这样的人的乐商水平也较高。

在前面的问卷中，PsB和PsG就是从"个人性"（personalization）这个维度来计分的：PsB（Personal Bad，"我个人的坏"）包括第3题、9题、19题、25题、30题、39题、41题和47题。这几个题目的总分就是测你习惯于将坏的事件内在化（个人化）还是外在化，从面对坏事情这个方面上来说：

- 如果你的分数是0分或1分，那你自视很高，具有高乐商水平特征；
- 2分或3分是中等自傲，具有良好乐商水平特征；
- 4分是自视一般，具有一般乐商水平特征；
- 5分或6分是中度自卑，具有轻度低乐商水平特征；
- 7分或8分是极度自卑，具有重度低乐商水平特征。

PsG（Personal Good，"我自己的好"）包括第1题、4题、11题、12题、23题、27题、36题和45题。这几个题目的总分就是测你习惯于将好的事件内在化（个人化）还是外在化，从面对好事情这个方面上来说：

- 如果你的分数是7分或8分，那你非常乐观，具有高乐商水平特征；
- 6分是中度乐观，具有中等乐商水平特征；
- 4分和5分是一般，具有一般乐商水平特征；
- 3分是中度悲观，具有轻度低乐商水平特征；
- 0分、1分或2分是极度悲观，具有重度低乐商水平特征。

到了这里，你所做的问卷中三大维度的六个方面的分数都有了，但这些具体的分数还只是你在某一个维度上的乐观水平，即只标志了你乐商的部分特征。还有最后一个分数，即"G-B"，这个分数综合了一个人的解释风格所包含的三大维度，从而可以帮助人们从整体上了解自己或他人是乐观水平多一点还是悲观水平多一点，即标志你整体的乐商水平。这个分数即G-B（好的方面的总得分减去坏的方面的总得分）=（PmG + PvG + PsG）-（PmB + PvB + PsB）=_____。

- 如果你的G-B分数是在8分以上，总体来说，你是一个很乐观的人，也即你是一个高乐商的人；

- 如果G-B分数是6到8，你是中等程度乐观，也即你是较高乐商的人；

- 如果G-B分数是3到5分时表示一般性乐观，也即你是个一般乐商水平的人；

- 如果G-B分数是1到2分是中等悲观，也即你是个轻度低乐商的人；

- 如果G-B分数是0分或负分则是极端的悲观，也即你是个重度低乐商的人。

不过，有一个问题需要引起注意，文化差异对于乐商可能有一定的影响，迪纳在研究不同国家的主观幸福感时发现，人们对于快乐的理解存在着明显的文化差异。比如，在北美追求快乐会被认为是人的一项基本权利，而在佛教文化中快乐则被认为是历经苦难之后的结果。基于这种文化差异，人们发现，东方人追求快乐的能力相比西方人要低一些。在追求快乐的方式上，东方文化背景的个体喜欢从人际互动和成就感中获取快乐，他们更愿意在付出更多努力的基础上享受快乐；而西方文化背景的个体则更喜欢从休闲娱乐活动中获取快乐，强调即时的感觉。

不仅如此，东方文化具有"祸兮福之所倚，福兮祸之所伏"的辩证思想，这使得东方人更愿意在生活中让自己的积极情绪与消极情绪维持在一个大致的平衡状态，所以，一些东方人甚至为了获得这种平衡而有意压抑自己的积极情绪（扼杀愉悦的想法）；与此不同，西方人愿意最大化自己的积极情绪和最小化自己的消极情绪，他们在生活中会刻意主动去追求快乐。这意味着乐商的测量可能要考虑文化的差异性特征。

快乐是什么？
这个问题将越来越难回答，
但是，
一个高乐商的人也许能回答你。

第四章 做一个高乐商的人

高乐商具有非凡的价值，如何提高乐商自然成为心理学研究中最具吸引力的主题之一。从心理学原理角度来说，人想要提高自己的乐商水平无非是按照乐商的四个要素做四件事：第一，提高自己的快乐感受力，即降低自己的快乐或乐观阈限值；第二，提高自己应对消极事件的技术水平和策略水平；第三，提升自己的快乐或乐观感染力，学习更多的快乐表达方式；第四，提高自己的品味能力，使自己有更多的处理好事情的策略或技能，从而帮助自己获得更多、更久或更大的快乐。

　　人似乎生来就有享受快乐的能力，M. W. 苏利文（M. W. Sullivan）等人[①]的研究发现，6～8周大的婴儿就会对某些视、听、触觉信息发生享受性微笑。但人的这种快乐能力的发展似乎又是不均衡的，如A. 斯通（A. Stone）[②]等人在2010年的一项研究结果显示，成年人的快乐水平随年龄的增长呈U形曲线，即从18岁开始缓慢下降，在50岁左右到达最低谷，随后开始缓慢地增长。人的这种快乐U形增长曲线从理论上为乐商的培养和提高提供了依据和方法。

　　现代心理学已经从神经机制和心理机制上证明，人摆脱了不快乐的心情并不意味着自然就获得快乐的心情。这是两种完全不同的机制和技术，就如医学上给人治病的技术不一定能使人变得健康，治病的药一般没有强健身体的功能一样。所以，提高乐商和摆脱问题应该是不同的机制。按照积极心理学积极先行的规矩，我们还是先来看看提高乐商水平的技术。

---

① 　Sullivan, M. W., & Lewis, M. (2003). Emotional expressions of young infants and children: A practitioner's primer. *Infants and Young Children*, 16, 120–142.

② 　Stone, A., Schwartz, J. E., Broderick, J. E., & Deaton, A. (2010). A snapshot of the age distribution of psychological well-being in the United States. *Proceedings of the National Academy of Sciences*, 107, 9985–9990.

第一节　怎样提高人们的乐商?

　　乐商的主要内容之一是如何使自己变得更乐观,这既是一种能力,同时也具有一定的技术特征。从积极心理学过去的研究来看,提高乐商的技术主要包括两个方面:第一,如何通过某种方式或操作,使自己在目前的状态上很快地快乐起来(或变得更快乐),这也许该叫作即时快乐技术;第二,如何使自己的快乐或乐观成为一种人格特征,形成一种生活态度并融入自己的生活,即我们前面第三章所说到的,形成一种乐观型解释风格。这是两种不同性质的快乐,因而其操作技术也有着很大的不同,前者更主要是一种活在当下的感觉,后者则是人的一种生活态度。不过,其实这二者也是相互影响的,一个人如果经常获得较多的即时快乐体验,那他就更容易形成乐观型解释风格;而一个人一旦具有了乐观型解释风格,他在日常生活就会相对更容易获得快乐体验,其快乐日子也必然更多一些。但不管怎么说,这两者都属于乐商的范畴。

一、让人即时快乐的一些技术

　　现在问你几个问题:你知道你明天会做什么工作吗?明年呢?你的整个后半生呢?如果现在让你去买一张彩票,你觉得能中上千万的大奖吗?你有把握在你的生命中获得诺贝尔科学奖吗?

　　相信每个人心中对这些问题都有差不多的答案:明天,甚至明年都还是做着现在的事,今生一定得不了诺贝尔科学奖,买彩票从来都是打水漂……这个社会的绝大多数人都是这种几乎能一眼就能望到后半生的普通人。这里所谓的普通人，就是指一个人在这个社会中所拥有的各种资源或权力相对较小，没有特别过人的智商，也没有特别杰出的管理或政治才能，无法轻易地改变自己已有的生活状态，这样的人很少真的去尝试什么突发奇想（有新想法，但很少去实践）。

可是普通人内心也渴望更多的快乐，也希望自己能一天比一天更快乐，否则就失去了活着的意义。但糟糕的是，普通人由于生活平淡，再加上这种平淡的生活能轻易延续下去，这就导致普通人更难获得快乐。因此，积极心理学的核心就在于帮助普通人从平淡的生活中获得快乐，而且是一天比一天更快乐。但这绝对需要一定的技术支持，以下的内容主要就是提高普通人生活快乐的技术。

心理学中的一些研究尽管有时候从外表看来显得有点不伦不类，但其实其有趣的表象之下还隐含了一定的道理。如2011年中国中山大学的一位教授做了一项研究，结果发现，数钱可以显著性减轻人的疼痛。这一研究结果演变成了中国各娱乐媒体的中心话题，许多报刊几乎都带着数落的口吻来谈论这项研究。这种态度其实是错误的，因为严密的科学实验，至少从某一方面可以为人们的生活提供确凿无疑的证据。心理学其实还有许多类似的研究，其中的一项就涉及怎样让人立即变得快乐。

（一）强颜欢笑会让人更快乐

美国堪萨斯大学（University of Kansas）的克拉夫特（Kraft）博士做了一项研究，她想看看强颜欢笑对处于压力应激状态的人会产生什么影响。在研究中，克拉夫特博士把169名大学生被试随机分成了三组，第一组和第二组被试在实验过程中做了同一件事——用嘴巴轻咬一支铅笔。她要求第一组被试，咬铅笔时要让自己的嘴巴、眼睛周围的肌肉都参与运动（做出迪香微笑表情）；要求第二组被试咬铅笔时只让自己嘴巴周围的肌肉运动（做出空姐微笑表情）；要求第三组被试在实验期间尽量控制住自己而不要有任何脸部肌肉运动（不微笑，而只是做出中性表情）。

训练结束之后，克拉夫特博士立即要求169名被试完成多项他们预先不知道的压力任务（如做一份涉及个人荣誉的试卷等），同时测量这些被试的心率等自我压力水平指标。结果发现，完成压力任务之后，与空姐微笑训练组被试相比，迪香微笑训练组被试的心率更低（心率下降速度也更快），而且所有参与咬铅笔训练的被试的心率等应激压力水平都比保持面部中立表情组的被试低，且有显著性差异。

都研究结果表明，轻咬铅笔（人为做作的欢笑）能显著降低人的压力水平，会让人真正地快乐起来，这个实验实际上验证了生活中的一个简单常识——笑口常开会有益于人的健康。不仅如此，克拉夫特博士在实验中还向第一、第二组中的一半被试明确告知了要进行微笑训练（而对照组中则有一半被试被明确告知不进行微笑训练），统计这些已经被告知了真相的被试的数据，结果依然相同。这说明即使人清楚地知道自己现在是在强颜欢笑，也依然会变得更轻松快乐！所以在日常生活中，你也不妨经常拿支铅笔放在嘴里咬咬。

微笑除了让微笑的人快乐之外，还能影响或感染微笑的对象（既包括物，也包括人）。人在生活中都有体会，当你注视一张迪香微笑的脸超过30秒时，你自己就会不知不觉地跟着微笑起来，这就是微笑的感染性，所以在不快乐时多看看别人快乐的脸也不失为一种让自己快乐的好办法。

最近一个关于对物体微笑的心理学实验也很有趣。研究者把大学生随机分为三组，三组大学生被要求做同一件事：阅读20张趣味度不同的卡通漫画。研究者要求第一组被试阅读这20张漫画时要微笑着看（迪香微笑）；要求第二组被试阅读时要紧锁双眉、做出生气的样子；而对照组被试则以平静中性的表情阅读这20张漫画。阅读结束之后，研究者要求所有被试对每一张漫画的有趣度进行评分。结果发现，那些微笑着阅读的人认为这20张漫画更有趣（有趣度打分最高），而那些紧锁眉头阅读的人则认为这些漫画最没趣（有趣度打分最低），而对照组平静表情看完漫画的被试的有趣度打分则处于二者之间。

这是一个很有应用价值的实验，说明当你努力使自己快乐的时候，你也会改变自己已有的感觉，你会觉得你周围的事物更可爱。这个结果也很有用，当你不喜欢某件事、某个人、某种结果而又不得不接受时，你可以有意地进行微笑，而这也可以改变你的态度。

所以时刻保持微笑——尤其是保持迪香微笑，它是让人快乐的"万能药"。

（二）把自己生活中的美好留住

既然多数人是普通人，而普通人又受到资源或权力等因素的影响，那么，他们的生活注定不会经常发生很多特别让人快乐的事。那如何才能使普通人在一眼望不到边的平淡日子中变得更快乐一点呢？心理学的研究表明，普通人应该把自己日常生活中的一些快乐时光保留住，在以后平淡或不快乐的日子里，再把这些快乐时光拿出来反复回忆，就会给自己增添许多快乐。

每个人的生命中肯定会有许多让人感到快乐的时光，但如果人们不想办法收藏这些快乐时光，那这些快乐就会像人手心里握住的沙，不经意间就从手指缝里溜走，再也找不到了，更何况普通人生命中快乐的时光本来就不是特别多，因此保留住自己生活中的快乐时光就显得尤为重要。如何保留住这些快乐时光呢？

1. 拍照片

一般情况下，人们总是在快乐时才愿意拍照，所以每一张照片背后都蕴含着一小节快乐时光。当一个人不快乐或无所事事时，你可以拿出自己的相册（记住一定是自己的相册，看他人的相册没有这个功能），然后一张张地翻看，要不了多久，你的心情也就会逐渐好起来。所以积极心理学告诉人们，当处在快乐的时光中时，人一定要多拍些照片，因为这些照片会让人以后平淡的日子变得更快乐。

2. 举行必要的仪式

许多日子本来平淡，但人们如果给予它特殊的意义，这个日子便会变得与众不同，而仪式在多数时候就是使平淡日子变得不平淡的最有效方式。而且一旦举行仪式，人们就可以以此为由，保留一些重要的东西，从而保留住了许多美好的时光。比如你和女（男）朋友第一次约会时，你有没有把你旁边那棵树的树叶摘下来？孩子第一次坐车出去的车票你有没有留着？这些东西只有和一定的仪式结合在一起，才会显得有价值、有意义；如果不和仪式相结合，这些树叶或车票就只能被当作废品。

3. 多看别人的优点和积极力量

假定一个人有10项特点，其中缺点和优点各5项，如果让你来描述这个人的话，你会先描述其缺点还是优点？心理学的研究告诉人们，绝对应该先描述其优点。研究者在实验中发现，先描述优点和先描述缺点会让被描述的那个人感觉大不相同，前者会让那个人更快乐。当然别人快乐了，你自己也才有可能会更快乐。同样，如果让你把这个人介绍给第三方，你也要先介绍这个人的优点，因为先介绍优点也会让第三方对这个人的评价更好、更高。

4. 经常晒晒你的好福气

晒晒好福气其实就是适当地向他人夸耀一下发生在自己身上的好事情。很多人总认为自己是普通人，没有什么值得夸耀的东西，既没有很大的房子、豪华的车子，也没有耀眼的职业和特别大的意外之喜。其实，当人们静下心来细细品味自己身边的一切时，还是会发现有许多东西值得夸耀。作为一个普通人，你可以把发生在你身上的一些小福气拿出来晒晒，比如你种的杜鹃花开了，你自己做了一件漂亮的时装或做了一个还算精巧的手工物件等。

很多人都对夸耀比较反感。夸耀在某种程度上似乎是贬义词，但其实夸耀行为本身并不是一件坏事，夸耀可以让人的心情在短时间内快乐起来。心理学的研究表明，夸耀过程是一个让人心情愉悦的过程。当然，如果夸耀的东西超过了事实本身，那就变成了吹嘘，吹嘘就不太好了（许多人喜欢吹嘘也就是因为吹嘘过程会让人产生一定的愉悦，有心理学研究表明，心理健康的人更偏向吹嘘，具体内容请参阅第六章第二节）。

（三）细细品味现在

随着高科技产品的不断发明与更新，现代社会生活节奏也在逐渐加快。人们不断地从工作中节省出大把时间和精力，并把这些时间和精力主要用于计划未来，即所谓的未雨绸缪，却忽视了最重要的——品味现在。

1. 什么是品味？

品味的心理学概念来自于英文"Savoring"，其词源学单词是"savor"，来自拉丁语单词"sapere"，意即"去品尝"或者是"更聪慧"，从词义上看，它包含着一种主动的过程，也就是人们常说的"主动去用心"。

在20世纪七八十年代早期的心理健康运动过程中，美国心理学研究者布莱恩特和J. 威洛夫（J. Veroff）[①]等人认为，心理学中缺乏一个和应对（coping）概念相对应的心理学概念。因为"应对"在心理学中主要指人们在面对应激或消极事件时使用一定的认知或行为方法，去尽可能消除这些事件可能造成的消极体验；而在面对积极事件时，人们肯定也应该要使用一定的认知或行为方法去努力调节自己，从而获得更多的积极体验。很显然，正如人们对消极事件用不同的思想或行为做出不同的回应后，他们随后会获得不同水平的消极体验一样，人们面对积极事件时，个体在事件之前、之中和之后不同的主动参与度也会导致人们获得不同水平的积极体验（既有数量上的差异也有质量上的差异）。于是，布莱恩特和威洛夫等人提出了品味概念，即人们在面对积极事件或好的运气时，能主动运用各种身心调节方法，从而使自己获得更多的积极体验。

随着积极心理学运动的兴起，研究者们发现消极体验的去除，并不

---

① Bryant, F.B., & Veroff, J. (1984). Dimensions of subjective mental health in American men and women. *Journal of Health and Social Behavior*, 116–135.

代表积极体验的获得，也就是说痛苦的消除，并不代表快乐会增长。因此布莱恩特和威洛夫等在2007年出版的《品味：一种新的积极体验模型》（*Savoring：A New Model of Positive Experience*）一书中对品味重新进行了界定：品味指人们引起、欣赏和增加积极体验的能力以及基于这种能力的心理加工过程。品味的这一定义突出了品味与愉悦之间的区别，当一个人在品味时，他一定会意识或体验到愉悦；但当一个人体验到了愉悦时，却并不一定是通过品味来获得的。品味包含的不仅仅是愉悦的意识，更是对愉悦体验的有意注意。品味具有三个特征：第一，个体对当下正在发生的事物或刺激的直接感受；第二，基于社会需要和自尊追求基础的压力释放；第三，不是享乐主义的愉悦感受，或其他各种自我需要的满足，而是个体对积极体验的聚焦与用心。

　　品味强调了一种积极主动的过程，更加关注人们在面对积极事件时与环境的互动。也就是说，人们不能只是被动地接受积极事件带来的愉悦，而要主动发现，用心关注，来引起、延长和增强自己的积极体验。从本质上说，活在当下，慢慢品味当前的生活，才是人生命中最重要的事，这也是增加个体愉悦度的重要方法之一。品味的过程主要包括三个组成部分：

　　第一，品味体验（savoring experience），包括刺激、结果、事件、感觉、情绪和反应等，根据品味体验注意焦点的不同，将品味体验分为两类：一种是以外部世界为关注焦点的品味（world-focused savoring），这时候的积极情感主要来源于自己之外的某人或某物，比如被黄山美丽的日出所感染等。在这种体验中，品味多是对外部刺激无意识的、不可控的积极情绪反应。另外一种是以自我为关注焦点的品味（self-focused savoring），这时候的积极情感主要来源于自己的感知，比如赢得奖项时的兴奋等。

　　第二，品味加工（savoring process），它主要指一系列的生理和心理活动，贯穿于品味全过程，具体来说主要有感恩（thanksgiving）、享受（basking）、赞叹（marveling）、沉醉（luxuriating）等。不同的品味加工过程调节着不同的积极情绪体验，比如，感恩调节着感谢（gratitude），享受调节着骄傲（pride），赞叹调节着敬畏（awe），沉醉调节着感官愉悦（physical pleasure）等。

第三，品味反应或策略（savoring response or strategy），也就是品味过程的操作层面，指人们面对积极事件时的想法以及所采取的行为，比如与他人分享、记忆建构和行为表达等。布莱恩特和威洛夫总结了人们在面对积极事件时经常使用的10个主要品味策略：同他人分享（sharing with others）、记忆建构（memory building）、自我激励（self-congratulation）、向下比较（comparing，指有意与那些境况比自己更差的人进行比较）、敏锐地感知（sensory-perceptual sharpening）、全神贯注（absorption）、行为表达（behavioral expression）、当下意识（temporal awareness，指珍惜现在）、细数幸运（counting blessing）、避免扼杀愉悦的思想（avoiding kill-joy thinking）。其中，同他人分享、全神贯注和行为表达属于行为层面的品味策略，其他则属于认知层面的品味策略。由于品味研究更多地讨论其积极的一面，所以把面对积极事件时，压抑自己积极情绪的一类策略，统称为扼杀愉悦的思想，这是品味过程中要力求避免的。品味策略使用存在个体差异，高自尊的个体会更多地品味积极事件，低自尊的个体则更倾向于压抑自己的积极情绪，即所谓的扼杀自己的愉悦思想。

品味作为一种体验，其测量主要依赖于访谈法和调查法等形式，在大量访谈和调查的基础上，研究者也开发了一些相应的测量工具，使用较为广泛的品味测量工具主要有：积极结果感知能力量表（Perceived Ability to Savor Positive Outcomes Subscale，简称PASPO）、品味信念问卷（Savoring Beliefs Inventory，简称SBI）和品味方式量表（The Way of Savoring Checklist，简称WOSC）。

2. 怎样进行品味？

怎样细细品味（savoring）才能更多地增加个体的积极体验或幸福感呢？布莱恩特和威洛夫在数千名大学生中验证了以下一些技术：

第一，经常和他人分享自己的体验。你既可以在网上把你的好事或好的感觉晒出来，也可以主动和别人一起分享自己的快乐体验，谈谈你对现在生活的评价，这可以帮助你提高自己的愉悦水平。

第二，主动把你现在的一切好事或好的感觉构建入你的记忆，如保留一些回忆线索等。将当下发生的一些好事件用照片或视频记录下来，以便日后跟他人一起翻看，值得回忆的快乐往事越多，人们就越幸福。

第三，时时自我祝贺并自我奖赏。不要害怕别人会说自己骄傲，人应该经常跟自己说自己某件事做得很棒，给别人留下了多么深刻的印象，并认为通过努力终于使自己达成了一直以来的愿望，然后借此给自己一个小小的奖励。

第四，努力使自己深刻感知周围的事。当你细细体察每一件事情时，你便会从中寻找到乐趣。有时，即使只是观察一只蚂蚁的爬动，你也会因此而变得静心安宁。记住：在多数时候一定只把注意力放在事物的某个基本部分上，不要考虑太多，这样才能深入体察。

第五，学会专注。经常有意识地让自己完全沉浸在当前正在做的某一件熟悉的事情中，不要担心或想着接下来自己还要去干其他什么事等，人有时候要学会不过度思考，只是去感觉，感觉，再感觉。因为只有专注，人们才能在熟悉的地方寻找到优美的风景。诗人汪国真一句"熟悉的地方没有风景"道出了很多人心中的无奈，但这更是指责人们不能在生活常态中去留意、去发现。

第六，经常努力冲破已有的习惯。多数人的生活常常按部就班，日复一日地做着同样的事，缺少新意，这其实降低了人们的愉悦感。塞利格曼指出，人体的神经构造决定了我们的神经元只对新异的刺激有反应，因此，一个愉悦的刺激如果重复的次数多了也会变得索然无味。要让生活常常充满愉悦，有效方法之一就是增加习惯事件的新异性，比如，一张喜欢的音乐唱片，可以变换听的频率，这个月如果听过很多遍，那下个月就少听几次，这样就会给人带来不同的感受，从而增加愉悦感。另一个方法是不让事件习惯化，常常给自己一些惊喜，或者和周围的人互相赠予一份"惊喜"的礼物。这份礼物并不难准备，比如在他回家的时候放一首他爱的音乐，她在电脑前忙碌的时候为她揉背，给同事的桌上放上一束花等，这些都会让对方的生活充满愉悦。

有这样一个禅宗故事，一个弟子厌倦了每天琐碎的生活，于是就去问师父，请师父揭示生命的真谛。师父看着焦急的弟子，只用毛笔写下了两个字"用心"，弟子不解，急忙追问师父，请师父解释，师父只是又写了一遍"用心"。弟子还是不理解，开始有些沮丧，师父看到弟子，并没有说什么，却只是一遍又一遍地写着："用心"。

中国国家地理系列图书《我们始终牵手旅行》中有这样一段话："身边的景足够美，只是我们常常忽略。那些朝夕相处的人，那些稀松平常的美景，其实一直都在身边。春夏秋冬，各有美好。"的确，生活中有很多事物和事情值得去品味，有时候并不是它没有发生，而是我们没有注意到。

布莱恩特和威洛夫等在《品味：一种新的积极体验模型》一书中展示了一项揭示品味本质的研究：

研究者要求参与实验的大学生被试在一周中每天独自进行20分钟的散步。所有被试被随机分为3个实验小组。

A组为"积极关注"组，要求这一组的被试每天散步时尽量观察和注意身边每一件令自己愉悦的事物（如可爱的花朵、明媚的阳光等），并认真思考它们为什么会让自己愉悦。

B组为"消极关注"组，要求被试每天在散步时注意身边那些令自己不开心的事物（比如噪声、废品等），并认真思考它们为什么会让自己不快乐。

C组为"正常关注"组，仅仅要求被试每天去进行散步而没有其他的特别要求。

所有被试在参与实验的前、后都进行了幸福感水平测量，结果发现，A组"积极关注"组被试的幸福感水平和快乐水平显著高于其他两个组，而B组与C组之间不存在差异，这说明有意识地、主动地注意自己周围正在发生的积极事物（也就是去品味）会使人变得更快乐。

品味就在于帮助人们从琐事中发现生活的美好，把点滴的快乐汇集起来，从而找到生活的意义。P. E. 约瑟（P. E. Jose）等人[①]在2012年的一项研究中又发现，个体在一段时间内经历积极事件的频率较高的活，品味的运用对于提升其积极情绪会有一定的作用，但效果并不十分显著；而个体在一段时间内经历的积极事件较少的话，品味的运用则可以显著性提升其积极情绪。因此，对于普通人和那些生活中本来就没有太多积极事件的人来说，品味对于提高其幸福感作用显著。

（四）努力去做善事

做善事可以增加人的快乐已经被多个心理学研究报告证实了，人许多时候感到不快乐主要是由于自私心和贪欲，而利他行为是对抗自私和贪欲的最有效武器。目前心理学的研究结果可以简单概括为："如果你想快乐一小时，就去睡个午觉；如果你想快乐一整天，就去钓鱼；如果你想快乐一个月，就去结婚；如果你想快乐一辈子，那就去帮助别人吧……"

做善事并不意味着你要付出很多，有时其实只是举手之劳，让有事的人先走一步，帮别人带一件物品，在路上主动给别人让一下路，抑或对不认识的人微笑一下等。千万别小看了这些善事，它们可以激发你的快乐。

通过做善事来获得快乐也许比接受某种直接刺激而获得快乐更艰辛，但这种快乐是一种深层快乐，是人性得到满足后而释放的快乐。塞利格曼通过研究发现，选择容易获得的愉悦有时可能会导致不好的后果，因为人所拥有的力量和美德有时候会在简单的愉悦中变得麻痹和枯萎。如心理学的研究已经证实，看电视连续剧时人们的情绪平均处于轻度抑郁，而且越长的连续剧越容易使人产生抑郁的状态，但即便如此，

① Jose, P. E., Lim. B. T. & Bryant. F. B. (2012). Does savoring increase happiness? A daily diary study. *The Journal of Positive Psychology*, 7:3, 176–187.

乐商：一个比智商和情商更能决定命运的因素

多数人可能还是更喜欢宅在家里看电视，而不是上街去捡拾一下垃圾。简单地通过直接刺激获得愉悦只是人生物学方面的一个属性，而通过努力付出获得愉悦却是人性获得心理层面的成长的结果，是一种自我证明，因此，这种愉悦所带来的快乐会更持久，也更有益。

（五）经常感恩他人或社会

一定不要有"自己从不亏欠这个世界的任何人"这种想法，要知道你来到这个世界并健康地活到现在，有了现在的生活或工作，你就已经亏欠了这个世界很多。人要怀着感恩的心去生活，生活中所体验到的对他人或事情的感激之情越多，人的心情就会越好。塞利格曼和他的学生曾经举办过一个"感恩夜"活动（类似于一个感恩派对），每个人都邀请自己想要感激的一个人一起参加这个活动，活动中所有学生都当众感谢那个曾对自己有过帮助的人（要具体介绍他人帮助自己的事情经过，同时表达感激之情）。这个活动结束之后，相关的测量数据表明，所有参加这次活动的人在随后的几天直至几个星期内，心情明显更好了。

人在大多数情况下是以自我为标准来对所发生的事情进行区分的，对自己有利的事就是好事，对自己不利的事就是坏事，和自己无关的事则是闲事。有些人对坏事总是夸大其严重程度，而且逢人必说；而对好事则永远不满足，不知道感恩，这两种行为是人内心无法平静和不快乐的重要原因。人要能够学会凡好事（哪怕是微不足道的小事）必感恩，把感恩当作自己生活的一种习惯，因为这样会放大人们对好事的记忆，从而把人的注意力集中到这些事所带来的好处上。

怎样才能很好地形成感恩习惯呢？塞利格曼曾介绍了一种简单的方法：每天睡前花5分钟时间回忆一下刚过去的一天，回忆那些发生的和自己有关的事，特别是思考一下有哪些事情值得感恩，并自言自语地小声表达自己的感谢。不要小看这5分钟的努力，它会让平静、舒适的感觉伴随人们入睡，更会让人在感受好事的快乐中做梦。

（六）学会宽恕

心理学有个心理发泄理论（Catharsis Theory，以下简称发泄理论），该理论认为人们应该公开讨论或表达自己的消极情绪，否则这些消极情绪会一直被压抑着而导致心理问题。

发泄一词源于古希腊，原意是"净化"或"清除"，主要指个体通过某种直接或间接的攻击方式释放其正在感受着的一些消极情绪，如愤怒、悲伤、遗憾与惋惜等。首先将发泄概念引入心理学领域的是精神分析大师弗洛伊德，他认为发泄作为将愤怒情绪表达出来的一种方式，可以使个体已有的敌意得到释放，从而减少其随后的攻击性。弗洛伊德认为生活中的艰难困苦和负性事件常常会导致个体产生愤怒等消极情绪，而这种消极情绪通过一般的方式不会平息，只有通过某种形式的攻击行为才能得到排解、升华或者转移。

围绕这一思想，有研究者建立了相应的理论模型，认为引发攻击的情绪会在个体内部建立一种心理紧张感，而个体可以通过一些行为表达（尤其是通过某种攻击性行为），减少这种紧张感，进而减少随后的攻击性冲动。从形式上说，这种攻击行为可以直接针对目标主体，或者通过其他替代客体，也可以间接地通过观看他人的攻击行为等方式实现。

因此，从本质上说，发泄实际上是将积储在体内的愤怒和攻击性冲动进行释放的一种方式。那人们为什么要将这些情绪进行释放呢？心理学界有一种认识，认为个体体内的愤怒、冲动等攻击性情绪如果得不到表达，这些情绪将会导致个体某种程度的身心损伤，只有通过某种表达攻击性行为的方式（如直接的攻击行为，或者观看攻击行为）才可以使个体的心理状态发生积极改进，从而帮助人们产生良好的情绪体验，降低其内部的攻击驱力和攻击性水平。基于这种理解，大量的流行杂志、心理学自助书籍和媒体等都鼓励人们寻找合适的方式来发泄自己的愤怒，如打枕头、打沙袋、拧毛巾、用泡沫棒击打沙发、扔飞盘、踢易拉罐、尖叫等。

发泄到底有没有用？这在心理学上还存在争论。精神分析是大力支持和坚持发泄有效的一个心理学学派，其心理治疗观点主要是建立在攻击的压力平衡模型（the classic hydraulic model of aggression）基础之上的。这个模型认为挫折会导致个体产生愤怒，愤怒进而在体内逐渐积累，这种逐渐积累的愤怒会对人产生很大的压力，因而必须以某种方式得到释放，否则会导致心理疾病。用一个简单的比喻，这一过程就像越积越多的水一样，如果不让它泄出去一部分，最终它将冲毁堤坝而造成危害。持精神分析观的学者将这种发泄看作是死亡本能的某种转移（即强调攻击是人的一种本能形式），并提出如果将死亡本能的这种破坏性转向外部世界，那么对生物个体自身的心理健康将会是有益的。

将发泄理论具体应用到心理治疗的是弗洛伊德的学生威廉·赖克（Wilhelm Reich），他在心理治疗中通过一些形式（直接的攻击行为或某种替代形式）让患者发泄自己内心的消极情绪，发现部分患者的心理症状会得到一定程度的缓解。赖克把这种方法称为情绪发泄疗法，认为这种做法的原理类似于紧张肌肉的放松，这实际上是发泄心理疗法的最早形式。

但也有观点认为发泄无用，甚至有害。A. 班图拉（A. Bandura）的社会学习理论，假定个体生来并不具有攻击驱力或攻击本能，相反，攻击行为是一种习得行为，主要通过观察模仿他人或者社会强化习得。该理论认为，发泄过程中个体体验到的力量、兴奋和愉悦等强化了发泄中的攻击行为，或者对敌意的外部表达弱化了个体对攻击行为的内部抑制，因此社会学习理论反对发泄理论，认为发泄后个体的愤怒并不会减少，而其攻击性行为却有可能会增加。

心理学家C. E. 谢弗（C. E. Schaefer）和D. 马太（D. Mattei）[1]的研究表明，成年人对儿童攻击性行为表达的接纳和鼓励会刺激儿童产生更多的攻击性行为，因为这种认可的态度并没有使儿童学会抑制攻击行为的

---

[1] Schaefer, C. E., & Mattei, D. (2005). Catharsis: Effectiveness in children's aggression. *International Journal of Play Therapy*, 14, 103–109.

概念，从而导致其随后的攻击性行为增加而非减少。因此社会学习理论认为，个体一旦习得攻击性行为，就必须采取有效措施来积极地抑制，而不应鼓励其发泄。班图拉甚至于1973年提出要暂停对发泄理论的宣传和它在心理治疗中的应用，认为攻击性冲动并不能通过参与象征性的、运动性的或者现实生活中的攻击行为而得到释放。

认知新联想理论（Cognitive Neo-Associationistic Theory，简称CNA）也认为，生活中的消极事件（如挫折、挑衅等）会引发人们产生负面情绪，产生攻击性行为，而与攻击有关的思维和记忆等是相连的一个联结网络，一旦攻击思维得到加工或者激活，与之相关的概念也会沿着联结网络进行传播和激活。这个联结网络不仅仅和记忆中的攻击性思维连在一起，也和相应的情绪反应和行为倾向联系在一起。因此，发泄激活了攻击性思维，同时也激活了一个由记忆、情绪以及攻击性冲动组成的复杂联结，从而增加而不是降低个体的愤怒感受和攻击性水平。

L. 贝克威茨（L. Berkowitz）[1]认为，虽然发泄行为是针对非生命客体的，但这样的攻击行为实质上是在强化个体练习怎样表现得更具有攻击性，并启动攻击性思维、情感和行为倾向。尤其人们在发泄的过程中，专注于使其产生愤怒的目标个体时，这种专注于攻击性行为的思维将激活整个网络，从而唤醒攻击性冲动。

不过总的来看，现代人还是比较相信表达愤怒是健康的，而将愤怒埋藏在心底则是有害的。但积极心理学的研究发现，表达愤怒可能是有害的，当一个人心里总是想着发生在自己身上的那些不好的事，想着怎样去把它表达出来，人们的情绪会因此变得更糟。一个关于A型性格的心理学研究表明，与感受愤怒相比，表达愤怒与心脏病发作的相关性更高。也就是说，那些选择直接表达自己愤怒情绪的人，他们患心脏病的可能性更大，而当人们决定遏制愤怒或者显示友好的时候，血压实际上

---

① Berkowitz, L. (2003). Affect, aggression, and antisocial behavior. In R. J. Davidson, K. R. Scherer, & H. H.Goldsmith (Eds.), *Handbook of Affective Sciences* (pp.804–823). New York: Oxford University Press.

是下降的。东方人"心里愤怒但不表达出来"的方式也许在一定意义上更有利于人自身的快乐，所以人要学会宽恕。

人是有智慧的动物，当人们对一些事耿耿于怀的时候，其实是因为他自己不想忘记。你耿耿于怀，不肯原谅伤害过你的人，这种想法并不能给他人造成什么损失，却会使你自己活在伤痛之中。如果人学会了宽恕，就能转移甚至去除曾遭受的痛苦。当然，这并不意味着宽恕能够自动惩罚那些曾经伤害过我们的人，而是它能在不改变记忆的情况下，改变人自己的心态，使人们的生活重新恢复到快乐的状态。对于怎么去宽恕，塞利格曼建议采用沃辛顿（Worthington）的REACH五步骤：

1. R即回忆（Recall）

对于曾经的伤痛，请先做几次深呼吸，然后慢慢让事情在脑海中再过一遍。回忆时尽量要以客观的态度去进行（如假定自己是一个第三者），不要把对方妖魔化，也不要自怨自艾或过分拘泥于细节。

2. E即共情（Empathize）

试着从加害者（对方）的角度来考虑一下，理解他为什么要伤害你。尽管这样做不容易，但是设想如果让加害者解释，他会怎么说，尽量想出一个可信的理由。以下几点有助于人们寻找到合适的解释：当一个人感觉到自己的生存受到威胁时，他会出于自卫而伤害别人；一个人在伤害他人的时候，自己也往往处于害怕、担心或受伤害的状态；一个人所处的情境条件导致他这样做，这样做不是他的人格使然；人们在伤害别人时，自己往往没有清楚地意识到，只是突然发作。

3. A即利他（Altruistic）性真心宽恕

回想一件你曾伤害过别人而对方原谅了你的事，想想你获得原谅时的内疚，再想想你当时的感激之情。这是他人给你的宽恕礼物，因为你需要这份礼物，那你现在也可以送份宽恕礼物给别人。

所以，你在他需要时才赠予了他宽恕这份礼物，这是真心帮助他，而不是出于自己的利益。一旦你真心宽恕了别人，你也就获得了解脱和快乐。

4. C即公开承诺（Commit）宽恕

不要选择在心里原谅，要通过写信给到加害者。在日记中、记事本里清楚写下自己的宽恕，或者以把这份宽恕告诉某位可靠的朋友或第三者等方式公开表明自己的宽恕，但一般情况下不要在对方的集体面前表达自己的宽恕，因为这样做会给对方造成一定的压力。

5. H即保持（Hold）宽恕

过去的记忆一定会再次回来，不过有记忆并不代表不原谅。宽恕并不是消除记忆，而是换掉记忆上贴的那个标签。记住，当你已经选择了原谅，就不要有任何复仇之心。

（七）花时间和你的朋友或家人在一起

从现在已有的研究来看，你住在哪里、有多少钱、做什么工作等和你的快乐都不是很相关，但朋友和亲情却和你的快乐明显相关。西卡森特米哈伊曾测量了一批学生的福乐感，并从中筛选出250名高分和250名低分学生进行比较，结果发现，低福乐组学生大量的课余时间主要是在逛商场、玩电子游戏和看电视中度过的，而高福乐组的学生却爱好广泛，他们把更多时间花在和家人及朋友身上，如约朋友打篮球，和家人在一起做家庭作业等。

快乐有多种来源，有时可以来自一份美食、一次按摩，甚至是聆听鸟虫鸣叫。但更多时候，快乐来自心灵的平静。当一个人和朋友、家人在一起时，他会置身于功利、事务之外，从而更容易获得内心的宁静和快乐。

尽管和朋友、家人待在一起会有诸多好处，还能够产生发自内心的福乐，但在现代生活中，很多人却宁愿选择一个人看电视、玩游戏等，这主要是因为现代人太依赖自己的感官，太相信幸福就是自己的感觉这一信条。

其实，相关的研究早已经证明，幸福并不完全就是人的感觉，或者说人并不一定就是感觉的奴隶。美国《时代》周刊2005年曾调查了美国妇女幸福感的主要来源（即你的幸福主要来自哪里），结果子女（35%）这一因素排在各大来源因素的第一位，这说明多数美国妇女认为自己的幸福主要来自于自己的孩子或孙子（女）。而2002年诺贝尔经济学奖获得者、美国著名心理学家卡尼曼（Kanhnman）2006年在世界最著名的《科学》杂志上发表了一个调查报告，他用"昔日重现法"（Day Reconstruction Method，简称DRM）测量了900名得克萨斯州妇女的幸福感体验，卡尼曼连续测量了3个月，旨在弄清楚美国妇女最喜欢和最讨厌的活动。

结果发现，照顾孩子是美国妇女最讨厌的活动之一，它的排名仅比"做家务"略好一点，列倒数第二。也就是说，当美国妇女正在照顾孩子时，她的感觉差极了，但当她做完这种感觉差极了的活动（照顾完孩子）之后，她却觉得孩子才是她最主要的幸福来源。这说明幸福不仅仅是体验本身，它还是一种意义理解（meaningful），这世上还有什么比和家人、朋友待在一起更有意义呢！

（八）照顾好自己的身体

人要照顾好自己的身体，每天要抽出一定的时间参加一下体育锻炼，这对改善心情大有好处。已有的多个研究证明，保持充足的睡眠，进行适当的运动和锻炼等可以在短时间内迅速增加人的快乐。

心理学目前的一个重要研究主题是"具身认知"，就是指身体的某种感受和心里的感受有着一定的关联，即人们的物理体验或经验和其心理体验会有机地结合在一起。当一个人有良好的身体感受时，其内心也会相应体验到更多的快乐，当然良好的心理体验也会影响个体的身体感受。加拿大多伦多大学的钟晨波（Chen-Bo Zhong）[1]等人的一项研究发现，一个人如果回忆自己曾经有过的被排斥的经历（不好的心理体验），与那些回忆自己曾经被接纳的经历（良好的心理体验）的人

---

[1] Chen-Bo Zhong, Leonardelli G. J. (2008). Cold and lonely: Does social exclusion literally feel cold? *Psychological Science*, 19(9), 838–842.

相比，这些人的身体对房间的温度估计会更低一些。所以人们在生活中经常说的冷冰冰也许有一定的道理，当身体感觉冷冰冰之后，心理上也可能就蕴含了排斥的意思。反过来，如果一个人本身正处于被排斥的境地，那他在身体上就会比普通人更渴望获得温暖的食物和饮料。

（九）进行冥想练习

冥想（meditation）的含义比较广泛，除了各种单纯的冥想练习之外，其他一些如太极、瑜伽中也包含一定的冥想成分，心理学界一般将冥想看成一种综合性的心理和行为训练。从过程来看，冥想有着一些特定的练习技术和练习阶段，一般需要人的注意、知觉等多方面认知功能的参与。冥想不仅强调身体的放松，更强调认知和心理的放松，从结果来看，很多人在冥想练习过程中会产生一些微妙的心理体验变化。

冥想的种类多种多样，根据人练习时注意朝向的不同，主要可以分为两大类：一类是沉浸型冥想，另一类是专注型冥想。沉浸型冥想强调开放和接纳，要求冥想时以一种知晓、接受、不做任何判断的立场来体验自己在练习过程中出现的一切想法和感受。专注型冥想则强调注意的集中，要求冥想过程中尽量将注意力放在感受呼吸、重复词语（咒语）、想象图像等心理活动上，从而逐步摈弃任何想法和感觉的干扰。

塞利格曼很推崇东方的冥想，他认为冥想虽然有多种形式，但无论何种形式的冥想，都需要有规律地去练习，需要静下心来，放慢思考的节奏，这样才能更好地发现身边的美景。对于都市快节奏的生活人群来说，坐禅（Zen）冥想是一种比较简便易行而又效果良好的冥想方式，这种冥想形式可以使人较快地脱离浮躁、获得平静。坐禅冥想的方法很简单，只需要一个安静的环境，一把舒适的凳子，以及掌握腹式呼吸的方法。具体做法主要为：人坐在凳子上，面朝正前方，闭上眼，合拢牙齿，直起身子，双手交叠，自然放置腿上；随后，开始深呼吸（腹式），同时数自己的呼吸，从"1"数到"10"，循环往复。在数的过程中，个体要将注意力集中在自己腹部的起伏上，在发现自己出现杂念的时候，轻轻地把杂念放下，再重新从"1"开始数起。一般初学者可以从每天10分钟、15分钟开始，逐渐加长练习的时间，想要练习的读者不妨去找相关的书籍做进一步了解。

需要说明的是：由于要打破常规的生活方式，冥想练习在最初阶段可能会比较困难，但相信经过几个星期适应之后，冥想所带来的快乐感会让你觉得这一切的努力都是值得的。

临床心理学家几十年来的研究表明，冥想对于很多心理、生理上的综合征有着良好的临床效果。比如冥想能让一些患者缓解焦虑、压力，并具有减轻抑郁症状和改善睡眠的功能等。在此基础上，一些临床心理学家还开发出一种基于冥想的认知疗法，这种疗法对治疗抑郁症有着重要的作用。

过去的心理学实验研究表明，对于普通人而言，不论采用哪种方式的冥想，都会对人的认知、情绪和工作成绩等方面产生一定的正面作用。比如一些实证研究就表明，冥想可以有效地增加个体的积极情绪和亲近行为，增加个体的同情心、移情等人际交往性情绪，提高个体的机体免疫力。有研究者甚至发现，冥想对免疫功能具有较好的促进作用，进行冥想练习的被试体内的流感病毒抗体量明显高于那些没有练习的控制组被试。

此外，冥想还可以有效地增加个体对消极事物的心理承受能力。黄璐、任俊等研究者在2011年的一项研究中发现，在被试接受每天20分钟，共3次的冥想练习之后，同样程度的消极图片对被试情绪体验的刺激会比他们练习冥想前的要更小些，说明冥想让被试变得更宽容了，这种宽容在一定程度上具有某种心理保护作用，从而增加了个体的快乐。从机制上说，冥想练习增加了被试积极情绪体验的报告，进而增加了大量的个人资源，包括警觉、社会支持、自我接纳和对人生目的的感知，这些增加的个人资源进而提高了被试快乐的概率，同时减轻了抑郁的症状。

二、影响人形成乐观型解释风格的主要因素

乐商既包含了即时快乐的能力，也包含了形成一种乐观积极的生活态度。解释风格是一种人格状态，它是一个人从孩提时期就开始积累起来的一种看待自己或周围世界的方式。有研究发现，一个人的解释风格很早就开始出现，8岁左右的孩子就开始形成具有一定个性的解释风格，人一旦形成了某种解释风格，其后续行为会明显地受这种风格的影响。因此，及早提高孩子的乐商水平不仅具有教育意义，也更具有生物学意义。

人的解释风格（即生活态度）能改变吗？从某些方面来说，答案是否定的。大量的研究表明，一个人在生活中的解释风格受基因的影响甚大，就像无论一个人怎样努力节食，他的体重最终都会恢复到一个适度的体重范围一样。有心理学家专门研究了中彩票大奖的那些人，结果发现，就算一个人买彩票中了上千万的大奖，他也只是暂时非常开心，一年以后，他开心的程度仍旧会恢复到中奖之前的水平。谈恋爱的人也会有这种情况，当一个男孩开始追求一个漂亮的女孩时，他会觉得如果把这个女孩追到手，自己就会快乐一辈子，但当他真的和这个漂亮女孩结婚之后，只要一个月的时间（最多也就一年左右），他就又会恢复到他之前的快乐水平（即天性的基线水平）。

还有研究者在美国终身教授评选之前，对所有候选人的解释风格进行了测量（确定这些候选人的乐观基线水平），然后问这些候选人，如果他们这次评上了终身教授会怎么样？如果他们这次没有评上终身教授又会怎么样？所有候选人的回答都比较接近，他们都说，如果这次评上了，他们就会很开心，而且这种开心一定会持续很长一段时间，甚至会延续到自己的后半生；但如果没有评上，则会很难过，而且这种难过也一定会持续很长一段时间。

当终身教授评选的结果出来之后，这些候选人中有的被评上了，有的则没有被评上。研究者在评选结束后的一周内，迅速对这些候选人的

乐观水平进行再次测量，结果发现那些评上的人都比评选之前更快乐，没有评上的人则比之前更悲伤。组间比较更是有差异，评上终身教授的候选人比没有评上的人显著性快乐。但3个月后再去测量，结果发现之前的这些差异消失了，所有候选人（不管是否评上终身教授）又都恢复到了他们之前的基线水平。那些原本不太快乐的，但这次被评上终身教授的人，又恢复到了原来不太快乐的水平；那些原本快乐的，但这次没有被评上终身教授的人，也恢复到了原来的快乐水平。

如果人的解释风格一旦形成就无法改变，那对成人来说，他已经形成了悲观型解释风格，但是想通过努力使自己变成乐观型解释风格的人岂不就成了一种妄想？而积极心理学所谓的学习乐观又有多大的价值呢？

事实其实并非完全如此。"人的解释风格不会变"这句话隐含了三层真实含义：

第一，解释风格的变化会很慢。只有当人经历了很多类似的刺激之后（如发生很多让人开心的事），人的解释风格才可能会相应地发生一点小变化，这就如钟表上的秒针和时针的关系，当秒针转了60圈时，时针才会走上一小格。

第二，要从小就培养孩子，让他形成良好的乐观型解释风格，因为一旦形成了某种解释风格，想对之做出改变时，则会事倍功半。

第三，解释风格不是一个固定数值，而是一个区间范围。人们通过一定的努力或方法，至少可以使它保持在可达到水平范围的最上端（即积极的那一端）。

所以在人漫长的一生中，要想真正事半功倍地形成乐观型解释风格，就必须了解那些会对个体解释风格产生重要影响的因素。那么，到底有哪些因素会对人的解释风格产生重要影响呢？

（一）母亲的解释风格

塞利格曼的研究发现，孩子的解释风格与其母亲的解释风格关系特别密切。研究者对100个儿童以及他们的父母亲做了解释风格问卷测试，从测试所获得的结果来看，儿童的乐观程度与其母亲的乐观程度极为相似，相关度非常高，而与其父亲的相似度却较小，相关性不大。

为什么会出现这样的情况呢？这主要是因为多数情况下母亲照顾孩子的生活更多一些，其近距离接触孩子的机会远大于父亲，而解释风格主要就是在漫长的接触过程中逐渐积累起来的。

看这样一个例子①：

一位母亲带着8岁的女儿开车进入购物中心的停车场，购物后打算开车回家。

女儿说："妈妈，车门这里有一块地方被人撞扁了！"

母亲说："该死！你爸爸会骂死我的！"

女儿说："爸爸出门时让你把他的新车停得离别的车远远的。"

母亲说："该死！像这种倒霉的事总是发生在我身上。我其实很懒，总是不想抱着大包小包走过一个停车场那么远的路，我只想少走几步路，我真是笨死了。"

女儿在边上完完整整地听了母亲的这番话，她听到的不仅是母亲说的自己那些不好的地方，也听到了母亲对这件事四个方面的言下之意，这包括：

第一，"像这种倒霉的事总是发生在我身上"，这一解释属于永久性的坏，因为她用了"总是"，即一直会发生这样的坏事；这一解释也属于普遍性的坏，用了"像这种倒霉的事"，而没有把这种不好的事界定在一个特定范围内，比如只是界定在"车被撞"这件事上；这一解释同时也属于个别性的坏，即"发生在我身上"，而不是任何人都可能会发生这种事。这位母亲把自己单独列出来成为一个受害人，意味着只有

---

① Seligman, M. E. P. (2006). *Learned optimism: How to change your mind and your life.* (pp. 127–128). New York : Knopf.

她才会成为受害者。

第二，"我很懒"，懒是一个永久性的人格特质，与之相对的是"我觉得有时候我有些懒"。实际上很多人在某些情境下都会懒，但她却把它个别化为自己特有的一种属性了。

第三，"我只想少走几步路"和第二条的内容一样，具有永久性（坏）、个别性（坏）等特点。

第四，"我很笨"和第一条的内容一样，具有永久性（坏）、普遍性（坏）、个别性（坏）等特点。

女儿听到了自己母亲对于一件不幸的事非常悲观的解释，就会学到不好事件都会持续很久（永久性），会伤害到生活中的任何其他事（普遍性），产生都是她自己的错（个别性）的看法，从而觉得世界都是这个样子的。女儿如果每天从她的母亲那里听到的言论都是这种悲观型解释，她就会每天自觉或不自觉地向这位她的人生当中最有影响力的人学习这种解释事件的方式。

孩子的小眼睛是孩子和父母交流的最主要工具，父母作为孩子的启蒙老师，每天都会面临孩子成长过程中问到的许多"为什么"，而父母——尤其是母亲的行为方式，实际上每天都在不停地跟孩子解释所发生的各种生活问题的原因。对孩子而言，获得这些问题的答案很重要，因为他们的心智发展就是伴随着思考这些问题而进行的。

家长除了要注意自己的行为，更要注意和孩子的言语交流。孩子对于"为什么"的提问，其实就是孩子对生活的理解。就算有时大人被问烦了，问题得不到回答，孩子也会用自己的各种感官来进行观察。有时甚至父母之间的对话也很重要，孩子的耳朵很敏锐，他们会把父母的话迅速地变成自己的信念，同时传递到自己的生活中去。

（二）老师和家长的批评

也许很多老师和家长没有意识到，孩子做错事时，大人给予的批评可能会影响孩子的一生！当孩子在聆听大人教训的时候，他注意到的不只是批评的内容，还有批评的方式。孩子一般都会相信大人的批评是正确的（因为所有的成年人，在孩子心目中几乎都是权威），而且他们会用这些批评来构建自己的解释风格。塞利格曼团队研究了一个小学三年级的课堂[①]。

研究者在三年级的课堂里进行随堂观察，并对学生及老师的所有行为进行记录和录音。老师正在上课，而下面听课的学生，却有着不同的反应：女孩一般都安静地坐着，手放在膝盖上，很注意地听老师讲话；就算她们不想听时，也会避开老师窃窃私语，总体上说女生都很守规矩。而男孩则大多很少愿意安静地坐着，动不动就在课堂上吵闹起来，有时甚至会在课堂上跑来跑去或者互相追逐；就算坐着也总是在位子上扭来扭去，看起来根本没在专心听课。

单元考试的测验成绩出来了，有一部分学生考得不好（包括男孩和女孩），老师对这些考得不好的学生说了什么呢？如果没考及格的是男孩，老师一般都这样说，"你最近上课时一点也不注意听讲，到处乱跑，所以这次不及格""你没有尽力学习你的功课，所以这次不及格""我在上面教的时候，你在下面东张西望、吵吵闹闹，所以这次不及格"等。老师对这些男孩的批评中关于不注意听、不努力或吵闹的解释都是暂时的、特定性的。老师这样的解释意味着：你的现状可以得到改变，只要你改掉了上课时的这些坏习惯，用心听课就能考到好成绩。

而对于没考及格的女孩，老师的批评却是，"你的数学学习能力不行""你交上来的作业总是乱七八糟""你从来不验算你的答案"等。因为这些女孩上课很守规矩，老师不能以那些外在理由来怪罪她们的不及格，所以老师不经意间给这些女孩的都是永久性、普遍性的批评。

这些学生在这样的评价中度过了三年级，到了四年级的时候，研究者对这些学生做了一个实验，他们给这些学生一个无解的字谜难题（永远也没有正确答案），用来检验他们对"你为什么没有解出这个字谜来

① Seligman, M. E. P. (2006). *Learned optimism: How to change your mind and your life.* (pp. 129–130). New York : Knopf.

呢？"的解释。当然，在研究者喊"时间到"的时候，所有的孩子都没有做出答案。但是男孩和女孩对于这个问题的回答却完全不一样。

女孩们的回答是"我对猜字谜游戏不太擅长""我想我不太聪明"。同样做不出答案的男孩们的回答则是"我没有很专注地去解它""我没有尽全力解这个字谜""解这个字谜时旁边有人走来走去"，甚至有些男孩还说出了"谁在乎解你这个烂字谜"的话。这个实验里，女孩们对自己的失败给出的理由具有永久性和普遍性的特点，是典型的悲观型解释风格；而男孩们给出的自己失败的理由却是暂时的、特定的，它们都是可以得到改变的，属于典型的乐观型解释风格。他们经历了同样的一段教育，结果却形成了完全不同的解释风格。

这个实验清楚地揭示了大人的批评影响孩子并使他们形成某种解释风格的心理机制，所以，如果大人在评价孩子时总说"你很笨""你不行"等，孩子就会真的把它内化到自己的思想里，并很有可能形成悲观型解释风格。而如果大人说的是"你没有完全尽力""这个是高年级程度的题目""你不够用心"，孩子就会把面临的挫折看成特定的，是可以改变的，这会有利于孩子形成乐观型解释风格。

这里要特别提一下，小时候很乖的孩子一旦在学习上遇到挫折或失败，他们会更容易被教育（或教养）成悲观型解释风格。但由于中国传统的文化恰恰比较推崇乖乖儿，认为很乖的孩子有教养、守规矩、是好小孩，因而中国的父母都在费尽全力使自己的孩子成为乖乖儿。

（三）早期的危机事件

人的一生可能只是一个能部分自控的过程，这实际上也是人天生就具有的一种无奈。在不同的人生阶段，人们都有可能遭遇到一些自己控制不了的不幸，但相对来说，人生早期的不幸也许是人一生最大的不幸，因为这个时期的灾难很容易让人形成消极心态，从而形成悲观型解释风格。

20世纪80年代，世界著名的社会学家格伦·埃尔德（Glen Elder）在一个有关孩子在极端恶劣环境下成长的演讲中，提到了他研究的一批特定的研究对象，这些研究对象都出生于美国经济大萧条（1929—1933年西方出现了资本主义经济危机，由于这次危机范围广、时间长、破坏性大，以致整个社会出现了大萧条、大危机，因此大萧条成了这次危机的专有名词）之前，不同的研究者已经对他们持续追踪了60多年。在这些老人整个一生中，他们每个人都连续在不同的时间段（包括少年、青年和成年等）接受过多次的量表测试和面试，研究者记录了这些老人人生中的每一件大事。而且这项研究后来还包括了这些老人的孩子，以及他们的孙子（女）。

埃尔德在演讲中谈到，有一些女孩，在20世纪30年代因为大萧条灾难而失去了全部财富，在她们和家人的一起努力下，她们的家境在中年初期就得到恢复，她们重新成了中产阶层，这些人在20世纪80年代都身心健康地进入了老年期。

而同样在20世纪30年代遭受大萧条灾难的另外一些女孩却一直没能从危机中解脱出来，她们在中年末期依然是典型的穷人，直到晚年也很凄苦，生理和心理都不太健康。

埃尔德根据记载下来的资料进行分析，认为其中的原因可能跟她们的解释风格有关，但是由于解释风格是塞利格曼在20世纪70年代末才提出来的，在此之前尚未有人关注过这个问题，更没有人做过这方面的测量，所以无法确定这些老人属于什么类型的解释风格。"如果有个时间机器就好了，我现在就可以回去重新测量一下这些女孩的解释风格"，埃尔德在演讲中开了一句这样的玩笑[①]。

塞利格曼后来的很长时间都在思考埃尔德的这句玩笑话，他有一天突然想到，自己的研究团队使用的一种测量方法可以充当这个时间机器！这个测量方法叫作"言语解释内容分析法（Content Analysis of Verbatim Explanation，简称CAVE）"。这种方法是塞利格曼的一个助手

① Seligman, M. E. P. (2006). *Learned optimism: How to change your mind and your life*. (p. 133). New York : Knopf.

发明的，给那些不方便做解释风格问卷的人做测量用，比如美国总统、政要、体育明星等。这些人因为身份特殊，一般情况下不可能要求他们做量表问卷，但如果要想知道这些人到底是什么类型的解释风格又怎么办呢？研究者就只能通过报纸、电台、电视等媒体来大量地搜集其言论资料，然后把要测的这个人所说的具有因果关系的话从永久性、普遍性、个别性三个维度进行评分，最后得出这个人的解释风格分数。研究者在信度检验中发现，用这种搜集言论资料的方式所得到的分数与做实际的解释风格问卷所得到的分数非常接近。塞利格曼等用这种方法成功预测过很多事件，比如一支NBA球队的成败、总统大选中哪一位候选人将获得胜利等。

因此，塞利格曼认为，如果有这些老人的原始面谈资料，要分析他们的解释风格就不会有什么问题。

埃尔德随后成功地调来了存档的资料，那个年代还没有录音机，材料大多是用纸笔速记下来的。塞利格曼团队对这些堆成小山似的、厚厚的材料经过艰苦分析，最终的分析结果表明：顺利而健康地进入老年期的妇女，在年幼时大多是乐观型解释风格；而晚景凄凉的妇女，在年幼时大多是悲观型解释风格。

这个研究后来成为心理学史上最重要的纵向研究案例之一，取得了多方面的成果，如人发展的不均衡性、教育的发展意义等。但这个研究的一个最直接结论就是：孩提时代所经历的危机和不幸事件会影响一个人的解释风格，并进而影响人一生的发展。在这一研究案例中，所有女孩都经历了同样的挫折和磨难（大萧条），相关的记载资料表明，如果一些女孩能顺利度过这个灾难，而迅速地成为中产阶层，她们就会形成乐观型解释风格，从而收获一个顺利而健康的晚年；如果她们不能顺利度过大萧条灾难而一直沦为社会底层，就更容易形成悲观型解释风格，从而直接导致晚景凄凉。

因此，早期的生活经历对一个人解释风格的形成有重要影响，生离死别和巨大的社会变故往往会通过解释风格而影响人未来一生的发展，这应该引起教育者们的重视。当然，如果所面临的危机事件能得到妥善解决而出现好转，孩子就会逐渐发展出一种观点，认为不好的事件是可以改变、可以克服的；但如果这种危机或变故是永久性和普遍性的，那么这颗绝望的种子就永远埋在了孩子的心里[①]，并使他们终生受苦。

不过该研究中的另外一个现象也对人们有一定的启发。整个研究所积累的资料显示，出生于社会底层的女孩在其成年之前所面临的不幸事件显著性高于出生于中产阶层的女孩。从已有数据的统计结果来看，这些出生于社会底层的女孩的解释风格更悲观。而社会底层组内和中产阶层组内的比较也显示，个体早期面临越多的不幸事件，其后的解释风格也越悲观。这暗示着给幼儿一个舒适安逸而幸福的早期生活经历，也许会有助于其将来发展得更好！

为什么会出现这一现象呢？这可能是因为出生于中产阶层的女孩，其幼儿时期的生活条件比较优越，她们在孩提时代几乎没有什么特别大的磨难，当大萧条使她们突然变得一无所有时，她们幼小的心灵会相信这种厄运是暂时的（因为她们有过舒适生活的经历），是可以克服的，因而她们并没有被经济危机击倒，最终在中年期又恢复了过来。这就是说，之前很小时候的如意幸福能有效增强人安然度过危机的信心。当真的度过了危机之后，这些成功经历帮助她们最终形成了乐观型解释风格，并使她们有了晚年的幸福。

出生于社会底层的女孩则不一样，她们从一出生不仅经历了艰难困苦的生活，还经历了更多由艰难困苦生活所导致的消极事件（社会底层面临的不幸事件永远会多于中产家庭），然后又经历大萧条时的一无所有，但由于她们从小就面临生活困难，从没有过舒适和安逸的生活经历，她们会觉得自己的艰难困苦是永久的，是自己能力不足，天生命苦，厄运是无法逃脱的，这些想法使社会底层的女孩在大萧条中一蹶不振，很久都爬不起来。当失败困苦的经历累积到一定的程度，她们也就

[①] Seligman, M. E. P. (2006). *Learned optimism: How to change your mind and your life*. (p. 135). New York : Knopf.

形成了悲观型解释风格，这使得她们有了凄凉的晚年。

这说明贫苦不仅只是一种现象，它可能还是一种类特质，具有某种类似于"遗传"的性质。人们也许可以从埃尔德的这个有关解释风格的研究中获得某些启示。穷人家的孩子因为贫穷而不得不经历更多的磨难，这些磨难使他们相信自己的苦难是长期的、永久的，是自己天生就注定的，这使他们形成了悲观型解释风格。而悲观型解释风格则不仅加剧了他们的苦难，还使他们在生活中失去了前进的动力，并导致一系列问题。

第二节 关于人的改变

所谓摆脱不快乐，其实就是对人本身的一些消极状态或性格特征做出某种改变，特别是改变那些能引起自己不快乐情绪的东西，这也是提高乐商的一个重要组成部分。总的来看，人的不快乐总是和一些问题人格相伴，因此改变问题人格对摆脱不快乐，提高乐商水平具有特别重要的意义。不过改变具有不确定性，人并不是任何方面的状态都能得到改变，那人到底能够改变些什么呢？人又不能改变些什么？为什么有些人能改变而有些人不能？

一、人能不能发生改变

人到底能不能发生性格方面的改变？关于这个问题，学术界有两种互相对立且势均力敌的观点：

第一种观点是能改变。心理健康教育和心理治疗等都暗含着一个前提：相信人具有可塑性，是可以得到改变的，所以这些行业的从业者总是鼓励人们借由自己的努力或他人的帮助来进行自我改进和自我实现。比如，行为主义者认为任何事情都能够得到改变，如智力、情绪、性格、性取向等，否则教育学或心理学就将毫无用处。沃森就曾说过，给我十几个健康的孩子，我可以用不同的教育方式使他们成为任何你想要的人，如政治家、商人、社会工作者或小偷等。精神分析学派也非常信奉人是可以改变的，他们认为只要精神分析技术够好，对象的各种人格特质都能够被揭露并得到改变。

第二种观点则与上述正好相反，生物精神医学则主张心理问题或疾病有点类似于生理疾病，甚至就是生理疾病的一种，疾病只能靠药物治疗，但药物只是改善了人的病情，并不能左右人格的发展，因为人格是由基因决定的。在这方面，制药商、绘制基因图谱的生物学家等都认为人格特点是天生的，强调人主要受基因以及大脑结构等生物因素控制。由于人的情绪、智力、性取向等主要受基因和大脑神经构造控制，所以这些东西无法改变。如现代医学上有一种常用于治疗癫痫的方法，即切断两个大脑半球之间的联系（或者叫胼胝体切除手术），这种手术在临床被叫作割裂脑。当病人接受了割裂脑手术之后，他会描述呈现在他大脑左半球的视觉信息，但如果把同样的信息呈现给右半球时，病人会什么也看不见。这说明进化使机体获得了特定的适应能力，大脑的两个半球之间的功能不会完全相同，毕竟一个人不需要两个支配或控制说话、记忆等的区域。这证明大脑对人的许多心理行为已经特异化了，简单的影响不能改变它的状态。

总之，对于人是否能改变这个话题，不同的人出于商业、治疗或者政治等目的，提出了五花八门的说法。

其实关于变与不变，心理学还有第三种观点，即有些心理学家认为人可以发生改变，但又认为这种改变仅发生在人生命的早期。这种观点到现在还很有市场，但这种观点在本质上其实比较接近强调人的不变性，因为在人生命的早期，一般情况下是不能控制自己的，即命运完全由别人决定。

如当代的多数人格心理学研究者就认为，人童年时期的生活方式有着强大的力量，会成为后来心理问题的根源，或者认为情绪特质具有很强的力量，可以左右人的行为或心理。这种观点其实认为人的一切发展在人的早期就决定了，后来的生活不过是在现存的轨道上按既定的模式而运行，人所能做的不过是加快速度或减缓速度，并不能改变发展的方向。所以早期创伤或生活经验等就成为这些心理学家们关注的焦点和核心。

第四章 做一个高乐商的人

积极心理学认为这种假设是不对的，没有任何有效的证据能证明早期的学习有非常强大的力量，不论是心理问题、生活习惯还是人格特征等，在它们发展的任何时期，人都可以在这些方面做出努力，并获得一定的成效。成效的大小跟问题的深度有关，而问题的深度仅仅来自生物、证据和力量这三个方面。有些童年时期的特质印记很深而且不易改变，但这并不是因为这些特质习得较早而具有了强势地位，而是因为一方面由于进化的需要，这些特质会抵制外在影响对其所做出的改变（如抑郁在进化上能避免个体冒风险从而保护自己的生存，因此抑郁天生就能抵抗外力对其的改变）；另一方面则是这些特质已经形成了固定的框架，可以成为个体今后学习新的内容所依附的载体，这样它们的力量就会很强大，以致无法改变。假定一个孩子面临早期的危机事件而不能很快恢复，他就更可能形成悲观型解释风格；一旦形成悲观型解释风格而又没有得到及时纠正，随着生活的不断进行，这个孩子将会以悲观型解释风格搭建更多的新知识，新搭建的知识越多，这个体系的力量就越强大，以致到后来这种风格就很难得到彻底改变。所以，童年及创伤对成年的生活其实影响很小。

二、分清可以改变的和不可以改变的

当很多学者着眼于生物精神医学与心理治疗二者间的对立并进行站队时，积极心理学却认为，生物精神医学和心理治疗思考的不应该是怎样去辩驳对方，更重要的是要考虑怎样把二者的长处结合起来，从而帮助人们获得改变和进步。积极心理学认为人是可以改变的，这也是心理学最大的价值所在，但人并不是所有的方面都可以发生改变，因此，要对此进行明确区分，努力改变那些可以改变的，同时又要有胸怀容纳那些不能改变的。

塞利格曼曾说道："我在过去的25年里研究乐观，所以我的目的绝对不是摧毁你对改变持有的乐观态度。但是，我的目的也不是保证每一个人都可以依他的心意去改变，这也是一个假的保证。乐观地相信你可以改变，是所有改变过程的第一步。但是不切实际的乐观，使你相信自己可以改变任何东西，这就成了一个悲剧。长期的挫折、自责、放弃会招致无助，我的目的是建立一个新的、有效的乐观，使你可以集中你有限的时间、金钱和努力去做一个你力所能及的改变，从而使你的生活变得不一样……正如祷告词中所写，人要有勇气去改变你可以改变的，有这个胸襟去接受那些你不能改变的，而智慧就在于知道这两者的分别。"

塞利格曼看到了生物治疗和心理治疗的互补性，提倡将两者的长处发挥出来，这种观点在一定意义上改变了临床心理学的走向，将以解决问题为核心的临床心理转变为以发展人的积极力量和品质为核心的积极临床心理学。

对于变或不变这一问题，塞利格曼提出了问题的深度与改变之间的关系理论。他指出，灵魂最深处的问题几乎不可能因心理治疗或药物治疗而有所改变；介于灵魂深处和表层之间的一些问题或不良行为模式可以有一定程度的改变；而表层问题很容易被改变，甚至可以被完全治愈。

那么，问题的"深度"究竟是什么意思？塞利格曼认为问题的深度主要包括三个层面。

首先，深度代表着生物学的基因和遗传问题。如果某种心理状况是天生就有的或者遗传的，有着生物学基础的话，那它就是一个很深的问题，就较难改变。如果一个心理或行为问题并不是天生就有的，而是后天习得的一种习惯，这种问题的深度就较浅，就会比较容易改变。生物学的特征都是人一生下来就有的，可以说是天生的，已经有相当长的一段进化史，比如躁郁症①就有一个明显的特征，夏季活跃，冬季沉寂，会

① 所谓躁郁症，一般而言是指个体有时出现忧郁的症状，有时又出现狂躁的症状，这两种特征不断地交互出现，因此有时又称之为双极性疾患。这样的患者个体会出现两极的情绪反应：狂躁和忧郁。当个体在狂躁阶段时，其出现的特征为情绪异常兴奋、自我膨胀、睡眠时间减少、非常健谈、多话，常常是滔滔不绝讲个没完。另外，他们的思考或想法也经常跳来跳去，称之为跳跃性思考，易分心；在行为上可以看到其常常疯狂购物，不管价钱，也不管需不需要等。当个体处于忧郁的阶段，其特征又显示出心情沮丧，对任何事缺乏反应或兴趣，体重改变，产生睡眠困扰，缺乏活力，出现消极认知或看法等。

随着季节而发生明显的变化，这种能量循环或许就是它的进化基础。而且，同卵双生子在躁郁症上的相似性，要比异卵双生子大得多，具有很高的遗传性。

其次，深度还涉及问题的证据。如果隐藏于一个问题背后的信念越容易被证实且难以被推翻，这个问题就越难发生改变，这样的问题就是一个深层问题。日常生活中，人们倾向于只关注那些能验证自己信念的内容，而避免去检验这个信念是否错误，即所谓的证真。而实际上，人们在生活中通过搜集反面证据来证伪才更重要，哲学家卡尔·波普尔（Karl Popper）更是强调只有能被证伪的才是真理。比如强迫症患者的一个核心信念是"如果我不彻底洗干净我的手，就会把病菌传染给我的孩子或其他人"，这个问题很容易证真而无法被否决掉。如果强迫症患者不从反面来证伪，不找反面证据来检验自己的这一信念，他就会频繁地执行洗手仪式，永远不会发现"就算不洗手也不会让他的孩子感染病菌"，那么这种状态只能持续下去。

最后，深度还涉及信念的力量大小。假如问题背后的信念力量很强大，个体非常相信这个问题，那这个问题就很深且很难被改变。假如某种信念较无力，个体自身也有点将信将疑，它就较容易被改变。如一个失恋了多次的人会产生"我是一个不值得爱的人"的信念，这种信念就会有很强的力量而不太容易被改变，如果一个人相信"蜘蛛很危险"，这个信念的力量就比较小。当日常生活中遇到一个信念具有相反的证据时，在其他条件都差不多的情况下，人们都会倾向于坚持证据力量更强大的那个理论。

积极心理学在这里传达了一个乐观的信息：人并不是历史的奴隶，也不是一条预设轨道上的火车。知道了这些，人们就不难理解为什么一些流行书上的心理治疗、育儿方法以及自我提升方法，甚至20世纪一些重大的社会运动（如美国加州进行的自尊提升运动）等都是徒劳无功的，因为它们没有考虑问题的深度而去进行改变。当人们想要改变自己无法改变的某些方面时，结果往往令人失望，这不但浪费了大量的时间，还遭受了无数不必要的挫折。

在心理学界，像塞利格曼这样将基础研究与临床研究结合得如此紧密、影响人数如此之众的，恐怕很难再找出第二人。他清晰地区分了哪些是可以改变的，而哪些又是不能改变的。

当人们知道了什么是可以改变的，而什么又是人自身必须接受的时，这实际上就是改变的真正开始。人们接下来要做的就是将有限的时间和精力集中起来，投入到那些可以改变的、值得改变的地方，这可以帮助人们对自己或他人有一个全新的认识，从而使自己的生活少一分自责，多一分自信！

因此，在已有实证研究的基础上，塞利格曼对生活中的一些心理或行为问题能否得到改变做出了详细的阐述。

易性癖：根据上文的这些标准，性别身份的倒错是人心灵最深层的问题，在妊娠期就已经有了某种生物学基础。事实上，一旦具有了这种信念，他/她终生都无法被推翻和劝服。不过，性别角色对年幼的儿童来说是不可改变的；但当孩子长大之后，通过一定的教育，改变会逐渐变得有点可能性，也就是说可以发生一点点改变，但要想彻底改变几乎是不可能的。

性取向：性取向（现代心理学认为同性恋和异性恋都不属于心理问题，只不过属于不同的行为模式，是一种正常行为）同样也是深层次的。有研究发现，性取向的一部分原因可能在妊娠期就奠定了基础，大脑或许存在着某种人们还没有发现的特殊机制。当这种机制被激活后，相关的性取向就被采用了。不仅如此，同性恋或异性恋的信念很容易被证实，很难被推翻。因此，性取向的深度为中等。这意味着性取向似乎具有一定的进化上的预备性，一旦被采用也会很容易找到证据支持。但好在这种信念的影响面很狭窄，只是影响到个体的性爱生活而不会影响其他方面，通过治疗就可以获得一定程度的改变。

创伤后应激障碍：这是一种比较普遍的问题，这种问题的进化基础可能很弱，人们尚未发现它具有遗传性，但是它背后的信念却是强有力的，很容易被证实，因而创伤后应激障碍被改变的可能性比较小。例如，某人的孩子不幸去世了，他生命中珍爱的人被命运残酷地夺走了，此时这个人的世界观就会发生改变："世界是残酷的，没有什么公平可言。我失去了未来，失去了希望，我真希望不要活在这个世界上了。"这个人的想法具有真实性，因为他的孩子确实再也回不来了。心理治疗和药物治疗也许能够减轻个体对悲剧发生的特定地点的恐惧，但一般无法根治这一问题。

强迫症：强迫症的深度是中等的。有一些证据表明强迫症患者的想法和特定行为方式似乎有一定的进化上的遗传性。强迫症患者一般不愿意反证，不会坐下来思考不进行这些特定行为是否会带来灾难，因为强迫做特定的行为已经成了这些人的一个有效的仪式。强迫症信念的认知范围相对较小，它们仅限于细菌、暴力、爆炸物等。心理治疗可以有一定的改变，但通常无法彻底治愈。

酗酒：酗酒有一定的生物基础，具有中等程度的遗传性，在某种程度上可以称为生物上瘾（细胞习惯了充满酒精的环境，变得只有酒精存在，细胞才能好好运动）。塞利格曼认为当一个人发现自己没有戒酒也能讨得女孩子喜欢的话，个体就很难找出证据来推翻自己的信念。酗酒这种信念的力量非常强大，它是一种生活方式，就像学者聚会时习惯于揣测主人的书房里有多少书一样，酗酒者的思维也围绕着"这个酒吧存了多少酒？谁会在聚会结束后继续和我喝一杯呢？"这样的问题，因此，酗酒很难被改变。

日常愤怒：日常愤怒的深度不是特别大，它具有明确的进化特点，已被证明具有遗传性。如果个体认为自己被欺负了，一般情况下，个体可以找到别人欺负自己的证据，因而个体的愤怒就有了充分的依据。如果当个体具有"这个世界上所有的人，都只在乎他们自己"这一普遍信念时，个体认为自己被欺负的信念的力量就会很强大，这时的愤怒常不可遏制；而当个体具有"那个家伙是个蠢驴"这种特定信念时，个体被欺负的信念就没什么力量。虽然对愤怒的研究还远远不够，但实践证明，愤怒似乎能够得到一定程度的改变。

抑郁症：抑郁症也是中等深度，抑郁在现代社会是一个常见的现象。有时候抑郁症患者的信念是歪曲的，也比较容易被驳斥，如一个聪明的人却因为一次偶然的考试失败就认为自己是一个很笨的人，或者一个有钱人却认为自己是一个穷人而整天闷闷不乐。但很多时候，抑郁症患者的这种歪曲的信念是基于他自己的生活现实，如多次失恋后"认为自己缺乏足够的吸引力"。抑郁这种消沉信念的力量有时较小（如"她不爱我"），而有时又很强大（如"我不值得人爱"或者"我是个完全失败的人"）。从进化论的角度来说，抑郁症有一定的遗传因素，或许还有某些进化机制上的准备，似乎抑郁暗合了人类的祖先在遭受打击后往往会躲进洞穴里保存能量的行为。通过心理和药物治疗，能在一定程度上调节或缓解抑郁症状，但个体和抑郁的抗争可能需要持续一辈子。

社交恐惧症与广场恐惧症：这两个问题都接近于表层。社交恐惧症与广场恐惧症具有一定的进化论意义，为个体的生存提供一定的警戒作用。有证据表明这两个问题为中度遗传，由于不涉及生活中很大的范围，社交恐惧症与广场恐惧症背后的信念就很容易被反证。不过，如果个体因为有这两个问题而有意避免社交聚会，或者故意不出家门，那信念将得不到驳斥。通过心理治疗和药物治疗，两者都能有一定减缓，但不能完全治愈。

性表现的问题：性表现方面的问题接近表层，经过适当的治疗，很容易得到改变。性功能障碍并没有生物学基础，也不会遗传。但"我性功能不足"的信念很难反证，好在这一信念的力量并不是很强大，且仅限于性爱和家庭生活。

特定恐惧：特定恐惧指对一些生物特别恐惧（如蛇或蜘蛛等），这一问题也处于接近表层的位置。比如，"蛇很危险，它们会咬人，甚至有几种能置人于死地"，进化机制给了人这种特定的思考方式，但这种对特定对象的害怕体验是不会遗传的。如果你避开了所有的蛇，从不跟它们接触，那蛇很危险的信念就很难得到反证，你也永远不会发现，只要稍微勇敢一点，蛇其实更害怕人。这种信念的力量很小，仅仅针对蛇等少数特定的对象。经过治疗，完全可以消除这种恐惧，但在有些情况下它会有可能因其他东西的刺激而复发。

惊恐症：惊恐症属于表层问题。惊恐症常常是由错误信念而导致的无理由恐惧，如认为自己心跳加速是心脏病的征兆，或者呼吸急促就是脑中风等。除了涉及身体病症之外，这种错误信念很少与其他方面有关，因此，它的力量很小。这种信念非常容易得到驳斥和反证，只需要医生对患者解释：他的症状只不过是焦虑或者呼吸过度的症状，而不是心脏病发作。惊恐症并没有什么进化的价值，也没有遗传性，通过心理治疗和服用药物完全可以治愈。

三、减肥能成功吗？

减肥是对自己身体的一种改变，为什么要单独把体重改变这一问题提出来呢？这主要是因为体重已经成为现代社会影响人（特别是女性）快乐的一个非常重要的因素，世界上只要能天天吃饱饭的女孩几乎有一大半在想着减肥。在现在这个以瘦为美的社会，肥胖已经变成了一个敏感话题。很多人关心自己看起来会不会很胖，有没有超重，尽管人们时时注意和控制，可还是有很多人不幸被归入了肥胖的队伍。

按照塞利格曼对心理问题的深度论述，体重实际属于一个相当深层的问题，所以改变起来很难。对90%以上的超重人群来说，节食的效果永远只是暂时性的。人的体重受着强大的进化生物机制的保卫，这些机制使人类祖先成功地度过了饥荒和艰难，从而得到保留并遗传到今天。

对于人为什么会肥胖这个问题，人们长久以来形成了不少错误观念，塞利格曼曾指出了几种有代表性的错误观念，并对这些观念进行了澄清。

（一）肥胖的误区

误区之一：肥胖者吃得过多

塞利格曼认为这是一种错误的观念，实际上大部分研究表明，肥胖者摄入的卡路里并不比普通人更多。在一项研究中，研究者发现一些肥胖者通过节食似乎在开始阶段就达到了减肥的效果，但当他们的体重减到比正常人超重60%的水平之后就再也减不下去了。不仅如此，他们还必须每天要比正常人少摄入100卡路里，体重才能维持在这个超重60%的水平而不增加，这一结果充分说明肥胖者并不是由于吃得太多、摄入卡路里太多造成的。

误区之二：肥胖者有肥胖特质

一些人以为肥胖者可能有着某种特殊的人格特质或神经构造（如好吃甜食等），他们会比较容易受食物香味的影响，所以才容易因吃得过多而发胖。但几十年来的心理学研究表明，肥胖者和瘦者在人格特质上并没有什么差异，肥胖者并不会特别容易受美食诱惑，这也是一个错误的想法。

误区之三：不肯运动是肥胖的主要原因

塞利格曼对这个观点表示了质疑，从现实情况来看，肥胖者确实比瘦者不爱运动，但这里面的因果关系究竟是"胖"导致"不爱运动"还是"不爱运动"造成了"胖"，这方面的证据到现在还不够充分。

误区之四：肥胖者的意志力不坚强

许多人在一些减肥广告或电视上常常会看到有人在短短几个星期之内就减肥成功，而自己却经常受美食的诱惑而致减肥失败，于是这些人的心里充满了失败感，认为自己的意志力太薄弱，从而怀疑自己人格上是不是有什么问题。实际上，这种观念完全错误，体重在很大程度上是遗传在起作用，几乎每个肥胖者在减肥不久后就又恢复到自己原来的体重，这一特点是生理机制造成的。人在进化过程中已经形成了一种机制——为了维持遗传所获得的体重，人的身体会全力反抗节食。节食的决心越大，身体会越努力打败节食。

（二）关于节食的意义

人们只要随便搜索一下时尚流行杂志或一些门户网站，就不难发现这个世界有太多的减肥方法，如水果餐减肥法、酸奶减肥法、每天一千二百卡路里减肥法、不吃午餐减肥法、"闻立瘦"减肥法、气功减肥法等。如果仔细研究一下这些减肥方法，它们都有一个共同的主题：你吃得太多，该节食了！

如果你真的听从了它们的劝告，拿出最强大的意志力来抵挡美食的诱惑，期望像杂志上宣称的那样拥有漂亮的小蛮腰，那你可能会失望。这些畅销杂志、瘦身食谱只是出于商业利益，它们的说法并没有依据。至少到现在，通过节食而达到减肥的方法在科学上还无定论，而且越来越多的证据表明，节食不仅不能减肥，它还可能潜伏着种种弊端。塞利格曼认为减肥可能有以下的弊端。

1. 节食对减肥根本没有用

从节食减肥的实际情况来看，一个人的体重范围很大程度上由他的遗传情况所决定，各种节食减肥方法也许能让人在1或2个月内瘦下去，但在几年内却一定会再次胖回来（即使你花相当大的精力去维持之前的效果也没有太大的用处）。如一些专门从事减肥事业的机构的十几项长期追踪研究也证实了这一观点，这些囊括几千名节食减肥实验者的实验结果都非常一致，大部分人在4～5年时间里又恢复了他们减肥之前的体重，只有约10%的人能够在减肥后长期保持身材苗条。而且，实验追踪的时间越久，结果就越糟糕，如果实验追踪的时间持续10～20年，节食减肥的结果几乎完全失败。当然，尽管一些瘦身机构有着很多节食减肥者的追踪资料，但是出于商业目的，它们绝不会公开这些失败结果，所以如果你想节食减肥，我可以很有把握地告诉你：从长远来看，节食一定不能达到减肥目的。

2. 节食会使超重的情况更糟，而不是变得更好

塞利格曼认为这是祖先遗传给我们的一种生理机制起作用的缘故。

我们的祖先经历了各种恶劣环境，他们靠狩猎、采集野果维持生命，有时候饱餐一顿就得维持好几天。尤其当严冬的时候，在茫茫大雪中，他们很难狩到猎，往往不知道下一顿的食物在哪里。为了维持生命，他们的身体努力发展出一种机制，使得他们在饱餐一顿后就最大化地储存脂肪，而最小化地释放能量。越经历"饱餐—饥饿"的循环，身体储存脂肪、节约能量的能力就越强。随着进化的过程，这种机制已经被深深埋藏在我们身体里了。

在今天衣食无忧的社会，我们不需要像祖先那样生活，伴随大量的食物享用，肥胖的困扰也随之而来。我们想到要控制自己的胃口，开始有意识地少吃甚至不吃食物。可是，我们从远古祖先那里遗传而来的生命机制再一次被启动了——积累脂肪。我们的身体并不会判断这是面对恶劣环境的无奈之举，还是我们在有意识地节食减肥，它只负责启动这个机制。所以，当肥胖者采取节食时，他的脑子里就会每时每刻地想着吃的东西，他对食物的欲望远超于节食前。同时，他的身体也开始按遗传机制运作，一边加大脂肪的储存，一边减少新陈代谢，就跟远古时代维系生命一样，十分尽责。这种运作的结果是节食的人连睡觉时消耗的卡路里都比别人少，更不用说清醒的时候了。

相信读者此时能够明白，有些肥胖者想要通过节食的方法减掉体重，而他的体重却往往非但不减轻，反倒增加的症结在哪里了。

3. 节食有损于身体健康

体重过重会引起一些健康问题，但是这些问题到底有多严重，科学界对比尚无一致的结论。那么，体重超重了是否一定需要节食？

塞利格曼的观点：虽然超重有害健康，但是节食同样有害。如果体重减轻后又再次反弹，这一波动过程更可能导致严重的健康问题。他提醒人们，涉及100万美国人的一个调查发现，虽然死亡率会随着体重的增加而增加，但是，该调查还发现，在5年里减掉超过4.5千克体重的人，不论男女，他们心脏病和中风的发病率都远远高于理论预想值。另一个研究也发现，经历至少一轮减肥—反弹循环的人死于心脏病的概率是20年里体重逐渐增加的人的两倍。还有一个持续32年、涉及5000余人的研究表明，与体重稳定的人相比，体重经常波动的人死于心脏病的风险要高30%～100%。结合吸烟、锻炼、胆固醇水平和血压等方面的因素，更表明体重波动增加了罹患心脏病的风险，而节食也许就是体重波动的主要原因。

塞利格曼推测（但不完全确定），体重的上下起伏对人体的危害可能大于体重的超重。如果上述实验得到重复检验，且节食被证明是体重波动的主要原因，那么奉劝肥胖者宁愿胖一点也不要去节食。

4. 节食会引起饮食失常

贪食症是一种不正常的进食行为，病人的体重都很正常甚至偏瘦，但是他们坚持认为自己很胖，然后不停地节食或者吃泻药减肥，却又经常暴饮暴食，在大吃一顿后采取更加激烈的方式进行减肥。贪食症是精神病治疗上的一个难题，很多治疗师对它的治疗都无从下手。

塞利格曼认为贪食症很大程度上是由节食引起的，是常年自我饥饿导致的结果。他遇到的每一个贪食症患者都在减肥，系统调查也显示至少80%的人在贪食症发作前正在减肥。人出于自我的生命保护，有一个自然体重，并会极力让自己维持在这个自然体重之内。贪食症患者想达到的理想体重却在自然体重之下，随着节食的进行，他们与维持自身自然体重的对抗也越来越激烈。身体坚持要吃东西，要储存脂肪，于是他想吃甜食，同时新陈代谢减慢。每隔一段时间，他的意志力就被身体的保卫机制打败，吃下大量的食物。但是过后，他又非常害怕这些吃下去的卡路里会影响他的体重，于是采取呕吐、吃泻药等方法清理这些卡路里。

在美国，人们普遍越来越胖，但对瘦的标准却一降再降。理想化的体重与自然体重之间的差距越来越大，人们根本无法达到理想瘦的标准。而在理想体重与自然体重的这场斗争中，二者差异越大的人，越容易受到贪食症的侵害。因此，治疗贪食症的关键在于改变人们对于"瘦"的观念。

（三）对肥胖者的建议

尽管前面论述了许多有关肥胖的误区，但肥胖肯定不是一件好事，因此，塞利格曼还是给肥胖者提供了一些对抗肥胖的建议。

1. 经常运动

与克服肥胖相比，健康对一个人的意义更大。运动不一定能降低体重，但是，适量的运动可以显著地降低死亡率。塞利格曼指出，有一项研究调查了10000名男性和3000名女性，发现其中最不健康的20%的人死亡危险性最高，你只要离开这最不健康的"20%人群"区域就能显著地降低自己所面临的危险，而运动能帮你达到这个目标。塞利格曼指出，对哈佛毕业校友进行的一项调查证明，久坐的人比适量运动的人的死亡率要高出30%，而且，从统计学角度来看，适量运动（一周燃烧掉2000卡路里）可以让人多活两年。

这些都表明，适量的运动（不赞成狂热运动）能够很大幅度地降低死亡危险。适量运动指的是每天一小时的日常散步、半个小时的慢跑或半个小时的游泳。塞利格曼就坚持每天去游泳，虽然他的体重并没有减轻，但游泳使他的肌肉更结实，情绪、睡眠更好，精力也更充沛。与节食相比，运动更容易坚持，因为它充满了乐趣。另外，运动还有抵抗抑郁、提高自尊的好处。

2. 安排好自己的食谱

少吃东西没什么好处，但少吃不健康的食物却很有好处，尤其是少吃脂肪和酒精类食物更是好处多多。首先，要特别注意像速食食品、巧克力棒和冰淇淋这些高脂肪含量的食物，它们含有的脂肪很容易转化成人体内的脂肪。从统计数据来看，20世纪人们饮食中所含的脂肪量比之前一个世纪增加了25%，这个数字应该引起人们的警惕了。其次，要控制饮酒。饮酒的好处很少（据说只是可以活络血脉），坏处却很多，实际上酒不但有很高的卡路里，而且会上瘾，对大脑具有一定的损害作用，研究已经证实长期饮酒（特别是过量饮酒）对大脑细胞的损害是显而易见的。

当然在自己的菜单里减少这两类食物不一定就能减肥，因为还不清楚长期减少这两类食物的话，身体是否会自动去补足低脂或低酒精饮食所失去的卡路里。但可以肯定的是，减少这两类食物对人的身体健康是有益的。

3.感到饥饿的时候才吃

大多数人不知道饥饿是什么样子，通常都是时间到了就去吃饭，也不管自己饿不饿，就把盘子里的食物吃得干干净净。有时候面对特别好吃的食物时，即使不饿也会狂吃一顿，这实际上是一种过度饮食。其实，今天的多数人几乎每天都吃了比满足自己所需的更多的食物，这种行为比肥胖还要麻烦，会导致人在很长时间里把精力或能量集中在胃部来消化这些多余的食物。

不过与肥胖不同的是，过度饮食是可以得到改变的——人们完全能够防止过度饮食。下面是塞利格曼在实践中总结出来的防止过度饮食的几个步骤。

其一，当面对诱人可口的食物时，人们首先应该问问自己："我是不是真的饿了，还是只是嘴馋而已？"如果你不觉得饿，那一定只是嘴馋，这时候就不要吃。

其二，在桌子上的菜吃到一半时，你可以停下来暗暗地问自己，"我饱了吗？"假如你感到已经饱了，就结束用餐。假如你觉得自己还没有饱，那就等吃到3/4的时候再问自己一次，每次都尽量控制在一吃饱就停的状态。

其三，吃东西时可以慢慢地品尝，不时喝口开水来减缓你的进食速度。咀嚼食物的时候把手上的筷子放下，这能让你有时间考虑是否需要吃更多才能饱。

但是，暴饮暴食者还是可能会吃掉摆在他面前的所有食物。塞利格曼指出这个习惯必须打破，他提供了一个练习：在家中吃饭吃到一半时停下来，然后把碗里剩下的食物切成碎块，倒进抽水马桶里冲掉——食物最终都会到这个地方去。请记住，多余的食物最后都是排进厕所或堆积在你的腰上，你也不过是多余食物走向垃圾的中间人。

4. 外科手术

节食对极度肥胖者根本不起作用，大部分肥胖者的体重在瘦了以后的几年里又会增加回来，而体重的上下波动本身也会带来很大的死亡风险，因此如果你实在很胖（是你理想体重的两倍以上），则可以考虑做外科手术。

临床医学证实，唯一一种对肥胖有长期效用的是"胃绕道"手术。这种手术的死亡率很低，风险不到1%，主要是将小肠和胃的上端直接连接起来，再进行一些相关的手术。术后病人的胃口大减，体重急剧下降，并且体重再也不会反弹。需要注意的是，这种手术后病人的自杀率在1%，而且余下的一生都只能吃相对较软的食物，因为这种手术的原理是不让食物得到很好的消化就通过身体排泄出去。一项研究对几百名进行了胃绕道手术的病人进行了35年的追踪，其中大部分人过得很好，手术前体重为136千克的病人5年后一直保持在91千克，心脏功能也得到了改善；但也有约15%~20%的手术失败了，这些经过手术的肥胖者最后的体重和原来的差不多。

上文论述和分析了关于人能改变和不能改变的一些问题，如果对上文这些问题做一个简单概括，人们不一定需要记住其中的大部分内容，只需要记住以下这些关键部分的内容[①]。

以下这些是容易改变的：

其一，惊恐症较容易以认知观念来纠正治疗，但无法以药物治愈。

其二，性功能障碍——性冷淡、阳痿和早泄较容易以认知方式治疗，相应的药物治疗可以作为心理疗法的补充。

其三，损害我们健康的不良情绪是可以控制的——通过认知重评或表达抑制等来控制不良情绪。

① Seligman, M. E. P. (2007).*What you can change and what you can't: The complete guide to successful self-improvement*. (p.5). New York: Knopf.

其四，抑郁症可以通过直接改变意识观念或者借助药物来治疗，其症状会得到改善。

其五，乐观是一种可以学习的技能，如果习得了，它会有助于增加个体的幸福感、工作成就感和促进身体健康。

以下是较难改变的，但即使对于较难（或不可）改变的方面，人们也同样可以运用一些技术而有所作为：

其一，节食减肥从长期来看是没有任何作用的。

其二，小孩子很不容易转变其从小就形成的性别认同观念。

其三，对于酗酒，除了顺其自然，目前还没有其他更好的方法。

其四，同性恋者一般无法变成异性恋者。

其五，回忆童年的创伤对解决成年人的人格发展问题不起任何作用。

第三节 改变自己不快乐的技术

不快乐有两种：一种是由某种特定消极事件所造成的不快乐，如亲人去世、恋爱失败或工作失误等，心理学通常称之为状态性不快乐；另一种是已经形成了不快乐的（悲观型）解释风格，这种人即使平时没有受到消极事件影响也会表现得不快乐，心理学称之为特质性不快乐。

对于摆脱第一种状态性不快乐，目前心理学上有许多已被证明有效的方法。其中，最主要的一种方法就是人为诱导积极情绪，即在不快乐的事件发生之后，要让个体接受一些快乐事件的刺激。如孩子考试不及格，一般都会变得不太开心，这时候大人或老师们可以通过让他获得意外之喜，或者帮他实现一个之前很想实现的愿望等使他重新变得开心，这也就是人们日常生活中所谓的把孩子哄开心。当然，这种哄开心需要一定的技术，也就是说成人们应该根据对象的特点、实际的事件情况等采用不同的方法。

不过有一点需要强调，个体一旦接受了消极刺激而变得不开心，如果想要采用人为诱导积极事件而使其重新变得开心，这里就存在一个诱导量的问题。心理学的研究已经证实，一次消极事件所造成的不开心，至少需要三次同等强度的积极事件的影响才会消除，也即积极与消极之间必须达到3∶1才会有效，有时候这个比例甚至要达到8∶1，这是人心理特有的"消极势大"现象。这意味着在同样强度的情况下，消极事件对人所造成的影响一定比积极事件所造成的影响更大（具体内容请参阅第六章心理资源部分）。

改变人即时的心理状态其实是很容易的，任何人只要给他看一段快

第四章 做一个高乐商的人

乐的视频，或者让他在路上意外捡到100元，一般都会出现快乐的状态。但如果要改变一个人的特质性不快乐（悲观型解释风格）就比较困难了，因为从本质上说，人的特质性不快乐已经变成生活的一种习惯，所以这是一种习惯的改变。本节的主要内容在于提供帮助人们摆脱不快乐生活的技术。

一、时刻警惕地自我监视

从信息加工的角度来说，习惯是一种固定且程序化了的信息加工方式，是由某种行为和某种信号暗示建立一种联结而逐渐形成的，因此一旦条件适合而出现信号后，习惯的路径有点难以控制或者干预。这就如一条生产流水线，一旦开启了就会持续地进行下去，其中间的环节不会随便发生改变。

尽管如此，习惯还是有办法进行控制的，目前心理学的研究发现，习惯控制主要有两种做法：

第一种做法是故意剥夺引发习惯的机会。即通过控制环境条件，使得不具备引发某种不良习惯的条件。如要想让一个人改变原来吸烟的不良习惯，就可以增加他吸烟的难度，也可以不让他看见香烟，或阻止他参与一些有可能引发吸烟行为的群体活动等。很多国家或地区为了让烟民戒烟，制定了很多限制吸烟的条件，其原理就是故意剥夺个体引发吸烟习惯的机会。

如果回到要改变悲观型解释风格这个问题上来，人们就可以有意增加消极事件的引发条件，尽量降低消极事件的发生概率，或多与快乐的人相处等。但实践证明，把自己从易引发悲观习惯的情境中移除或者故意剥夺引发自己不快乐习惯的机会并不是抑制悲观型解释风格的最有效措施。

第二种做法是警惕地自我监视。如时常提醒自己不要这样想、这样做或不要做那件事等，也可以泛泛地提醒自己千万不要出差错等。相关的研究发现，这种警惕地自我监视对有效抑制个体已有的不良习惯非常有效，特别是针对已经形成了悲观型解释风格的人来说，这种警惕监视的效果是显而易见的。当发生了一件坏事件之后，这种警惕提醒有助于人们在坏事件中寻找积极的东西，并确保自己把注意力集中到事件的积极一面。

如当你因为跌断了腿而不得不住医院时（这是一件明显的坏事件），你可以提醒自己要往好的方面去想，住院正好有很多时间可以仔细思考人生。或者假如你需要离开家乡出远门，你当然就不能经常看到家人了，这是一件坏事，但你可以提醒自己从另一个角度来看这个问题，这也正好使你有机会开拓新的生活方式和结交新的朋友。

但即使人们知道了警惕地自我监视这个技术之后，许多人在坏事件发生后也不一定就愿意主动去寻找事件的积极一面，这是为什么呢？这一方面可能是因为人在生活中存在一种惰性，不愿意经常做出改变，因为改变将会花费更多的心理资源。但在另一个方面，人们不愿意改变是因为心理上具有减少不确定性的动机。当人们面对不确定性时，如一件明显的消极事件所具有的积极属性，人们会产生一种减少这种不确定性的动机，改变在任何时候都是一种不确定的情景，因为它不是一种合乎通常意义的必然。

美国心理学家珍妮弗·S. 穆勒（Jennifer S. Mueller）等人[1]曾做过一个有趣的实验，他们在研究中让一些被试参加一项活动，告诉被试在活动之后有可能会获得额外的报酬，但这个额外的报酬既不依赖这些被试本身在活动中的表现，也不依赖其他因素条件的制约，它只是一种运气，类似于买彩票的中奖，但最终这些被试都没有获得任何额外的奖励。结果发现，和那些在参与活动时就被明确告知不能获得任何额外奖励的对照组被试相比，这些被试不管是在内隐态度上还在外显行为或态度上都更拒绝创造性。实验结果证明，不确定的情景提高了人们拒绝创

---

① Jennifer S. Mueller, Shimul Melwani & Jack A. Goncalo. (2012). The bias against creativity: Why people desire but reject creative ideas. *Psychological Science*, 23(1): 13–17.

造性（改变）的心理。

实际上，在日常生活中大多数人都知道自己不能总是消极地看待各种事件，也会说出许多很有见地的道理，但多数情况下却并不一定真的会在自己的实践中应用这些道理，这肯定不全是意志品质或道德素养等方面的问题，而有可能是心理拒绝不确定条件的一种自然反应。所以有时认同只是一种道义上的价值感使然，而接受或拒绝则是一种心理的自然反应。因此，要想帮助孩子改变不良的行为或心理习惯，自我监视方面的实践训练就非常重要。

二、合理地表扬与惩罚

塞利格曼在研究中发现，习得性无助不只是由消极事件引起的，在一定情况下，积极事件也会导致习得性无助[①]。现在的人都知道表扬和激励的作用，这导致教育者总是在任何场合或任何情景下都把表扬作为一种最主要的武器。其实不管孩子做了什么都给他表扬时，这可能会带来两个害处：第一，孩子学习到表扬会自动地获得，而不取决于他自己做了什么事或怎么做，这会使他变得被动；其二，当孩子习惯了表扬之后，他会不知道什么叫成功，也不知道什么叫失败，这使孩子无法从失败和成功中获得经验和知识。因此，在教养孩子的过程中，表扬应该是根据孩子的行为性质有选择性地给予，而不能无论对错都对孩子进行表扬。

从性质上说，表扬和爱、注意、关心以及爱护等不同。爱、注意和关心等都可以帮助孩子在一个安全环境里去探索、去学习，这些做法可以是无条件的，孩子在任何情况下都应该获得教育者的爱、注意、关心以及爱护等。特别要注意的是，教育者不能把爱、注意、关心以及爱护等当作一种教育手段。

---

① Seligman, M. E. P. (2002). *Authentic happiness: Using the new positive psychology to realize your potential for lasting fulfillment.* (pp. 219-222). New York: Free Press.

而表扬应该是有条件的，应该在孩子取得成功时进行，并且应该根据孩子取得成功的大小而有所差别。父母要注意抓住孩子的一些标志性行为进行表扬和夸奖，比如孩子第一次写出自己的名字，第一次能独自整理自己的房间，第一次考了一个优异的成绩等，这样的表扬对孩子的成长非常有益。尽管出于对孩子的天然喜爱，家长要克制自己有条件地表扬孩子显得有点困难，但这样对防止孩子变得习得性无助，以及保持你在孩子眼里的信用非常有益。

和无条件表扬相比，塞利格曼认为惩罚对孩子的发展也是有利的，尽管和表扬相比，惩罚所起的发展作用相对较小，但惩罚也是不可或缺的一种教育方式。塞利格曼不认同斯金纳关于"惩罚实际上无效"的说法，现在大量的心理学实验都表明，惩罚是孩子行为塑造最有用的一种方式，它能够很好地消除不想要的行为。尽管如此，惩罚却是一种冷性行为，它唤起的是害怕、疼痛等厌恶性感觉，不利于孩子积极情绪的发展，并会对孩子学会控制自我造成一定的阻碍。

对于教养孩子而言，实施惩罚要讲究一定的技巧。在现实情况中，孩子往往不清楚自己由于什么原因而受到惩罚，而往往将惩罚所带来的害怕和痛苦与眼前的大人、眼前的情景联系起来。在这种情况下，孩子回避的就不仅是惩罚的原因，还包括回避给他惩罚的那个大人。所以在能够找到有效改变孩子行为的办法的情况下，不要轻易采取惩罚方式。即使必须惩罚孩子，也一定要让孩子明白他做了什么行为要受惩罚。特别要注意的是，你在批评或惩罚孩子时，只能针对他特定的行为本身，千万不能泛化，不能甚至指责孩子的人格。下面是塞利格曼利用惩罚来教育自己孩子的一个例子。

专栏：塞利格曼和妻子教育女儿的故事

尼科尔2岁半的时候，有一次和姐姐拉腊在雪地里玩。尼科尔拿雪球扔拉腊，一个接一个地扔，毫不手软。拉腊虽然比她大一点，但还是被砸得到处躲避。

母亲曼迪大声喊道："尼科尔，停止对拉腊扔雪球，你伤到她了！"

但是，妈妈的话好像没用，又一个雪球砸中了拉腊。

"如果你再朝拉腊扔一个雪球，尼科尔，我就要把你带进屋里不让你在外面玩了"，曼迪再次对尼科尔说。

然而，雪球还是飞向拉腊，砸到了拉腊身上。

曼迪立即抱起尼科尔，走进屋子里不让她出来玩。尼科尔哭了起来，抗议为什么不让她在外面玩。

"尼科尔，我告诉过你，如果继续向拉腊扔雪球，我就要让你到里面来。你没有停止，所以现在你不得不接受待在屋里的惩罚。"曼迪提醒她。

尼科尔转为抽泣，继而大声说："我保证不再扔雪球了，不再扔了！"[①]

三、降低自己的日常生活焦虑

日常生活的焦虑不如酗酒问题来得深层。害怕和勇气是人格和基因的基本方面，有着很强的进化基础（"在洞穴里比较安全"）。大多数天生就胆怯的人过着胆怯的生活，困扰于害怕的想法。如果成功避免了令人胆怯的环境，这些想法就很难去反证，反而经常得到证实（盗匪确实是在晚上出没）。世界是一个令人害怕的地方，这是一个力量强大的理论，可以被改变，但是不容易。不过，通过训练、药物以及精巧的治疗方法，我们至少可以获得一点点改变。

塞利格曼把日常生活中的焦虑比喻成心智的舌头，就像舌头会不自觉地寻找牙缝里残留的爆米花渣一样，日常生活中的焦虑也一直在寻找

---

① Seligman, M. E. P. (2002). *Authentic happiness: Using the new positive psychology to realize your potential for lasting fulfillment.* (pp. 219–222). New York: Free Press.

人可能出错的地方，它不停地检查你的工作、爱情、生活甚至娱乐，直到发现有不完善的地方。如果它认为这个隐患会对你形成威胁，它就会让你感到很不舒服从而引起你的意识的注意，如果你还是不采取行动，它就加大影响力度，干扰你的睡眠、你的胃口，让你吃不好、睡不着。

焦虑在某种程度上是有益的，它能使人尽早发现可能到来的灾难，做好应对准备或者避开这个灾难。但是在日常生活的大部分时间，焦虑在它可以发挥作用的范围之外持续工作着，影响了人们的正常生活。塞利格曼认为，当焦虑带来的痛苦持续发生，而你没有办法按照焦虑的要求改变现状时，你就应该选择结束这个痛苦。衡量这种状态的标准主要有三个方面：

第一，焦虑的不合理性。我们要衡量一下自己内心的不良感觉与外界的真实情况是否相符合，我们是否已经忧虑过度、杞人忧天了。对一些生活在暴力、贫穷、失业家庭里的人，或者受绝症阴影折磨的人，一定的忧虑可能是真实的，没有夸大。而对大部分人来说，这种忧虑实际上只是我们祖先所遗留下来的一种心理品性，它并不是现在生活环境的必需品。

第二，焦虑的麻痹状态。焦虑的原意是引起人的注意，而提醒人要采取一定的应对措施，但是当焦虑过于强烈时，反而会阻碍人的行动，阻碍人顺利解决问题。当一个人极度焦虑时，甚至会造成人体瘫痪，动都动不了。

第三，焦虑的强度。是否需要改变这种焦虑还要看我们生活被焦虑所笼罩的程度有多高，只有太强烈的焦虑才需要我们努力去结束它。塞利格曼采用了情绪研究专家查尔斯·斯皮尔伯格（Charles Spielberger）的焦虑和愤怒量表中的部分问题，组成了一个自我分析量表，并给出了自己的标准。

请读下面的句子，并圈选出最能代表你一般感觉的数字。这里没有正确答案，所以不要在任何一个问题上花太多的时间，你只要选出最能代表你平常感觉的那个答案即可。

1. 我是一个很稳定的人。

几乎从来不是	有的时候	常常	几乎总是
4	3	2	1

2. 我对自己很满意。

几乎从来不是	有的时候	常常	几乎总是
4	3	2	1

3. 我觉得很紧张并坐立不安。

几乎从来不是	有的时候	常常	几乎总是
1	2	3	4

4. 我希望我能像别人一样看起来快乐。

几乎从来不是	有的时候	常常	几乎总是
1	2	3	4

5. 我觉得自己是个失败者。

几乎从来不是	有的时候	常常	几乎总是
1	2	3	4

6. 每当我仔细思考最近关心之事和利益时，我就会紧张和坐立不安。

几乎从来不是	有的时候	常常	几乎总是
1	2	3	4

7. 我觉得很有安全感。

几乎从来不是	有的时候	常常	几乎总是
4	3	2	1

8. 我有自信。

几乎从来不是	有的时候	常常	几乎总是
4	3	2	1

9. 我觉得自己不能干。

几乎从来不是	有的时候	常常	几乎总是
1	2	3	4

10. 我为不会发生的事情担忧太多。

　　几乎从来不是　　　有的时候　　　常常　　　几乎总是
　　　　1　　　　　　　　2　　　　　3　　　　　4

　　请把10道题的得分加起来，注意有的题目的分数是从低到高，有的则是从高到低，计分时要换算清楚。分数越高表示生活越容易被焦虑所控制。与男性相比，女性一般来说相对更焦虑一点。

　　　　如果你的分数在10~11，你的焦虑程度在最低的10%范围；
　　　　如果你的分数在13~14，你的焦虑程度在较低的25%范围；
　　　　如果你的分数在16~17，你的焦虑程度处于平均数水平；
　　　　如果你的分数在19~20，你的焦虑程度在75%的范围；
　　　　如果你的分数在22~24，而你是男性，你的焦虑程度是90%；
　　　　如果你的分数在24~26，而你是女性，你的焦虑程度是90%；
　　　　如果你的分数在25以上，而你是男性，你的焦虑程度是95%；
　　　　如果你的分数在26以上，而你是女性，你的焦虑程度是95%。

　　塞利格曼认为，如果一个人的分数落在90%以上的范围，降低焦虑程度就可以改善生活品质。如果焦虑分数在18分，或者落在75%的地方，同时这个焦虑是不合理的或者使你不能动弹，那么就应该降低一般焦虑程度。

　　塞利格曼指出，日常生活中的焦虑并不是心理学家研究的重点，大部分的情绪研究都集中在一些非正常的人身上，帮助他们去过正常人的生活，这其实是心理学的一大误区。目前改善正常人情绪生活的研究还太少，也缺乏严谨科学的方法。原本应该由心理学家承担的责任，现在反倒由一些报刊专栏作家、电台节目主持人等在承担。塞利格曼根据已有的科学研究，推荐了普通人改善情绪生活的两个方法：

　　第一个方法是渐进式放松训练。先绷紧全身的肌肉，稍坚持一会儿，然后一小部分、一小部分地逐渐依次放松，直至全身肌肉都放松为止。每天做1～2次，每次10分钟。当全身都放松的时候，想紧张起来也很难做到，焦虑情绪也就会被驱赶出身体了。

第二个方法是冥想。坐在一个安静的地方，闭上眼睛，在心里一直默念一个有音频性质的音节（或者在心里默默地数绵羊），一天两次，每次20分钟。这是一个很有用的方法，我们学习的时候不用管它的哲学理论，只要学它这种打坐形式就可以了。这种方法能把焦虑的动力性去掉，使人心情平复，从而不再感到焦虑。同时，它还能保留焦虑的思维部分，使人以后遇到不好事件时不会出现过度反应，而采取适当的行动。这个方法与前一个放松训练的方法互相配合使用，效果会更好。

相比于酒精和镇静剂这些很多人采用的方法，这两种方法都不是一次就能见效的。酒精和镇静剂虽然短时间内能缓解人的焦虑，但是它们损害身体的副作用也是显而易见的，而且这些东西会上瘾，以至到后来影响人的认知功能。放松训练和冥想训练对身体没有任何副作用，且只要每天花20～40分钟，持之以恒，就可在改善情绪生活上达到显著效果，这也是酒精和镇静剂所无法比拟的。

四、乐观训练——ABCDE模式

你曾经有过这样的经历吗？有一天你决定去健身房锻炼，当你兴致勃勃地跨入健身房大门时，看到里面锻炼的人很多，而且肌肉发达，身材非常棒。你看看自己凸出的肚子，心想："我来这里干嘛啊，真是丢人现眼！他们个个身材那么好，我夹在里面就像一只水桶，还是趁没人看见先回去算了。"于是，你没几分钟就出来了。

这时，来了另一个人，他和你一样忙于工作，忽视了锻炼，以至于身体发胖。但他看到同样的情境后，说："看，他们个个身材那么棒，一定花了很多精力来锻炼。我应该早点来这里，只要我也像他们一样坚持，就一定能甩掉这身肥肉！"于是，他高兴地走向健身教练寻求指导。

这里，对于同样一个事件，因为你们用的解释不一样，你们所采取的行动就也不一样，你沮丧地离开了健身房，而他兴致勃勃地走了进去。

我们可以看出，一个事件的后果不是由该事件直接导致的，而是我们的观念在起调节作用。当面对一个不愉快事件（A）的时候，我们会很自然地去思索这个事件，从而得到一个信念（B），这个信念往往是习惯性的（受我们解释风格的影响），是我们不自觉的想法。而且，这个信念并不会一直停留在那里，它会形成一系列的后果（C）——我们采取何种行动，是无助、沮丧放弃还是再接再厉、勇敢面对？

悲观的人在面对不愉快事件时，习惯于从最不好的方面去解读，导致的后果自然是沮丧和无望，面对困难时往往采取退缩的行为。如果他能采用一定的技巧，有意识地改变自己平常习惯性的想法，那他对不愉快事件的应对就会发生改变，变得振奋、充满活力。

改变一个人对不愉快事件的解释风格的最主要工具就是反驳（D）。一个人感到不愉快，很焦虑或生气，有时候是对的，它能避免把不愉快事件变成灾难，但多数时候，这种不愉快的想法是扭曲的、不正确的，不应该让它主导你的情绪。对悲观者来说，就是练习如何反驳他负性的自动化解释，也就是反驳他的信念（B）。当他面对负性事件时，需要细心地觉察自己的不良信念和想法，并观察这个信念带来的后果，随后，猛烈地攻击它，最后观察自己因成功处理悲观信念而获得的激励，并把这一系列过程都记录下来。

如何反驳自己的不合理信念？这也许对初次练习反驳的人来说有难度，我们常常想要改变自己的不合理信念，却又不知如何才能改变。塞利格曼为我们练习反驳技术提供了一些方法，主要有以下五个方面。

（一）找到该信念不合理的证据

反驳一个负面想法的最有效方法就是找到例子去证明这个信念的不正确性，"事实胜于雄辩"，事实摆在那里，用它来推翻自己夸大了的悲观性解释。

（二）寻找其他可能的原因

通常一件事的发生不会只有一个原因，而悲观的人往往选择最永久性、普遍性和个别性的原因去解释这个事件。当面对一个不愉快事件时，去想想除了自己习惯的那种解释，这个事件还可能是什么原因导致的。

（三）简化灾难含义

当事实有时候不能直接说明你的信念错误的时候，我们还可以用简化灾难法，问自己即使这个想法是对的，那又怎么样？当推出一个新的想法时，再收集证据证明它的不合理性。

（四）思索该信念的用处

我们反驳的时候，还可以思索这个信念的用处，以及有什么好处？是否深具破坏性？有时候效果比思考该信念正确与否还有效。

（五）设法改变情境

有时候我们的信念确实是对的，但是我们却为此感到不愉快，此时就可以仔细思考一个问题：现在这个情境是可以改变的吗？如果可以，我该怎么做？

塞利格曼针对以上这几个方面还举了详细的例子，下面介绍其中的一个：

不愉快事件：我辛苦做菜，请一群客人来家中吃晚餐，但是我发现我最想邀请的那位客人几乎没有动筷子。

信念：菜很难吃，我根本不会做菜。我本想借这个机会多认识一下这位客人，让她对我有好印象，现在全泡汤了，她没有吃到一半就走已经算给我面子了。

后果：我觉得非常失望，而且我很生自己的气。我对自己做出这样的菜感到很丢脸，我一个晚上都在躲着她，更不用说按原计划跟她接近了。

反驳：真是胡说！我知道晚饭没有这么难吃的。她可能没吃什么，但是别的客人吃了很多（找证据），可能有很多原因导致她不吃我做的菜（寻找其他原因）。她可能在节食，也可能身体有点不舒服，也许她的胃口本来就很小（寻找其他原因）。即使她并没吃什么，但她看起来还是很愉快的，说了一些笑话（找证据），还说过帮我洗碗（找证据）。

激励：我不像刚才那么生气和难堪了，我知道如果我躲避她，我才真正会失去一个接近她的好机会。

所以，塞利格曼的ABCDE模式就在于改变正常人的一些悲观的解释风格，通过对这个事件的重新认识而让自己变得乐观起来。具体操作是按这5个步骤跟自己的负面信念辩驳，并将它彻底排除出去。每次都用下面的事项记录下来，练习多了就会帮助我们改变自己的悲观型解释风格，而习惯于以乐观的方式去思考。你可以尝试用以下的事项来进行经常性的练习。

1. 不愉快事件：＿＿＿＿＿＿＿＿＿＿＿＿＿＿＿＿＿＿

2. 信念：＿＿＿＿＿＿＿＿＿＿＿＿＿＿＿＿＿＿＿＿＿＿

3. 后果：＿＿＿＿＿＿＿＿＿＿＿＿＿＿＿＿＿＿＿＿＿＿

4. 反驳：＿＿＿＿＿＿＿＿＿＿＿＿＿＿＿＿＿＿＿＿＿＿

5. 激励：＿＿＿＿＿＿＿＿＿＿＿＿＿＿＿＿＿＿＿＿＿＿

当然强调人要快乐并不意味着快乐就完美无瑕，其实快乐也有一些不足，如快乐的人在认知上相对更不准确，另外有研究发现，在一些特定条件下快乐的人有可能更自私。如在一个有关博弈游戏的研究中发现[1]，如果一个人有权在自己和别人之间分配稀有资源时，那些正在体验

---

[1] Tan H. B., Forgas J. P. (2010). When happiness makes us selfish, but sadness makes us fair: Affective influences on interpersonal strategies in the dictator game. *Journal of Experimental Social Psychology*, 46, 571–576.

积极情绪的人会变得更自私，而那些正体验悲伤情绪的人则会变得更公平。这一研究结果说明积极情绪并不总是给人带来赏心悦目的东西，有时也会带来让人讨厌的东西。但总的来看，快乐带给人们的更多的也许是好的东西。

五、改变饮食结构

越来越多的流行病学和饮食研究显示抑郁症患者大都存在n-3系多元不饱和脂肪酸（Polyunsaturated Fatty Acid，简称PUFA）的缺乏，补充n-3PUFA能够改善抑郁症状和行为。

多元不饱和脂肪酸又叫多烯酸，指含有两个或两个以上不饱和双键且碳原子数为16～22的直链脂肪酸，根据靠近第一个双键的碳原子位置，可将PUFA分为n-3、n-6、n-7和n-9系列脂肪酸，仅n-3和n-6系列脂肪酸具有生物学意义。n-3PUFA（也做ω-3PUFA）是指第一个不饱和双键出现在碳链甲基端第三位上的脂肪酸，主要有α-亚麻酸（Alfa-Linolenic Acid，简称ALA）、二十碳五烯酸（Eicosapentaenoic Acid，简称EPA）、二十二碳五烯酸（Docosa Pentaenoic Acid，简称DPA）、二十二碳六烯酸（Docosahexaenoic Acid，简称DHA）；n-6PUFA（也做ω-6PUFA），第一个不饱和双键出现在碳链甲基端第六位上的脂肪酸，主要有亚油酸（Linoleic Acid，简称LA）、γ-亚麻酸（Gamma-Linolenic Acid，简称GLA）、双高-γ-亚麻酸（Dihomo-Gamma-Linolenic Acid，简称DGLA）和花生四烯酸（Arachidonic Acid，简称AA）。n-3PUFA和n-6PUFA虽然双键的位置及功能不同，但均属于必需脂肪酸，无法在人体内自行合成，必须从食物中取得，且具有重要的生物学意义。

n-3PUFA和n-6PUFA的动态平衡对人体内环境稳定和正常生长发育具有重要作用，主要体现在稳定细胞膜结构、调控基因表达、维持细胞因子和脂蛋白的平衡等方面。研究发现n-3PUFA在生物体生命活动方面发挥着重要的调节作用，其损耗可能引起人体自身免疫系统紊乱、心血管功能失常、炎症以及神经精神疾病等。EPA和DHA是主要的n-3PUFA，人体自身无法合成，故此，补充人体所需的EPA和DHA，最好的方法就是从饮食中摄入。

早在20世纪80年代，就有回顾性观察报告指出抑郁症被试的DHA和EPA浓度低于非抑郁被试，n-3PUFA与抑郁症之间可能存在负相关关系的基本假设被提出。而流行病学和饮食研究均显示n-3PUFA的缺乏与抑郁症的发生和严重程度直接相关，而且存在反比关系。这些观察研究一再地报告抑郁者的n-3PUFA含量水平比非抑郁者的低的结果，n-3PUFA与抑郁症的负性相关关系已在世界范围的研究中被揭示出来，而且越来越多的实验证据表明n-3PUFA可能具有一定的预防和治疗抑郁症的作用。

鱼类是人们饮食中n-3PUFA的主要来源，美国国立卫生研究院（USA National Institutes of Health，简称NIH）博士J. R. 希伯林（J. R. Hibbeln）发表的研究报告指出[1]，抑郁症发病率与人均鱼类消耗之间存在显著的负相关；在另一项研究中，他对22个国家的调查发现，海洋食品摄入（包括贝壳类食品）与产后抑郁之间也存在类似的负相关关系，其中16个国家的产后抑郁发病率与哺乳期妇女乳汁中DHA的含量呈反比例关系，但是并没有记录乳汁中EPA与产后抑郁症的关系[2]。对克里特岛和希腊律师的一项调查研究也发现，轻微抑郁者与那些正常人相比，其脂肪组织中的DHA含量水平显著较低。另外一项个体水平的横断面研究，在考虑了年龄、性别、社会经济地位、饮食方式、饮酒和吸烟习惯等混淆因素之后，仍然得出鱼类产品的消耗和抑郁症状、重性抑郁的发病率以及自我报告的心理健康状态之间存在负相关关系的结论[3]。

[1] Hibbeln, J. R. (1998). Fish consumption and major depression. *Lancet*, 351, 1213.

[2] Hibbeln, J. R. (2003). Seafood consumption, the DHA content of mothers' milk and prevalence rates of postpartum depression: a cross-national, ecological analysis. *Journal of Affective Disorders*, 69, 15–29.

[3] Silvers, K. M., & Scott, K. M. (2002). Fish consumption and self-reported physical and mental health status. *Public Health Nutrition*, 5, 427–431.

M. E. 舒伯莱特（M. E. Sublette）和同事经过两年的追踪研究，发现DHA水平以及n-3PUFA与n-6PUFA的比值（n-3/n-6）可以预测出抑郁症患者的自杀意图[1]。还有一项长达八年的追踪研究发现，多吃鱼类产品或者n-3PUFA的摄入量超过总摄入能量的0.10%时，患抑郁或周期性情感障碍的风险会显著地降低[2]。

因此，尽管调查研究为抑郁症和n-3PUFA之间的负相关关系提供的证据并不一定完全可靠，因为相关关联并不能证明二者有明确的因果关系，但在饮食结构中能有意识地多包含一些海产品或鱼类应该是一个不错的选择。

[1] Sublette, M. E, Hibbeln, J. R, Galfalvy, H., Oquendo, M. A., & Mann, J. J. (2006). Omega-3 polyunsaturated essential fatty acid status as a predictor of future suicide risk. *Psychiatry*, 163, 1100-1102.

[2] Astorg, P., Couthouis, A., Bertrais, S., Arnault, N., Meneton, P., & Guesnet, P., et al. (2008). Association of fish and long-chain n-3 polyunsaturated fatty acid intakes with the occurrence of depressive episodes in middle-aged French men and women. *Prostaglandins, Leukotrienes and Essential Fatty Acids*, 78, 171-182.

第四节　让抑郁孩子变快乐的实践

本次"乐观学习ABCDE"实践活动[①]（以下简称实践活动）的参与者是杭州市某实验学校初一年级22名抑郁自测量表得分较高者，研究者在之前的一项日常抑郁情绪调查中发现得分达到24分（即具有较高抑郁情绪者）或以上的学生一共有56人，在征询了学生本人的意愿和其家长、班主任的意见后，最终选择其中的22人参与了实践活动，而其他人因各种原因（如上课时间出现冲突，学生不愿意参加，家长不想让孩子参加等）而未能参与。研究者把参与这一实践活动的22名学生作为实验组，为了进行实验对照，另外的32名没有参加实践活动的学生作为对照组（原本应该有34名抑郁得分极高的学生，但在一个暑假假期过后，有两名学生转学去了其他学校，所以只剩下了32名学生）。

一、"乐观学习ABCDE"实践活动的具体实施过程

为了更深入了解、研究各个被试的具体情况，由研究者、班主任、学生自己三方结合，对22名参与干预的被试进行了状态描述。具体描述举例如下：

个案一：小A是一名男生，经抑郁量表测量为全年段最高得分者，达到惊人的53分，学习成绩在班级排名第40名（全班总共48名学生）。据了解，小A平时很有自己的想法，在老师们面前会表现得

---

① 本部分研究的具体实施及研究内容的撰写由杭州江南实验学校周凌老师完成。

很好，但是背后又有自己的一套，学习方面较为懒散，没有较强的自制力与毅力，经常有想法但实际行动坚持不了多久。小A还有一个姐姐，比他大两岁，姐姐学习成绩不错，故家里给小A的学习压力不小。小A在班级里人际关系不好，比较孤立，究其原因，小A的性格较为内向，平常不太擅长与同学交流与玩耍。小A的挫败感和自卑感很强，情绪体验相当消极。

个案二：小B是一名女生，其抑郁量表测量得分也较高，为48分。小B的学习成绩在班级排名第32（全班共48名学生）。小B在情绪方面一直处于比较压抑的状态，性格内向，不习惯在公众场合表达自己的观点，但在私底下，与小范围内的好朋友在一起时则表现尚好。小B一直以来对自己的期望值较高，所以其学习压力很大，但考试成绩却经常不如自己所愿，所以她的挫败感较强。

这次实践活动主要是让这部分学生参与一个系列团体心理辅导活动，但在具体实施时，研究者没有告诉学生这是一个系列团体心理辅导活动，只是告诉学生这是一个学习乐观的系列活动。学生每次参加实践活动时都会领到一张"乐观学习ABCDE"说明卡，这张说明卡主要包括ABCDE 五个组成部分，这五个组成部分实际上就是去除消极信念的五个重要步骤，同时也是这次团体心理辅导活动的重要手段。ABCDE 五个步骤具体如下。

A. 不愉快事件：_____

B. 信念：_____

C. 后果：_____

D. 反驳：_____

E. 激励：_____

本研究持续干预了两个月，实验组主要采用"前测→乐观学习

ABCDE模式干预→后测"的程序，而对照组则采用"前测→参加学校通常组织的心理辅导课→后测"的程序，然后比对实验组和对照组的前后结果。本研究之所以在数据处理上采用组内比较，主要是因为这一实践活动只是一个准实验，研究者无法严格控制影响实验组和对照组被试的各种无关变量，从某种角度上说，对照组在本研究中无非就是指那些生活在原本应该生活的环境中的个体。

所有对照组和实验组被试在之前的调查中所获得的抑郁得分作为其前测分数，后测抑郁分数则是在这次实践活动完成后（两个月后）进行的，前后测的工具都采用了心理学中常用的CES-D抑郁自测量表（Center for Epidemiological Studies-Depression）。CES-D抑自测郁量表是由美国国家心理健康协会流行病研究中心的莉诺·拉德罗夫（Lenore Radloff）于1977年设计的。多个国家和地区的研究表明，该量表可以有效测试个体的抑郁程度，其内部一致性系数达到0.77，4周之后的重测信度为0.67，效度为0.86[①]。

CES-D抑郁自测量表（见本章末尾的附录）共包含20个条目，填写时让被调查人仔细阅读内容并选出最符合自己最近一星期情况的选项，答案包括"几乎没有（少于1天时间是这样）""寥寥几次（指1～2天会这样）""有时（指有3～4天是这样的）""经常（指绝大部分时间是这样的，大概有5～7天都这样）"。每个条目的得分为0～3分，总分范围为0～60分。CES-D抑郁自测量表的计分很简单，只要把各项得分加起来就是总分，只是其中有4个条目需要逆向计分，这些条目同时也可以防止被调查者胡乱回答而充当侦察题。各条目相加而计算出来的分数就是被调查者的抑郁得分，得分越高表明其越抑郁。如果被试在同一道题上选了两个答案，以分值高的那个为准。

如果得分是0～9分，说明被调查者完全没有抑郁；如果是10～15分，那就说明被调查者有点抑郁；如果是16～24分，表示被调查者具有

① 汪向东，王希林，马弘.（1999）.心理卫生评定量表手册.北京：中国心理卫生杂志社.12，200-202.

中等水平的抑郁；如果是24分或以上，那就表明被调查者可能陷入了严重抑郁，所以24分是一个相当危险的分数。不过有一点需要说明，这个量表并不是用来诊断抑郁症的，它的目的是反映被调查者现在的抑郁水平，以及这一水平会导致被调查者产生抑郁症状的可能性。

另外由于研究者之前对学生抑郁情况的调查一直持续到2010年7月份才结束（主要是调查之后需要整理和统计相关的数据），当研究者获得相关的调查数据之后，学校就放暑假了，因此这次实践活动的正式干预从2010年9月份的新学期开始才实施。由于过了一个假期，这些学生已经由初一升为初二了，他们的许多情况有可能发生了变化，因此我们在新学期开学之初又对参与干预的22名学生和对照组的32名学生进行了学习成绩的前测。

由于之前的调查研究显示，学生的抑郁情绪对其语文和英语等学科的影响不是很大，而对数学和科学等学科的影响较大。因此这次实践活动中分别对这54名学生进行了数学和科学学科的前测，前测试卷采用了杭州市民办五校联考2010年初一年级期终统一考试试卷（数学和科学），后测同样采用了杭州市民办五校联考2010年初二第一学期期中统一考试试卷（数学和科学）。前后测试卷的成绩批阅均委托杭州下城区某中学的数学和科学教师操作，这次前、后测得的成绩均不对学生本人进行反馈，也不公开，只供本次研究用。

"乐观学习ABCDE"实践活动主要采用团体心理辅导的形式，学生每周参加一次，为期两个月，共进行了8次。一旦学生参加了"乐观学习ABCDE"模式的心理辅导课，他就不再参加学校开设的其他心理辅导课。心理辅导课安排在每周三12：30到13：10（这主要是由于这些学生分散在8个班，所以只能利用中午的空闲时间），辅导地点在学校图书馆的学生阅览室，学生分为四个学习小组，其中有两个小组各6人，其他两个小组各5人。

心理辅导课的大致过程是：第一，对学生进行一个热身活动（可以是一个游戏活动，也可以是一个富有感染力的故事等），帮助学生沉浸在某种情景条件或情绪条件下。第二，引出主题，可以通过学生周边的事或人牵出一个问题，让学生想出解决办法。在学生想出一般的解决办法的时候，老师通过诱导让学生寻找到更多的办法。第三，领会意义，让学生对各种解决问题的方法进行比较，体会方法之中所包含的不同意义。第四，主题推广，由这一问题推广到学生自己所面临的各种问题，然后让学生使用"乐观学习ABCDE"说明卡。第五，总结提高，学生相互讨论发生在自己身上的这些事，相互启发并给出各种处理意见（包括相互交换观看和阅读"乐观学习ABCDE"说明卡）。

8次心理辅导课的内容主要为：来自家长方面的不愉快事件（2次）、来自老师方面的不愉快事件（2次）、来自朋友和同学方面的不愉快事件（2次）、来自陌生人和偶然性方面的不愉快事件（2次）。

"乐观学习ABCDE"模式心理辅导课的核心在于帮助学生认识到事件的多重意义，学会从积极的角度来观察和看待自己身边的事情（包括问题和事件）。以下选取的是其中几位学生的原稿。

例一：××女生

不愉快事件：辛苦找来素材出黑板报，也花了很多心思，而且自己觉得十分特别，可是我最在乎的老师却问了一个同学："这是不是××（某老师子女）出的？挺好的。"我无意间听到后十分伤心。

信念：无论我做多大的努力，我在艺术绘画方面有再大的天赋也比不上别人，再努力也没人知道。

后果：我痛苦了一晚上，并且在那个老师的课上不那么认真了，我也很讨厌那个同学，不被认可让我感觉很难受。

反驳：不应该在乎别人的想法，要做好自己。

激励：以后更加努力，以更强大的实力来应对这些不愉快事件。

例二：××男生

不愉快事件：老师曲解了我的想法，莫名其妙地批评我，还让我与相处不太愉快的人同桌。

信念：这件事我虽然有错，但没有那么严重，老师不应当这样批评我。

后果：这两天上课受影响，容易走神。

反驳：事情既然已经发生，就是该发生的，我应该放下它，让它过去。

激励：不是每件事都是称心如意的，总有被误解的时候，如果纠结着不放，那就是与自己过意不去；放下它，坦然走下去吧。

例三：××女生

不愉快事件：考试没考好，爸妈"紧抓住不放"，即念叨个不停。

信念：我知道自己的问题所在并已经努力，可他们还是要烦我。

后果：气氛弄僵，我发脾气伤了爸妈的心，我心情更差。

反驳：他们也是心急，为我好。

激励：我要更努力，好好学习，并要控制自己的脾气。

例四：××女生

不愉快事件：在不知道原因的情况下，和同学关系处得不好，其他同学莫名其妙针对我。

信念：人若犯我，我必犯人。我有一种敌对心理，不想主动解决矛盾，处处较劲。

后果：心情不好，做什么事都不能静下心来，一直处于很难过、很纠结的情绪中，非常郁闷。

反驳：尝试主动解决问题，主动沟通，多次沟通，发邮件也好，发短信也好，解决就行。不希望自己活得太抑郁。

激励：我不能让所有人都认可我，但我唯一能做的就是做到自己应做的。没有必要让自己太过于抑郁，凡事想开点，心胸开阔点。

例五：××男生

不愉快事件：一向主张民主、不以成绩为中心的父亲，在我一次考试失利之后，竟然把我之前的努力都描述成了无用功，说尽了我的不是，让我十分懊恼。

信念：不管父亲怎么说，考试失利的确在很大程度上是自己的原因，但是父亲不应该将我的努力全部埋没，从此，我对父亲有了另一种看法，我真的很生气。

后果：我有好几天对父亲不加理睬。我认为他很势利，我甚至十分意外我有这种想法。

反驳：但是几天之后，父亲与我交流并道了歉，我也接受了，父亲仍是原来的父亲。

激励：我发现在努力的过程中，失败是难免的，但也是有原因的。只有不断完善，不找别人的原因，而是从自身找原因，才能使一切都好起来。

例六：××女生

不愉快事件：从小家里一直请家教给我补课，我也没抱怨什么，一直乖乖地听爸爸安排，但是我成绩并不优秀。爸爸经常说我："别再学了，一点也不乖，也学不好，这种孩子就应该送到乡下去，想当年我们……唉！"

信念：心里超级不爽，当时甚至上网调查各种死法，考虑怎么自杀死相会好些又不痛苦……心里当时会有一种想法：我明明够乖的了，要是别人早就跟你顶嘴了，还会在这里听你训？不要学就不要学好了，反正你说得都对嘛，那我不要学好了！

后果：成绩暴跌，本来打算好好学习的志气也没了。

反驳：家长其实还是为我好的，顶多多训我几次。如果不学习，最终是自己倒霉；如果死了的话，也就看不到心爱的动漫了，所以算了。

激励：为了实现自己的理想，现在就委屈一下吧，再过几年就能解放了，还是要乖一点。

对照组的学生则和学校其他所有同学一样参加学校正常开设的心理辅导课，这些学生被分散在各自原来的班级之中（实验组则是集中起来的），随班级一起上课和学习。在该实验学校，初中阶段的心理辅导课也是每周一节。

二、"乐观学习ABCDE"实践活动的结果与分析

这次实践活动只持续了两个月的时间，这并不是研究者的初衷，研究者本来想至少进行一个学期或一个学年，但从具体的实际情况来看，这次活动在具体的实施过程中受到了许多因素的制约和影响，这些因素主要包括：首先，干预培训和其他教学发生了冲突。参加活动的22名学生可以不参加班级正常开设的心理辅导课，但由于班级的其他同学都需要每周上一次心理辅导课，因而这些人在别人上心理辅导课时不好安排。其次，这22名学生在参加"乐观学习ABCDE"模式心理辅导课之后，出现了明显的实验者效应，据这些学生的班主任反映，这些学生在日常学习中的态度和从前开始不一样了，主动性似乎更强了。之所以认为这种变化可能是实验者效应（即被试由于意识到自己参与了某项活动而表现出某些有意行为或言语），主要是因为有部分学生在参加了两次

训练之后，行为就出现了明显的变化。从理论上说，团体干预不可能出现如此明显的即时效应。最后，在研究过程中，研究者从没有把这些学生的抑郁得分告诉过任何人（包括学生本人、他们的家长、班主任、任课教师等），但随着实验的进行，一些老师和同学开始好奇，经常谈论这件事，有部分老师和同学似乎已经猜测出这些同学可能有什么问题，研究者害怕研究的目的和意图被识破，从而影响这22名学生的发展。基于以上这些原因，尤其是害怕这次实践活动有可能会伤害到这些参与干预的学生，因而研究者在两个月后不得不中止了该活动。

但这次实践活动以及之前有关学生日常抑郁情绪的调查还是取得了一些让人意想不到的结果。

（一）初中生的抑郁情绪存在着性别差异

过去的多个研究和临床经验表明抑郁存在性别差异，总的来说女性要比男性更容易抑郁。本研究以初中生为研究对象，结果证实初中生的抑郁同样存在性别差异（女生比男生更易抑郁）。这一结论在本研究中具体表现为两个方面的特点：

第一个方面，就整体的状况来说，女生的抑郁得分（15.09）高于男生的（11.63），两者的差异非常明显（$p < 0.005$），说明女生整体上的抑郁水平要高于男生。但这种男女生抑郁平均得分的差异还不是问题的关键，因为即使是女生，抑郁平均得分也只有15.09，还处于临床意义上的正常水平，即没有达到问题状态。所以面对男女生抑郁平均得分的差异，就抑郁这个维度来看，男生可能要比女生好一点！

第二个方面，女生处于抑郁问题状态的人数要显著高于男生，揭示这一现象是一个关键。从本研究调查所获得的数据来看，抑郁得分在16分以上的学生共130人，其中女生有89人，男生有41人，这就意味着有41.4%（89：215）的女生可能存在抑郁问题，而男生有抑郁问题的比例为23.8%（41：172），女生比男生高了近一倍。

过去面对男女生抑郁的性别差异，研究者通常都会用性别文化特征来加以解释，人们一般认为男生喜欢体育运动，乐于参与社会活动，生活中相对更大大咧咧，小事不太会放在心上；而多数女生却比较心细、情感丰富、多愁善感、好幻想等。男女生之间的这些性格差异可能导致女生的焦虑和抑郁水平高于男生。

但真的是社会性别文化差异导致了抑郁的性别差异吗？如果真的是，那只能说明几十年来我国实行的男女平等政策出现了失误，多年来学校教育成为男女不平等事实上的帮凶。研究者认为抑郁的性别差异除了社会性别文化的影响之外，还可能存在着某种生理上的原因，也许女性天生存在着某种易抑郁的基因，正是这种基因使我们男女平等的教育没能产生男女平等的结果。

（二）抑郁和理科学习成绩有很大的关联，而和文科学习成绩的关联不大

对学生日常抑郁情绪的调查研究发现，学生日常抑郁情绪的强度和数学、科学两门学科的学习成绩有很大的关联。抑郁水平越高，其数学、科学成绩则越低；而抑郁水平和其语文、英语两门学科的成绩则关联不大。由此，研究者推断，抑郁可能会阻碍理科学科的学习，而对文科学科成绩的影响较小。

这是在过去的相关研究中没有发现的一条规律，人们通常认为抑郁的人会思考得更深、更细，如许多大哲学家、一些伟大的思想家等均患有严重的抑郁症，但这并不妨碍他们成为伟大的哲学家或伟人，如荣格、费希纳、丘吉尔、林肯等都是相当程度的抑郁症患者，似乎抑郁在一定程度上反而可以提升一个人的思考力。然而本研究却揭示抑郁并不能促进学生的理科学习成绩，因此研究者推断，抑郁也许可以提升一个人的思考力，但这不包括缜密的逻辑思考力，因为数学、科学等理科学科内容是一个缜密的逻辑关系链，其前后之间相对比较固定，需要缜密的逻辑思考力。当然本研究的这一推断还需要更多相关的内容来进一步地证实，这也许是一个较好的未来研究方向。

乐商：一个比智商和情商更能决定命运的因素

（三）抑郁问题可以通过团体辅导的方式加以改变，至少"乐观学习ABCDE"模式在对抗抑郁问题时显示了较好的结果

这次的实践活动也许有不完善的地方，但这次活动从一定意义上证实了"乐观学习ABCDE"模式确实对改善学生的日常抑郁情绪有效。

"乐观学习ABCDE"模式是一种积极心理学取向的心理辅导模式，尽管过去的一些研究证明ABCDE模式比较适用于改变人的原有信念，但这些研究主要是在国外做的，国内有关这一方面的研究几乎没有。因此本研究用中国的初中生为被试做了抑郁干预研究，结果证实"乐观学习ABCDE"模式同样适用于中国的初中学生。

几乎所有的认知心理学家都持有一个同样的立场，即不同的人会产生不同的看法，从而导致了不同的结果。从本质上说，引起人产生某种情绪的并不是人遇到的事件本身，而是人对刺激事件（情境）的信念和认知。因此，抑郁产生的原因不是事件本身，而是当事人对这个事件的看法，只要改变了看法就可以改变相应的情绪。

具体从这次实践活动来看，实验组22名原本抑郁情绪非常高（临床意义上的问题状态）的学生抑郁情绪明显下降，其学业成绩也相应提高。尽管研究者基于一定的原因而没有对研究过程进行严格的控制，实验结果不是特别令人信服，但这至少也从另外一个角度说明了"乐观学习ABCDE"模式的价值，说明学校对学生抑郁情绪开展干预是很有必要的，这会大大有利于培养学生的积极情绪，提高学生的心理健康水平。

三、有关的教育建议

（一）初中生的心理健康应以预防为主

相关资料显示，以前影响学生学习的一个非常重要的因素是身体疾病，而到了今天，抑郁、精神分裂等精神问题则已经成为影响学生学习的主因。从实际情况来看，抑郁情绪轻则会影响学生正常的学习和生

活，重则有可能引发抑郁症并导致严重的后果，如自杀及自残等。初中是性格形成和发展的一个重要阶段，由于初中学生的心智发展还没有完全成熟，情绪波动性强，不稳定性强，他们在生活中遇到一点点小挫折等问题时（在今天尤其是学业方面的压力），如果不能及时处理和消化，极易导致抑郁情绪。总之，中学生抑郁情绪的产生已经成为一个不容忽视的社会问题，教育工作者要努力创设一个良好宽松的校园学习环境，让学生感受到来自他人的关心，在情绪不好的时候有倾诉和分享的途径。

抑郁本来是一种成年人特有的心理病，但21世纪之后，抑郁却以较快的速度开始向低年龄学生逼近。为什么有些十二三岁的初中生会出现抑郁的倾向呢？归结起来，可能有以下几个方面的原因：

1. 娇生惯养

中国由于人口问题而一直实行独生子女政策，现在的初中生绝大多数是独生子女，从小娇生惯养，在家人的百般呵护和赞美声中长大，其耐挫心理相对薄弱。家庭的过分溺爱又使这些心理较幼稚、容易以自我为中心的孩子平时自我感觉良好，不能承受和应对来自外界的困难和挫折，这导致生活或学习中的一点小困难、小批评、小矛盾等都会引起他们焦虑的心绪，进而产生抑郁。

2. 性格内向

通过对抑郁得分极高学生的间接了解和直接的交谈后，研究者发现他们有一个共性——性格内向，这些学生面对问题时多采取消极被动的态度。这种性格决定了当出现不良生活事件时，他们不能积极应对，也不能通过与人沟通来及时排解自己不良的情绪，比如求助于家长、老师，这使得不良的情绪、压抑的心境长期存在于内心，逐渐产生了抑郁情绪。

3. 竞争挫折

现在的初中生同样面临着较大的学业压力，同学之间竞争激烈，再加上家长们的期望值过高，这使他们常常处于心情苦闷的状态，而这种状态又会引发意志消沉、学习涣散和成绩下降，成绩下降带来的挫败感更加重了他们的不良情绪，最终导致抑郁。

4. 失范的家教

家庭教育方式在学生抑郁产生过程中也起了重要的作用。父亲的过分严厉、母亲的过分溺爱，还有父母的漠不关心等都有可能对孩子的心理产生不良的影响。这些失范的要求，或者使他们整日处于高压之下，无法放松，让他们感觉生活缺少了温暖和希望；或者使他们过度放松，没有严格要求自己，扛不起责任和压力，最终这些都有可能使学生产生抑郁。

目前，抑郁情绪已成为在校学生的隐形杀手，识别并且及时干预这种情绪，应该成为学校心理健康教育的工作重点。但心理问题有一个特点，一旦患上之后则不易于治疗，这主要有两个方面的原因：首先，心理问题的病因不容易确定，所有临床经验（不管是生理临床经验还是心理临床经验）都证明，只有找到病因（病毒）本身，才能真正消除问题。但心理问题的病因和个体的生活经验紧密相关，有些甚至已经和个体的生活完全融合在一起，人们很难准确找到它们。其次，心理问题的病症不太容易确定，人的行为方式从本质上说都具有个性化特性，和其他人的相似性很低，如果人们仅凭其行为和周围人的行为不太一样而界定其存在心理问题，那很可能会泛化了精神问题的范围。因此，中小学心理健康主要从预防入手，通过制定有效的预防措施来确保和改善学生的心理健康。

事实上，预防的思想已经得到了现代医学的证明，如预防感冒的效果就远大于其治疗效果，尽管人们还无法完全治愈一些疾病，但人们已经通过预防而使这些疾病得到了有效控制，如H_1N_1流感病毒的预防等。

（二）初中阶段应着重关注女生的抑郁问题

现代社会复杂多变，人们生活在这样一个环境里也面临了比祖先更多的危险，这些危险常常渗透在一个个的生活事件（如失恋、人际关系冲突、家庭变故等）之中，无声无息地侵蚀着人们的心灵，在这个过程中，女性由于其独特的生理、心理和文化结构而更易遭受伤害。

从之前的调查来看，女生在抑郁情绪上的平均得分不仅比男生更高，人数也远远多于男生，因此加强初中女生的心理健康教育，应该成为学校心理健康教育的重点。就初中女生而言，她们实际上正处于典型的烦恼增殖期，这种不良的情绪状态还会随着年龄的增长而呈现缓慢上升的趋势。大量的调查表明，初中女生存在着更多的心理健康问题（相比于男生），这主要是因为女生更敏感，在日常生活中会体验到更多的消极情绪。消极情绪不仅是引发个体各种行为问题的一个重要来源，其本身还会增加和压力有关的生理紊乱的易感性。

消极情绪的减少并不意味着积极情绪必然增多，积极情绪增加有其自身的规律和特点，虽然积极情绪可能和消极情绪间有一定的关联，但二者之间没有因果关系，因此学校在帮助学生消除消极情绪的同时也应该要关注学生积极情绪的培养。积极情绪体验是积极心理学关注的中心主题之一，积极情绪代表个体体验积极感觉的程度，如高兴、满意、爱、崇高、自豪等，它与积极态度相联系，有利于提高个体的生产力。许多研究者认为情绪状态本身就是衡量心理健康水平的一项重要指标，因此，良好稳定的情绪状态是心理健康的一个重要条件。

（三）应该大力加强初中学生的心理辅导

本次实践活动既是一次研究，它同时在一定程度上更是一次有关抑郁问题的团体心理辅导活动。从理论上说，初中学生就患上抑郁症，肯定不是某个方面的原因，一定是多个方面因素影响的结果，因此解决这一问题也需要社会、家庭、学校等各个方面的努力。

社会看似无形，但它却时时刻刻影响着我们每一个人的生活，社会不仅要保卫它的公民的生命安全，同时也要保证其公民的心理健康。因此，作为社会的执行者——国家，应该为公民的心理健康制定一套完整且有效的保障制度，并努力创造出一种积极、乐观、向上的生活态度和文化氛围。

家庭是一个人最重要的生活场所，在家庭教育中，父母要转变过去那种只重智育，忽视德育、体育、心理健康教育的错误思想观念，正确处理好成人与成才的关系；父母要以身作则，保持心理健康，只有父母心理健康了，孩子的心理才会更健康，"阳光"的父母才能打造出更"阳光"的子女。

学校在学生的心理健康中始终起着主导作用。总的来看，学校要将以人为本落实为以生为本，营造健康和谐的心理氛围。作为灵魂工程师的教师应努力摒弃应试教育的禁锢，将素质教育落到实处，积极关注学生出现的各种心理困惑，用心灵影响并塑造心灵。在升学考试技能已经登峰造极的今天，如果老师们还在所谓的升学上过多地纠缠，那只能对学生造成更大的伤害。老师应有意识地鼓励学生正确对待失败，运用各种方法激发其学习兴趣，使其体验成功的喜悦。

从目前来看，当务之急是在中小学普遍开设心理辅导课，国家现在还没有为中小学统一配置专职的心理辅导老师编制。目前浙江省的绝大部分中小学已经配备了一些心理老师，但很多还不是专职的心理老师，这种状况还有待进一步改善。除了配备专职心理老师之外，教育行政部门还应该为心理老师的职称晋升、工资待遇等做好应有的保障。

当然，为中小学生配备心理健康教育老师并不主要是为了向学生传授心理学知识，从初中的实际情况来看，他们急需的不是系统的心理学知识，而是倾诉的环境和对象，把心中的想法、烦恼等全部倾吐出来，并利用某种成熟的技术来使自己快乐起来。所以，学校心理辅导应侧重努力提供这样的机会和场所，并为这些学生提供相应的心理学技术，这对促进中学生的心理健康以及有效预防各种心理疾病有着很重要的意义。在确保有专职心理老师的基础上，学校还要不定期邀请一些有经验的学者和心理专家进行心理辅导，并针对学生的个性特征开展行之有效的心理活动训练。

从技术角度上看，初中的心理辅导课要注重加强中学生自我意识的培养，帮助中学生积极地认识自我、评价自我，摆脱各种心理压力，促进心理健康。不仅如此，初中生的心理辅导课还要着力引导学生建立良好的生活习惯，例如，多做一些户外运动，保持良好的睡眠，释放心理负荷，从而增强体质。一项对学生睡眠情况的调查显示，睡眠良好、一般、经常做梦、失眠的人的抑郁发生率分别为9.84%、13.38%、33.33%、50%，这表明睡眠状况越好，抑郁发生的可能性越小。

附录：CES-D抑郁自测量表

仔细阅读题目并选出最符合你最近一星期情况的一个选项。

1. 我被一些很稀松平常的事情所困扰。

    0   几乎没有（少于1天）

    1   寥寥几次（1～2天）

    2   有时（3～4天）

    3   经常（5～7天）

2. 我胃口不好，食欲大减。

    0   几乎没有（少于1天）

    1   寥寥几次（1～2天）

    2   有时（3～4天）

    3   经常（5～7天）

3. 即使有家人朋友的帮助我也不能走出沮丧的阴影。

    0   几乎没有（少于1天）

    1   寥寥几次（1～2天）

    2   有时（3～4天）

    3   经常（5～7天）

4. 我觉得我做不到别人那么好。

    0   几乎没有（少于1天）

    1   寥寥几次（1～2天）

    2   有时（3～4天）

    3   经常（5～7天）

5. 我很难集中注意去做一件事情。

    0   几乎没有（少于1天）

    1   寥寥几次（1～2天）

    2   有时（3～4天）

    3   经常（5～7天）

6. 我感到沮丧。

    0   几乎没有（少于1天）

    1   寥寥几次（1～2天）

    2   有时（3～4天）

    3   经常（5～7天）

7. 我做每一件事情都很费劲。

    0   几乎没有（少于1天）

    1   寥寥几次（1～2天）

    2   有时（3～4天）

    3   经常（5～7天）

8. 我对未来感到无望。

    0   几乎没有（少于1天）

    1   寥寥几次（1～2天）

    2   有时（3～4天）

    3   经常（5～7天）

9. 我觉得我的人生很失败。

    0   几乎没有（少于1天）

    1   寥寥几次（1～2天）

    2   有时（3～4天）

    3   经常（5～7天）

10. 我感到惊恐万分。

    0   几乎没有（少于1天）

    1   寥寥几次（1～2天）

    2   有时（3～4天）

    3   经常（5～7天）

11. 我睡觉很容易惊醒。

    0   几乎没有（少于1天）

    1   寥寥几次（1～2天）

乐商：一个比智商和情商更能决定命运的因素

2   有时（3～4天）

3   经常（5～7天）

12. 我过得不快乐。

0   几乎没有（少于1天）

1   寥寥几次（1～2天）

2   有时（3～4天）

3   经常（5～7天）

13. 我比以前话少了。

0   几乎没有（少于1天）

1   寥寥几次（1～2天）

2   有时（3～4天）

3   经常（5～7天）

14. 我感到寂寞孤独。

0   几乎没有（少于1天）

1   寥寥几次（1～2天）

2   有时（3～4天）

3   经常（5～7天）

15. 人们总是那么不友好。

0   几乎没有（少于1天）

1   寥寥几次（1～2天）

2   有时（3～4天）

3   经常（5～7天）

16. 我无法享受我的人生。

0   几乎没有（少于1天）

1   寥寥几次（1～2天）

2   有时（3～4天）

3   经常（5～7天）

17. 我曾暗自神伤、潸然泪下。

　　　0　　几乎没有（少于1天）

　　　1　　寥寥几次（1～2天）

　　　2　　有时（3～4天）

　　　3　　经常（5～7天）

18. 我感到很悲哀。

　　　0　　几乎没有（少于1天）

　　　1　　寥寥几次（1～2天）

　　　2　　有时（3～4天）

　　　3　　经常（5～7天）

19. 我觉得大家都不喜欢我。

　　　0　　几乎没有（少于1天）

　　　1　　寥寥几次（1～2天）

　　　2　　有时（3～4天）

　　　3　　经常（5～7天）

20. 我做什么都不太顺利。

　　　0　　几乎没有（少于1天）

　　　1　　寥寥几次（1～2天）

　　　2　　有时（3～4天）

　　　3　　经常（5～7天）

人可以堆山填海，
人可以扭转乾坤——
　　　离开乐商，
这仅仅是一句口号。

第五章 乐商的核心内涵——积极品质

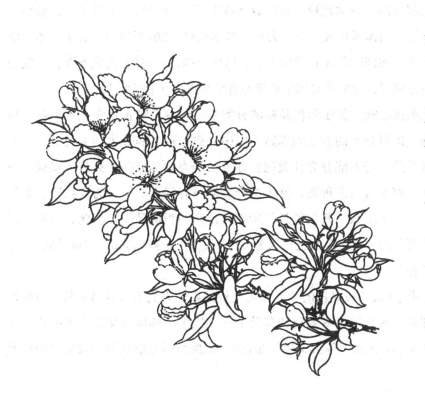

积极心理学以提高人的乐商为主要任务，而乐商的核心内涵是人的积极品质。只有人的各种积极品质得到了发展，人才会有较高的快乐水平，才会更可能摆脱自己的消极体验，才会更可能影响他人而使他人变得快乐。因此，积极心理学强调要以人实际或潜在的积极力量、美德和善端为出发点，提倡用一种积极的心态来对人的心理现象（包括心理问题）做出新的解读，从而帮助社会全体成员（包括有问题的人、普通人或具有一定天赋的人）最大限度地挖掘自己的潜力并获得美好生活。也就是说，积极心理学的中心任务是发挥、培养和增长人的积极力量，以此来提高人的乐商水平，那什么是积极力量呢？

塞利格曼和彼得森教授合作，经过3年多的大量调查和研究，提出了人类积极品质分类理论。彼得森教授曾于2011年11月来到中国，参加了中国第一届国际积极心理学大会，他本来计划2012年11月8日来清华大学参加第二届国际积极心理学大会，但可惜的是10月9日他突然在自己的公寓里去世了，这实在是国际积极心理学界的一个极大损失。

积极心理学关于积极品质的分类主要借鉴了精神病学把人类各种精神问题进行分类的方法和思路（中国一般把精神病分为14大类）。按照这种思路，好人能分为几类呢？好人的分类标准又是什么呢？积极心理学认为好人有很多种类，好人的分类应该有好人的"行为症状"，而好人的"行为症状"其实就是其所表现出来的积极品质。因此，积极心理学根据不同的积极品质把好人分为6个大类，也被称为6大积极品质（或6大美德）。

由于6大积极品质的分类相对比较抽象，人们不太容易对其进行操作和测量，因而彼得森教授和其助手——出生于韩国的年轻学者南希·帕克（Nancy Park）等人又进一步把6大积极品质分解成为相对更好操作和测量的24种积极力量，也即每一种好人又可以细分为各种亚类，这就如精神分裂症这种精神病具体也可以细分为偏执型、青春型、紧张型、单纯型等多个亚类一样。

积极力量既是每一种好人细分出来的亚类，在另一种意义它实际上也是实现6大积极品质的主要因素和途径，所以积极力量有时也被称为要素性积极力量（每一大类的积极品质被分解为若干要素性积极力量）。比如正义（公正）这种积极品质可以通过培养个体的良好公民身份、忠诚、合作和领导力等积极力量来得以实现（既可以单独培养，也可以几种综合培养），而忠诚、合作本身是正义（公正）的一个亚类，它们在一定意义都属于正义（公正）这一积极品质，因而也就成了正义（公正）这一积极品质的要素性积极力量或亚类型积极力量。

第一节　乐商的具体内涵
——24种积极力量

　　根据积极心理学已有的研究，24种积极力量具体是好奇、热爱学习、判断、心灵手巧、社会智能、洞察力、英勇、坚持不懈、正直、亲切、爱、公民职权、公平、领导力、自制、远见、谦虚、欣赏美、感激、希望、精神性、宽恕、幽默、兴趣（在不同的文章或书中，由于翻译的原因，这24种积极力量的名称可能会有一些不同，但内容都差不多）。

　　从心理学已有的研究来看，6大积极品质及其所包含的24种积极力量是所有民族、宗教、文化、哲学学派等共同推崇的，是人类普遍存在的，因而它们可以被认为是放之四海而皆准的人类基本美德。如比斯瓦思–迪纳等人在2006年发表了一个研究报告，该报告对离北极圈很近的北格陵兰岛的土著居民因纽特人、肯尼亚的一个游牧部落马赛人以及美国伊利诺伊大学的大学生进行了比较研究。结果表明：这些来自完全不同文化背景的被试都具有24种积极力量（尽管程度高低不同），不仅如此，24种积极力量在这三类人群中受欢迎的程度以及在生活中的重要性方面都具有很高的一致性。在另一项研究中，帕克及其同事为了验证24种积极品质的有效性，于2006年对24种积极力量进行了一个网上调查，这次调查一共有来自54个国家和地区以及美国50个州的被试参加，对相关数据进行比较分析之后，结果显示这24种积极力量中的绝大多数（90%以上）能得到来自不同国家或地区人群的广泛认可，且态度基本一致。除此之外，其他的一些跨文化的相关研究也发现了大致类似的结果。

　　世界上每个人都具有24种积极力量，差异只是在于程度的不同。就某个个体来说，如果其某一种积极力量非常突出，我们就可以把这种积极力量称为这个人的性格优势，如正直品质占优势的人常被称为正直的人，幽默占优势的人可以被称为幽默的人。当然如果一个群体具有某种非常突出的积极力量，那这种积极力量也可以成为群体性格优势。对于任何人或任何一个群体来说，战胜困难或获得生活胜利主要依赖于自己最突出的积极力量——心理学上有时称之为利用性格优势。因而从一定意义上说，一个人或群体的性格优势既是个体或群体赖以立身的基础，同时又为这个个体或群体增加了更多创造美好生活的心理资本。因此，关注积极力量应该成为人类自我繁荣的一条主要途径。

　　积极力量是不是人本身就具有的一些好品质或特性？或者说，人的积极力量是不是人一生下来就具有的天资？按照塞利格曼之前对这一问题的观点，他认为人的天资和积极力量是两码事。天资是人生来就获得的擅长方面，它主要是人从自己的祖先那里获得的一些独特优势，不需要学习的过程，比如有些人生来就拥有完美的声音、漂亮的面容、飞快的奔跑速度等。而积极力量虽然与天资有些相似的地方，但是又有明显区别。

　　首先，积极力量是一种品行或品德方面的特质，而天资可以涉及人生活的各个方面。其次，积极力量尽管也有一定的遗传性，但更需要经过一个学习过程，积极力量是逐渐积累的。通过学习，每个人都可以拥有程度差不多的积极力量。如，一个人即使缺乏英勇、独创性、正直和友好等积极力量，也能够通过足够的练习和良好的教育来使自己的这些方面得到明显改善，并最终达到和他人一样的水平。但如果一个人缺乏天资，就算经过刻苦训练也不见得就能达到和有天资的人差不多的水平。虽然经过一定的训练可以提高人的跑步速度，但你永远达不到世界冠军的水平，同样，穿华丽而有气质的衣服能使人看上去很漂亮，经常听大量的古典音乐可以提高人的乐感，但受天资所限，这种改变或提高非常有限。

一、什么样的品质才可以被称作积极力量？

尽管所有的积极力量都是积极品质，但并不是所有的积极品质都可以被称作积极力量。因为积极品质在不同的文化或宗教背景下差异很大，不仅如此，积极品质还是一种静止状态的描述。而积极力量却在各种文化背景下都获得差不多的认同，同时它们本身还必须和积极品质的形成过程相关。

具体来说，判断一种人格特质或积极品质是不是一种积极力量主要有以下六个标准，而且一般情况下要这六个标准同时满足才可以。

（一）积极力量是一种稳定的要素性心理特质

积极力量可以跨越不同的情境和时间，如生活中、工作中等，在特定时间或固定情境下才显示出的品质，则不属于潜在的要素力量。例如尽管大方是一种受到很多人赞赏的积极品质，但由于这种品质在生活中并不一定总具有积极意义，如一个人总是不顾具体情况而把自己家里的东西随便施予他人，这种品行在这种时候就对家人造成了一定的伤害，因而大方就不能被称作一种积极力量。

（二）积极力量要有社会的整体价值

一方面，积极力量一般会给自己、他人和社会带来好的结果，比如，当一个人通过努力而使自己具有了良好的领导能力后，从个人角度来说，往往能树立工作威信，同时也有可能获得更多进修机会或者加薪等好结果；从他人角度来说，好的领导力会让被领导者、同事或上司都工作得更舒心；从社会角度来说，好的领导力会使社会更加和谐，更加繁荣昌盛。当然在另一方面，某些积极品质也许并不会带来明显的物质等方面的利益，如宽恕等，但是如果这种品质对个体自己、他人或社会具有很大的意义，它仍然可以被称作一种要素性积极力量。

除此之外，每一种积极力量会有一个对立面，这个对立面的价值必须和积极力量的价值相反。

（三）积极力量还必须体现在父母对新生儿的愿望上

当一个孩子刚出生时，他的父母希望他具有什么品质，父母的这些愿望就是一种很重要的积极力量。反之，如果父母不希望孩子具有某种品质，那这些品质就不能成为积极力量。如，所有的父母都希望自己的孩子勇敢、充满爱心和先见之明，而并不是所有的父母都希望自己的孩子自私、温顺等。

（四）积极力量不能具有排他性

个体的积极力量的展现不会影响或降低周围其他人的积极力量的发挥，当一个人展现自己的积极力量和相应的行为时，对自己、他人或社会而言都应该是一种双赢或多赢的局面。

（五）积极力量必须有文化支持

积极力量必须有相当长的发展历史，有一定的习俗、礼节、模范、寓言、座右铭以及少儿故事等文化方面的支持。即使在不同的文化中，它们所流传下来的寓言或故事往往也包含了一些共同的东西，如忠诚、合作、负责等人格力量。一般来说，每一种积极力量都应该在历史上有其相对应并为人称道的典范人物，比如甘地代表了仁慈的领导力，爱因斯坦代表了创造性，雷锋代表了诚实和谦虚等。

（六）积极力量除了极个别情况之外，必须受全世界普遍推崇

积极力量不管是在东方文化、西方文化、佛教、伊斯兰教，还是在

基督教文化中，都不应有冲突。所以，当代中国人现在最推崇的一部分内容并不能算作人类的积极力量，比如高效率、竞争性、漂亮的外表、刻苦等，它们固然具有独特的积极意义，但从全世界各种文化的角度来看，它们并不适用于地球上的全部人类。

二、具体的积极力量

下面我们分别来对积极人格的6大积极品质做简单的介绍和论述。

（一）智慧

第一大类积极品质是智慧（即有智慧的人），智慧是人类改变或创造生活的前提，同时也是人应对世界最好的武器，它所包含的积极力量主要有：

1. 好奇/对世界感兴趣

好奇指面对与个体自己先前经验不一致的事物时，能以开放的姿态去体验并采取灵活的应对方式和措施。好奇可以是特定的，比如只对乒乓球运动感兴趣，也可以是普遍的，如对全世界所有的动物感兴趣。一般情况下，科学家更容易对特定的事物好奇，而社会工作者、政治领导人等更容易对世界的各个方面感兴趣。好奇是人类改变世界和不断进取的一个基本前提，总的来说，好奇的人不会容忍模棱两可，而有着强烈的解开问题、寻找答案的欲望。好奇在世界任何文化中都受到推崇，但它的对立面——冷漠则在任何一种文化背景条件下都不会受到推崇。

2. 热爱学习

热爱学习是一种积极力量，尽管它看起来并不像是一种积极力量，但事实上它满足积极力量的一切条件。热爱学习的人喜欢保存大量知识的地方，如学校、图书馆和博物馆等，他们享受生活中的一切学习机会，无论是在班级里学习还是自学，也无论是年轻时的学习还是年老时的学习，他们都乐在其中。热爱学习的人并不特别在意学习所能给他们带来的功利，他们热爱学习主要在于他们在学习中能体验到快乐。一般热爱学习的人比较热衷于某一专业或领域，而且在该专业上的技能表现出色，就算得不到他人的价值认可也无所谓。

3. 正确判断/决定性思考/开放性思想（类似于人们生活中所说的理性人）

这是一种很难找到一个确切词语来表达的积极力量，但它的意思很明确，即一个人要能在充分并全面考虑各种证据的基础上迅速得出结论，同时面对新的变化既不轻易做出改变，也不轻易改变已经有的意见，既开放灵活又意志坚定。具有这种积极力量的人，在思考一个问题时会从各个方面去验证它，一般不轻易得出结论，一切决定都建立在可靠证据的基础上。当然，这样的人同时也善于变通自己的想法，通过客观理性地筛选现存的各种信息，做出于人于己都有利的判断。所以，具有这种积极力量的人既坚定又灵活，一切根据实际与现实做判断，从不将自己的愿望和需要与客观世界的现实搞混。

与这一积极力量相反的是逻辑混乱、偏执和没有主见的个性品质，比如逻辑混乱（最近我一出门就下雨，我一定会遇到什么问题的），过度个性化（这一切一定全都是我的错），以及非黑即白（没有人比我更笨了）的武断想法等，这些品质容易导致人产生抑郁和消沉等不良情绪。

4. 心灵手巧/独创性/实践智能（即常说的能工巧匠）

这是在当代社会最受推崇的积极力量之一，也就是人们通常所说的创造和创新，但这里主要指人们在各种实践活动中的创造和创新，如经常在自己的院子里搞出一些让人意想不到的新花样，或者总是在工作中发明一些有效的工具等。在任何一个社会，创造和创新都能使人进步，并充分实现自己的价值。当具有这种积极力量的人想要实现一个目标时，会特别擅长寻找一些新奇合适且有效的行为方式来达成，这样的人很少满足于按以往惯例来做事。这种积极力量包括各个领域的创造和创新，如文学、艺术创造以及人们的日常生活实践等，因此它有时也被称为实践智能。

5. 社会智能/个人智能/情绪智能（即日常所说的情商高）

社会智能类似于人们通常所说的情商，但它比情商的范围更广泛。社会智能主要涉及人与人的交往，具有这种积极力量的人会不断观察他人的变化，能较好地站在他人的立场，考虑他人的情绪、性格、动机以及心理意图等，他们的行为反应不拘泥于某一种固定形式，而是因人而异。这种积极力量还包括个体对自我的反思和体察，并且根据反思的结果来选择和指导自己的行为。这种积极力量较高的个体一般都会把对自我的体察和对他人的观察结合起来，从而在各种社会生活中做出合适而又贴切的选择。

6. 洞察力/大局观

这是比较接近智慧本意且表明个体成熟程度的一种积极力量，它主要是指面临各种复杂问题或情景时，能迅速地发现和找到问题的核心，从而顺利解决问题或简化问题。这个世界正变得越来越复杂，人们的生活也因此变得更不容易，个体一旦具有了这种积极力量，不仅会使自己的生活更有条理且更轻松，同时别人也会来寻求你的帮助。从本质上说，洞察力和大局观其实是一种看待世界的独特方式，它一方面意味着效率，另一方面更意味着一种特别的能力。总的来说，有洞察力和大局观的人擅长于解决生活中最重要、最纠结的问题。它的反面是人们日常生活中所说的鼠目寸光。

（二）勇气

第二大类积极品质是勇气（即勇敢的人），它的积极力量主要有：

1. 英勇

这是一个在任何民族都会保留相当多故事的积极力量，人类在任何时代、任何场合都对英勇的人保持敬仰。具有这种积极力量的人不会在面临威胁、挑战、伤痛或者困难时退缩，他们会义无反顾。英勇不仅仅是生理上的一种表现，比如面临火灾时毫不慌张而勇敢上前，它还包括在智能、情绪上勇于坚持自己的观点立场。从本意上说，英勇不是不感到害怕，而是虽然感到害怕，却依然选择面对。这一积极力量的反面是怯弱。

2. 坚持不懈/勤奋/勤勉

这是一种涉及意志力的积极力量，总的来看所有的社会或民族都会推崇这种积极力量，每个父母都会为孩子具有了这种积极力量而骄傲。勤奋的人即使面对高难度的任务也会想方设法将它完成，他们在生活或工作中少有抱怨，做事执着有恒心，有始有终。当然，坚持不懈并不意味着执着于一些无法达到的目标，或为一些不切实际的目标空耗精力，事实上这些人处事灵活、现实，绝不是完美主义者。这种积极力量主要体现在日常生活中和学习中，勤勉的人一般有抱负，能为未来着想，不太为眼前的困难所阻碍。这种积极力量的反面是懒惰。

3. 正直/真诚

实事求是是对这种积极力量最好的解释，没有人会喜欢不说真话的人。如果一个人很正直，这不仅指这个人能说真话，也指这个人能以一种坦率和真实的方式来生活。所谓真诚，它实际上不仅指人要诉说事情的真相，还指人要以纯粹的方式告诉别人你的想法和承诺，在这一过程中不掺杂个人任何的感情和价值。所以，正直的人应该是纯粹的人。和这一积极力量相反的是虚伪。

（三）爱与仁慈

第三大类积极品质是爱与仁慈（即有爱也能被爱的人），它的积极力量主要有：

1. 慷慨/亲切

慷慨是爱与仁慈的第一步，如果一个人对什么都斤斤计较，那他肯定也养成不了爱与仁慈的积极品质。但慷慨又不是施舍，那种居高临下的施舍只不过是一种自我显摆，真正的慷慨是建立在亲切待人基础之上的。具有这种积极力量的人，不管是在帮助别人还是在与别人相处时，总是将对方的需要放在自己的需要之上。这种人喜欢为别人做好事，常常会主动抽出时间帮助别人。帮助家人或朋友并不能显示出有多慷慨，慷慨更主要体现在帮助不熟悉的人身上。这种积极力量的对立面是斤斤计较。

2.爱与被爱

爱与被爱（主要指狭义上的男女之爱）既是一种亲密关系，同时也是一种能力，更是一种积极力量。这种积极力量不仅仅指男女间的浪漫方式，它还反映你如何看待与评价你亲近的人，如何处理与对方的亲密关系等。爱是一种积极力量，怎样去爱已经被太多的圣人先哲论述过，其实概括起来，爱无非就是一种心疼。而被爱也是一种积极力量，如何才能使自己被爱实在不是一个简单而又有明确答案的问题。不过在多数情况下，爱他人容易，而使自己被爱则相对更困难，这种情况在男性当中尤其如此，因此当前的教育更应该针对如何提高被爱品质而进行。这种积极力量的对立面是恨。

（四）公正

第四大类积极品质是公正（即正义的人），公正所包含的积极力量主要显示在公民活动中，不仅包括人与人之间的关系，还包括个体与家庭、社区、国家乃至全世界等更大群体之间的关系。公正积极品质所包含的积极力量主要有：

1.公民职权/集体工作/忠诚

公民职权是这种积极力量的核心，这种积极力量主要指个体属于团体中的一员，个体必须对自己的团体、队友等忠诚，要乐于和团体中的人分享，并且为团体的成功不懈努力等。作为团体中的一员，每个人都必须努力做好自己分内的工作，一定要尊重团体的目标（特别是个人目标和团体目标发生冲突时），要充分尊重团体中处于权威位置的人，要将自己的个性融合于团体的风格和要求。这种积极力量不是来自先天的遗传，也不是自动地伴随着生理成熟而自然形成，它主要依靠后天的培养。

2. 公平与公正

这是一种如何看待他人与自己的积极力量，当你拥有一定的资源决定权时，你不应该让个人情感影响你对他人的决定，而是要给每个人以机会。特别是你应该站在全人类的角度上思考问题和做出决定，不能只充当某一群人的代言人。具有这种积极力量的人应该以更高的人类道德原则来指导自己的日常生活，要认真考虑给那些你从不认识或从未见过的人以同等的福利，在同等情况条件下必须以同等的方式来对待他们，要将个人偏见抛在一边。公平与公正尽管是一种品质，但在一定条件下也会转换为一种社会氛围，当一个社会的多数人都在比拼家庭背景时，整个社会就会形成一种不公平的社会风气。这一积极力量的对立面是偏见与歧视。

3. 领导力

领导力指在组织和开展活动等方面表现出色，能使一个团体人尽其能，物尽其用。一个具有领导力的领导首先必须做出有效的领导，在完成群体任务的同时也能保持与各成员间的良好关系，并使各个成员的才能得到充分发挥。同时有领导力的领导也必须是仁慈的领导，要能以他人利益和集体利益为重，不利用自己的权力或资源来谋取私利，在处理团体关系时，不故意损害他人，宽宏大量并坚持正义，一身正气。这一积极力量的对立面是昏庸。

（五）节制

第五大类积极品质是节制（类似于日常所说的有涵养的人），作为一种约束自我的核心积极品质，节制是指对自己需要和欲望的适当表达。有节制的人不是压抑自己的动机，而是在不伤害到自己和他人的前提下，等待机会来满足自己的需要和欲望。这一大类积极品质所包含的积极力量主要有：

1. 自制

自制就是自我控制，它是指在条件不具备的情况下，个体要有意识地阻止自己的渴望、需要和冲动。自制的前提是要明辨是非，当一个人在思想认知上认为自己实现某种目标的可能性比较大时，就会围绕这一可能性来安排自己的行为，所以个体要有意识地提高自己的知识修养，并且把所学到的知识付诸行动。自制在一些特定的条件下很重要，如当不幸事件发生后，个体要努力调节控制好自己的情绪，不冲动；当面临消极不如意时要能够独自修复和对抗不恰当的消极情绪等。

从进化论的角度来说，每个人天生就会通过遗传而获得一种心理功能：那就是为了获得某种收益而付出短期的代价，从而抑制自己当前的某种行为或心理，如情绪调节、注意调节、处理精神压力、行为调节、控制冲动或抵制诱惑等。但这里的关键是代价和收益之间的矛盾冲突，所以对于同一种行为或条件，可能不一定所有人都会主动进行自我控制，人在处理这个矛盾时既会受到先天的特质影响，也会受到不同的情境条件的影响。因此，后天的培养提高这种积极力量可以使人在面临矛盾冲突时做出正确的选择。自制这种积极力量的对立面是随心所欲。

2. 远见/谨慎小心

远见和谨慎小心相结合是一种思想和行为的结合，如果你只是谨慎小心而没有远见，那你就可能成为一个因循守旧的人；如果你只有远见而不谨慎小心，那就有可能成为一个空有抱负的人。远见是指在决定做某事之前就做了充分的调查研究并制定了切实可行的行动方案，一般来说，具有这种积极力量的人能够抵制短期利益的诱惑，从而实现自己的长远目标。所谓谨慎小心的人，就是指你说的话、做的事经过了仔细考虑，绝不会让自己后悔。当然谨慎小心还包括人们在日常生活中能注意到各种危险而使自己不受伤害。这种积极力量的对立面是盲目冲动。

3. 谦虚

这种积极力量的内涵有点接近于人们日常生活中所说的低调，它主要指一个人不喜欢成为公众聚焦的对象，不喜欢夸夸其谈，更倾向于用实际行动来表达自己。谦虚的人从不认为自己很特别，也不喜欢炫耀自己的才能或所有。谦虚不是自我的感觉，而是别人的评价。总的来说，谦虚的人有一颗平常心，并不把自己的抱负、成功和失败看得多么重要，认为胜利和挫折都是一件平常事。谦虚不仅仅是一种行为方式，更反映了一个人的心理品质。谦虚的对立面不是通常所说的骄傲，而是浮夸或夸夸其谈。

（六）精神力与超越

第6大类积极品质是精神力与超越（即日常所说的不凡的人），它所包含的积极力量主要有：

1. 欣赏美/优秀

欣赏美是一种能力，但它也是一种品质特征。这种品质主要指个体能够准确地区分好坏，并对好的或美的持赞赏态度，即当个体遇到这些美和优秀的人或物时会产生积极情绪。欣赏美包括很多方面，如玫瑰的花香、人体的曲美、音乐的韵调、自然的鬼斧神工、数理的精致巧妙等，同时欣赏美还体现在对反映人类美德的行为有着独特的鉴赏力。欣赏美的对立面是美丑不分。

2. 感恩/感激

感恩是一种个体意识，是欣赏他人或社会对自己有价值意义的事件后，产生的一种情绪状态，指个体能意识到身上正在发生或已经发生了的好事，并且从来不认为这些好事是理所当然的。感激不仅仅体现在特定的人或事件上（如别人对你做的任何支持性的事件、为你付出的努力和时间牺牲，或者是欣赏你的优点或长处，或者给你提供了机会等），还指向一般的对象（如生活本身和这个世界的一草一木等，生活在这个世界多么美好），此外，它也可以针对那些虚拟的东西。如果人们仔细回忆自己的过去，就会发现自己可能漏掉了许多本来应当要感激的东西，许多发生了的、给我们带来了恩惠的事情，就像抓在手里的沙，不经意间就慢慢消失了。人要经常重新捡起这些需要感激的事，并深深地报以感恩。

感恩这一积极力量具有文化普适性价值意义，一个人从很小的时候就被教导要对他人的恩惠或友善行为等表达谢意。一般人总认为感恩是为了让施惠者从中获益，因为感恩有可能会向施惠者传达一个信息：他们的行为被注意到了并被欣赏，这将鼓励他们继续这样做下去，并因此而有利于施惠者的身心健康，提高他们的生活满意度。一般认为，当一个人在日常生活或工作中给了他人恩惠之后，他在心理上会不自觉地产生一种吃亏的感觉，会因此而产生不满意感，而感恩会有利于消除这种吃亏心理，提高其满意感。事实上，相关的研究报告及日常生活经验都告诉人们，一个经常受到感恩的人会显著提高自己的生活或工作满意度。如，一个经常做家务的妻子如果能经常接收到丈夫的感恩，她就很少会抱怨家务劳动的不公平。不过现在也有研究发现，和那些不太表达感恩的人相比，那些经常表达感恩的人对生活或工作的满意度也会得到提高，也就是说感恩对感恩表达者的心理健康也有好处。

感恩表达还受感恩者本人的心理影响，多数人对家人满足自己需求的要求和动机会更高，一般显著性高于普通朋友或陌生人。就是说，和其他人相比，家人要做得更多、更好（感恩刺激强度要更大）才能获得和其他人相同程度的感恩，这就是所谓的"亲情麻木"。所以这里就存在一个"似我强度"（即和我本人相同的程度）心理，如果一个人和他人发生了争执，他就会要求一个陌生人能站在公正的立场上说话（这样他就会表达感激），对自己的朋友则要求他们站在自己立场上说话（这样他也会表达感激），而对于家人则要求他们无条件地帮着自己一起和对方争执（这样才会表达感激），这就是心理上的似我强度问题。这里的似我强度是由个体主观上的心理距离决定的，心理距离越近则越似我，因而就会要求对方在态度和行为上要更似我。

但如果一个人接受了别人的恩惠而不感恩会怎样呢？在电影《哈利·波特与密室》中，多比是一个很可爱的小精灵，喜欢哈利·波特和邓布利多。多比特别喜欢自由，会经常热心帮助哈利·波特。但由于他原来是马尔福的家养小精灵（多比受到了马尔福的恩惠），因此他每次违背主人的愿望而帮助了哈利·波特之后（没有对马尔福感恩），都会由于内疚心理而进行自我惩罚，现在心理学上把这种不感恩而导致内疚心理并进行自我惩罚的现象叫作多比效应。当然，多比效应的出现也有一定的条件，实际上多比并不是每次帮了哈利·波特之后都会自我惩罚，只有当他的帮忙而使马尔福受到的伤害达到了一定程度时，多比效应才会出现。心理学的研究也发现，只有在个体对他人所造成的伤害不可能得到修复的情况下产生的内疚才会产生自我惩罚行为，而如果造成的伤害可以得到修复，则一般不会出现自我惩罚行为。

3. 希望/乐观

希望与乐观其实是紧密联系在一起的，一个人只有满怀希望，他才会乐观，心中没有希望的人一定是一个悲观的人。充满希望对一个人有很大的价值，因为人不仅要活在今天，更要活在明天，只有对未来有希望才会使人们积极地生活下去。具有这种积极力量的人会坚信自己拥有一个很好的未来，并且愿意为之认真计划、不懈努力。这种积极力量代表了人们对未来的一种积极看法，相信未来会有好事情发生，认为只要自己努力就一定能够达成自己的愿望。这一积极力量的对立面是悲观绝望。

4. 精神性/信仰

人活在这个世界上要有自己的精神性或信仰，信仰对人们的生活有重大影响，是生活满意感的重要来源。这种积极力量强调人要一贯地对宇宙、生命的意义产生敬畏，要强烈地以这种意义作为自己的生活目标，要有清晰的生活哲学来规范自己，明确自己到底为什么活着以及到底要追求什么。信仰的对立面是浑浑噩噩。

5. 宽恕/宽容

宽恕与宽容是最为人称道的积极力量之一，现在也被看作增进人幸福感的一种有效方法。正如你会做出对不起别人的事一样，这个世界肯定也会有人做出对不起你的事，人要原谅曾经伤害过自己的人，要再给别人一次机会。具有这种品质的人应该在自己受到了伤害之后，利用移情的方法从对方的角度来看一下问题，从而改换一下事件的标签。宽恕应该是真心的，并要有具体的行为，当人们真的宽恕之后，就会更关注消极事件的积极一面，同时其报复、回避等消极动机或行为也会相应得到减少。这种积极力量的对立面是报复，现在有一种不好的现象，许多电影都以报仇雪恨为主题，强调报仇后的痛快。当然，对十恶不赦的人来说，报仇是必要的，但总是宣传这种主题，则会导致人们在小事上也锱铢必较，时时想着报复。

6. 幽默/玩兴

人们都愿意和一个有趣味的人一起生活，因此，几乎在所有文化背景下，幽默都是一种为人称道的积极力量。幽默的人更容易发现生活中阳光的一面，这种人不仅自己快乐，更会给他人带来欢乐。生活本身只是一个过程，在这个过程中会有质量上的差异，怎样的生活才是一种高质量的生活呢？那就是你每天的快乐越多，你的生活质量就越高。所以，人还是赶紧释放出自己的玩兴，尽最大可能让自己的生活多一分快乐吧。这一积极力量的对立面是呆板木讷。

7. 兴趣/热情/热衷

从价值角度来说，兴趣并不是一种积极力量，因为它并不总是指向积极的东西。例如一个人对赌博非常感兴趣，那这种兴趣就不具有积极的价值。但尽管如此，人们还是把兴趣列为人的一种重要的积极力量，这主要是因为兴趣是人们生活的原始动力，同时也是其他一些积极力量产生的基础，如自制、领导力等积极力量都必须有兴趣的参与才能达成。具有这种积极力量的人会全身心投入某个活动，会对生活充满期待，并最终获得生活上的各种各样的成功。这种积极力量的对立面是百无聊赖。

第二节　运用积极力量来改变生活

在《真实的幸福》这本书的序言中，塞利格曼这样写道："真正的快乐来源于你对自身所具有的最基本的积极力量水平的辨别，以及把这些积极力量应用在每天的工作、恋爱和教育孩子的过程中。"如何在工作、恋爱和教育孩子中运用自己的积极力量呢？这既是一个意识问题，又是一个技术问题。

从心理学、社会学过去的多个研究来看，一个团体（或群体）的竞争力不是取决于团体所拥有的物质力量，而是取决于团体的精神力量，而精神力量则又主要取决于这个团体成员所具有的积极力量的总和。如美国学者2006年的一项研究发现，除技术因素之外，军队战斗力强的另外一个重要原因就是军队成员具有更多的积极力量和美德。研究者把美国西点军校学员、挪威海军学校学员和美国平均年龄在18～21岁的普通年轻人拥有的24种积极力量进行比较。结果发现，军校学员有更多的积极力量，具体表现在诚实、希望、勇敢、勤奋和团队精神等方面。美国军人手册更是明确提出军队成员应该具有7种品质，它们分别是忠诚、责任、尊重、无私服务、荣誉、正直、勇气，在这些品质中有4项——忠诚、尊重、正直、勇气——属于积极心理学所提出的积极力量。

想要应用积极力量改变自己的生活，首先必须知道自己的积极力量的水平及特点。对于不同的人来说，其积极力量的发展具有两个基本特征：第一，在同一种积极力量方面，不同的人的发展水平有很大差异，比如公正这一积极力量等；第二，在不同的积极力量方面，同一个人有不同的发展水平。例如有的人在领导力发展方面有很高的水平，但在勇气方面却表现出较低的水平，另外一些人也许正好相反。

怎样测量他人或自己的积极力量的发展水平和发展特点呢？目前主要有两种方法：

方法一：运用各种积极力量的单独量表分别来进行测量。现在心理学已经针对这些积极力量，开发出了许多相应的量表，如精神性测量量表、兴趣测量量表等，然后根据这些量表的测量结果来判定他人或自己积极力量的水平和特点。不过这种方法比较复杂与烦琐，24种积极力量可能就需要24种量表以及相应的常模。

方法二：用一个简单量表直接测量24种积极力量的水平，让个体自己和其他人分别就24种积极力量对自己进行7点量表或9点量表打分，然后综合自评量表和他人评判量表的结果来确定自己的积极力量水平和特征，这种简单量表具体如下。

请你根据他（或自己）的实际情况分别对他（或自己）在以下24个方面的情况进行评价，评价分为1～9分，其中1分为最低水平，9分为最高水平。

A. 智慧与知识	● 正直	● 远见
● 好奇	C. 爱与仁慈	● 谦虚
● 热爱学习	● 亲切	F. 精神力与超越
● 判断	● 爱	● 欣赏美
● 心灵手巧	D. 公正	● 感激
● 社会智能	● 公民职权	● 希望
● 洞察力	● 公平	● 精神性
B. 勇气	● 领导力	● 宽恕
● 英勇	E. 节制	● 幽默
● 坚持不懈	● 自制	● 兴趣

这种评价方法可以一次就完成，操作过程比较简单，直观性好，但准确率没有第一种方法高。为了提高这种评价方法的有效性，可以请更

多的第三者参与评价，或者请同一个人多次评价等。

当个体了解了自己的积极力量的水平和特点之后，就应该针对这种特点把自己的积极力量应用于生活的各个方面，从而使自己的生活更加幸福。当人们在生活中有意地使用积极力量时真的会起到促进作用吗？从心理学的研究来看，这一问题的答案是肯定的，因为人的心理其实极易受到外界信息的暗示，并做出相应的改变。让我们来看看心理暗示的作用到底有多大。

在过去的实验中，心理学通过信息误导，可以让参与实验者把路口的"停车"标志当成"让车"标志，可以把刮胡子的男人记成留胡子的男人，把锤子记成螺丝起子，把米老鼠记成米妮，把笔直的尺子看成弯曲的……更匪夷所思的是，人们可以通过信息引导让某个人回忆起他未曾经历过的事情。比如，心理学家金伯利·韦德（Kimberly Wade）曾做过实验，他偷偷捏造出20个人儿时乘坐热气球遨游空中的假照片，然后对这20个人一一进行访问，请这些人回忆当时坐热气球的情景。第一次访问时只有1/3的人回忆起了当时的"情景"，第二次访问时差不多有一半人能够回忆起当时的情景，到了第三次访问时大多数人都能详细地叙述他们儿童时代根本就没有发生过的这件事情。这一实验表明，人的思想和记忆具有惊人的变化性和可塑性。很好，我们再来看一个更加过瘾的心理实验，这个实验让你看到世界上根本不存在的东西——鬼魂。

为了研究"暗示"对人的心理产生的作用，理查德·怀斯曼（Richard Wiseman）和他的魔术师朋友安迪效仿19世纪的"通灵会"（和已经死去的人的灵魂沟通）制造通灵假象的做法，招募了几批志愿者来参加几场通灵会。他们找到一个废弃的古代监狱——一个黑暗潮湿阴冷、让人毛骨悚然的地方。漆黑之夜，扮演成通灵人的安迪把志愿者带入监狱里一个闪着影影绰绰烛光的房间，让他们围坐在房间中央的大圆桌旁。坐定之后，安迪开始讲述一个虚构的鬼故事，故事的主人公是个名叫玛莉的歌手，她在这所监狱里被谋杀。为了让大家相信这是真的，安迪展示了玛莉生前用过的物品——一个沙铃、一个手铃、一颗藤球。当然，玛莉这个虚构人物的这些物品也不是真的，而是从二手市场上买来的旧货。

　　展示出这些物品后，安迪叫大家手牵手，把烛火熄灭，他准备召唤玛莉的灵魂了。烛火熄灭后，房子里一片漆黑，由于这些"遗物"被涂上了亮光漆，在黑暗中依稀可见。首先安迪叫这些志愿者看藤球，看了几分钟后，藤球开始腾空升起，在房间内到处飘动。等到藤球回到了桌子上，安迪又叫大家注意沙铃，不久，这个沙铃在桌子上慢慢滚动起来，那滚动的声音在这死一般寂静的夜空显得格外恐怖。通过红外线的拍摄观察，怀斯曼发现，这一毛骨悚然的现象确实让很多在场的志愿者惊呆了，很多人吓得瑟瑟发抖。其实，这些现象跟鬼魂毫无关系，只不过是魔术师安迪的雕虫小技，可怜这些志愿者都不知道安迪是个魔术师，就这样被他骗了。制造了令人毛骨悚然的氛围之后，安迪开始暗示大家，玛莉已经回到房间里了。安迪让玛莉移动那个又大又重的桌子，他不断地说"做得好，玛莉""把桌子再抬高点""桌子开始移动了"之类的话。其实，桌子根本就没有移动过，也没有飘起来，但是，很多志愿者却表示真的看到桌子飘动了。因为经过上面一系列的暗示和环境烘托，许多人已经相信玛莉的灵魂确实在房间里（注：内容中的少量语句经过了简单修改）。

　　众所周知，生活幸福是人类的终极目标。亚里士多德就曾强调说，幸福是人类的终极目标，其自身就是目的。因此，即使正处于繁荣昌盛的社会也应该提倡用积极的暗示，让自信者更自信，让智慧者更智慧，让满意者更满意，让成功者更成功。塞利格曼建议尤其在工作方面、爱情方面、教育孩子方面和心理健康方面要尽量使用自己独特的积极力量，从而帮助自己或他人获得真正的幸福。

一、工作方面

实际表明有很大一部分人并不喜欢自己的工作状况。以美国为例，从20世纪70年代至21世纪初，美国人的收入上升了16%，而认为自己很幸福的人却从36%下降到29%，从这个意义上讲，工资收入的增加并没有同步提高员工的工作满意感（本书以美国的实际研究状况来分析，主要是因为中国这方面的研究比较少，缺乏相关的数据，所以只能较多地引用美国的数据来说明问题，这也恰恰说明在中国应大力加强积极心理学研究）。那么怎样才能有效提高人们的工作满意感呢?

塞利格曼指出，提高工作满意感的秘诀在于经常地发挥每个人的积极力量，也就是说，人们要重新定义和安排工作，使人们的积极力量在工作中得到充分展现。在过去很长的一段时间，人们总认为自己工作只是为了获得薪水，是为了使自己及家人能生活下去，因此人们在工作中就应当无怨无悔地去做任何事情，包括满意的事和不满意的事。但现在这种情况改变了，大部分人的工作已不再只是为了获得薪水和养老金，而是有了更高层次的目的，包括在工作中发展自己或锻炼自己，使自己在社会中显得有价值，能给自己带来快乐或自我实现等。也就是说，现代社会的人参加工作的一个很重要的目标是使自己感到快乐和满意，工作本身已经从金钱行为开始演变成满意行为。当然这种变化趋势也会因具体的现实状况不同而发生一些改变，如当工作机会变得较稀少时，满意感就相对不那么重要，如果每一份工作都有几个人在抢，许多求职者也因此而变得不那么挑剔了；当工作机会开始增多时，满意感就会占据更重要的地位。

但总的来看，社会在逐渐走向以个体工作满意感为核心的社会，因为现代社会的生活保障事业不断发展，人们的生存压力不大，所以现代社会条件下的人每天都在问自己：我真的想要做这份工作吗?

（一）工作认同与工作满意感

彼得森教授主持的一项有5000多名成年人通过网络参与的关于积极力量方面的研究发现，积极力量和个体的生活满意感显著相关，特别是24种积极力量中的希望、兴趣、感激、爱、好奇等与个体自身的生活满意感显著相关，当这几种积极力量的得分较高时，个体一般都具有较满意的生活。

在提高工作满意感的问题上，首先不得不提到工作认同问题，因为个体不同的工作认同常常制约着个体工作的满意感。因此，尽管现代社会里大多数人把工作满意感作为自己选择工作的一个重要因素，但他们的实际关注点却不一样。工作认同按性质的不同一般大致划分为三类：职业、事业和天职。

职业认同就是指个体把自己所从事的工作仅仅看作一项谋生的手段。虽然个体也对自己所从事的工作感到满意，但他所做的一切主要是为了获得金钱或物质报酬，这种工作认同的员工的工作满意感主要由金钱或物质报酬等因素决定。职业认同的最大特点是个体的自我并没有投入工作中，而是游离于所从事的工作之外，是金钱或物质把自我和工作暂时性地联系在了一起，一旦个体不能从工作中获得自己的物质利益，他便立刻产生不满意感，并会毫不犹豫地放弃自己所做的工作。

当把工作认同为一种事业时，个体就不太关心自己在工作中所获得的金钱或物质利益，而是更关心自己在工作中所取得的成就和进步（不等同于我们通常所说的自我实现，自我实现主要是价值意义上的，其层次更高）。当然成就或进步有时可以通过金钱或物质利益来证明，但事业认同的个体只是把金钱和物质利益作为其成就和进步的一个附属品，金钱和物质本身对其工作并没有驱动力。在现代社会中，成就和进步主要表现为个人职位的升迁、名气和权力的扩大、地位的提高等，因此职位、名气、权力和地位等成为影响事业认同个体的满意感的最主要因素。理论上说，这种事业认同个体的，职位的每一次升迁、名气的每一次扩大、权力的每一次增加等都会给他带来莫大的快乐，也就是说这些因素决定了他工作满意感的大小。事业认同个体的最大特点是自我有了部分的投入，具体来说就是个体自我所包含的认知部分已投入了工作，而情感部分则没有。事业认同的个体已经理解了工作背后的社会意义和社会价值，其在工作中的自主性、创造性较高，而且对工作中出现的一些厌恶性刺激也能接受。但这种工作认同还仅是一种外在支配下的自主，并没有和个体本身的内在价值系统完全融合。如果事业认同的个体的职位升迁（或与升迁相关的权力、名气的增大等）一旦停止或他在主观上认为升迁的机会不大，他就会到其他地方去寻求自己的发展，但这种转向相对于职业认同个体较为缓慢。

天职认同是一种最高层次的工作认同。个体把某一项工作当作天职时，完全是因为个体对工作本身已产生了巨大兴趣，工作的意义已彻底融于自己的生活和生命，金钱的获得和个体职位的变化已变得意义不大或毫无意义。天职认同个体的工作满意感不再受任何外在条件的影响，而只受一个因素——工作本身的控制，只要做这项工作，即使在工作中不能获得相应的金钱或物质利益、职位得不到升迁，他也会感到满意。天职认同的个体最大特点是个体的自我已完全投入工作之中，工作本身已成为最大目的和意义。

从社会本身的发展要求来看，如果社会能让所有人的工作认同都达到天职认同水平的话，那就可以保证每一个人都能从工作中获得尽量多的幸福。而要做到这一点，一个最基本的前提就是让每一个人在自己的工作中尽量多地表现和运用自己的积极力量。事实上，社会中那些和正义、生命等相关的工作必须具有天职认同，也就是说做这些工作的人一定要不考虑个人的名利得失，如法官、医生、教师和警察等工作。因此，努力提高这些人在自己工作中的表现和运用自己积极力量的技术就具有了很重要的现实意义。传统意义上，天职认同更多出现在科学家和社会公益活动家群体中，但实际上，只要能有意识地在自己的工作中运用积极力量，人们所从事的每一项工作都有可能升华为天职，即使是清洁工、售货员和收银员等这些常见的工作也是如此。

（二）工作中运用积极力量的技术

工作中无论面临的是重大问题还是日常事务，只要这种挑战与个体的能力大致匹配，从理论上说，这种工作就一定会让人产生满意感。但这需要一些条件，塞利格曼在这方面给出了一些建议：首先，每个人要发现自己主要具有什么样的有代表性的积极力量；其次，要选择那些能够让你经常使用自己有代表性的积极力量的工作；最后，创造性地改造你目前的工作，直至它令你的积极力量经常得到发挥。如果你是一名雇主，请选择那些个人积极力量与工作相契合的员工；如果你是一名管理者，请给你的员工一定的空间——让他们在完成任务的前提下能够自由改变自己的工作状态。

不仅如此，工作是一个很复杂的系统，除了涉及一定的专业知识和技能，更主要的是涉及人与人之间的沟通。无论是对危机做出反应，还是制定长期或短期的工作计划，有效沟通都是最重要的，而有效沟通主要依赖社会智能。工作中如何运用社会智能等积极力量来与他人进行有效沟通呢？

1.仔细分析沟通对象的特点

沟通对象的知识、能力水平、过去的生活经历、人口统计学方面的特点、人格特点和气质类型等都对沟通有重大的影响。例如，和外向的人进行沟通就要多讲后果，而对内向的人则要多进行动机激发和行为诱导；对男性要着重内容的重点，而对女性则要着重各种细节；对生活经历丰富的人要以咨询的方式进行，对生活经历简单的人则直接告知或进行言语劝说。总之，一定要记住良好的沟通在于向对方推销他的利益而不是你的内容。工作中特别要注意对以下三类不同的人运用不同的沟通内容和方式。

与下属沟通时，应该确切地让下属知道自己与他观点的分歧和相同之处以及原因，不要总是有上级意识，这样容易使领导者或管理者被孤立。要努力使自己的人格得到下属的认可，只有这样，下属才有可能接受领导的思想和意识，服从管理和指挥。具体来说，作为一个领导者要善于向下属表露自己的意向和情感，也要了解下属的意向和需要，只要不是原则性的，应该顺其所意；要关心下属的工作和生活，更多地考虑下属的各种正当利益；要主动把重要工作交给下属，委以重任，信任他们，并在下属出现错误时能理解和原谅他们。

与上司沟通时，则要先陈述你自己的观点，然后再陈述其他观点，在这一过程中，既要表现出自己的正直，又要表现出对领导者或管理者的权力和威信的尊重；要清楚地认识到领导者或管理者对自己的期望，并以此指导行为；一定要表现出自己对当前工作的需要、掌控和忠诚，把自己的抱怨降到最低限度，适当时候要主动寻求领导者的帮助和指导，不能抓住领导者曾经的错误不放。

与同行或同事沟通时，一定要努力对其他人的工作表现出一定的兴趣和关心，但不要去干扰或指挥他人的工作。从理论上说，每个人在自己的工作领域都是权威，他要有控制感，不喜欢地位和他差不多的人来指手画脚。无论任何时候都要保持适度的礼貌和坦诚，在别人面前要保持乐观积极的态度，没有人愿意和一个悲观的人进行过深的交往。沟通时，要显示出有合作的态度和能力，要以团队的利益、群体的目标为沟通的主要内容，还要适时地真诚赞扬对方，承认他在工作中的价值。

2. 沟通中要有自己明确的观点

从一开始就明确表达你的观点，以便无论是同意你还是不同意你的人都能理解你的论述。只有当对方能够听懂并明白你的观点时，对方才能跟得上你的思路，太转弯抹角地表达自己的观点，现在越来越不被人喜欢和推崇。在表达观点时最好通过罗列正反两个方面的观点或引用其他合理的相反建议来表明你对这一领域的认识和理解，同时也说明你已经采纳了其他人的合理的可供选择的观点，以此来突出为什么你的观点是更好的。

3. 确立并检验沟通目标

沟通中最好按意图、战略、具体任务来对你的沟通目标进行分类。同时把沟通目标放到实际环境中去检验，检验主要包括：目标是否符合伦理，是否有足够资源支撑目标的实现，能否争取到需要配合的人的支持，是否与其他同等重要或更重要的目标相冲突，在内外部都存在竞争的环境中制定的目标是否能占有充分的机会，目标实现后引起的后果可能是什么等。通过检验可以判断自己的目标是否需要修正。

4. 厘清具体的沟通内容并提供合理的证据

沟通内容是由目标和任务决定的，它的载体是基本信息，这些信息就是陈述清楚的事实，由于不同的人对内容的需要不同，沟通内容在不同的人身上要有所调整。如当你在工作中可能需要休假一段时间，你就应当针对不同的人进行不同内容的沟通。

对上司或领导：要突出工作一定不会因休假而产生影响，强调已经安排好了自己的工作，休假期间同事们会帮自己完成那些工作，在休假前以及休假后会多投入一些时间和精力。

对同事：要突出每个人重新安排工作计划的可能性，强调自己的谢意以及将如何报答同事们的帮助。

对其他人：要突出工作中的相互体谅和帮助的重要性，强调其他很多人已经得到过这样的体谅和帮助了。

提供证据时有几个技术上的问题要注意，一般来说，支持你和中立的人都想首先听到支持你目标实现的详细论证，而怀疑和敌对的人在他们的忧虑被充分考虑之前则不会注意你对目标的积极论证。对话题感兴趣的人，想立即了解那些能够证实目标的详细材料，而对话题不太感兴趣或不太熟悉的人，只有在沟通的后期，当他们的兴趣被唤起后才会乐意对你的目标做出反应。

5. 沟通中要做一个好的倾听者

沟通还包含了另一个重要方面，那就是倾听。倾听不仅仅指听，它更意味着你关心对方的情感，你与对方有共同的兴趣。良好的倾听很容易形成心理学上的自己人效应。为什么很多人不太愿意倾听或在倾听上存在问题呢？从心理学的研究来看这一方面的原因很多，如认知失调（即听的内容和自己的实际行为或情况存在矛盾）、焦虑（即情绪不稳定）、被动型倾听（因外在压力而被迫倾听）、对对方缺乏尊重、不理解倾听的内容等。

二、爱情方面

尽管有调查显示，每10对结婚的人中有3对以分手告终，但每年还是有一对对新人伴随着浪漫的誓言而走进婚姻，"从今天开始，不论贫贱或富贵、生病或健康，我都会爱你、珍惜你，直到死亡把我们分开。"

对于婚姻关系，积极心理学并不是去拯救那些快要瓦解的婚姻，而是使一个稳固但又比较平淡的婚姻变得更积极。怎样利用积极力量来增强两人之间的爱和亲密关系呢？塞利格曼认为，当我们身上的主要积极力量每天都能得到发挥时，婚姻关系一定会变得更好、更积极。事实上，良好的亲密关系不可能自然达到，一定需要人们有意识地去做些什么。针对具体的操作方法，塞利格曼提出了以下建议。

（一）长期"保持错觉"原则

刚谈恋爱的人出现"情人眼里出西施"的现象并不稀奇，但结婚几十年的双方其实也可以一直保持"情人眼里出西施"的状态。婚姻中夫妻双方如果能持续地发现配偶的积极力量和优点，那么就能够减少他们日常生活中相当一部分的矛盾和摩擦，塞利格曼将这种方法称为"保持错觉"原则。从发现和欣赏的角度来看，满意的夫妻在对方身上看到的是美德和力量，他们比配偶的朋友甚至是配偶的家人更能发现配偶所具有的优点，而不满意的夫妻看到的则是对方的缺点，甚至是被放大了的缺点。从这一方面看，保持积极的错觉能够增进婚姻的满意感。

从个体这一方面来讲，当人的最优力量得到充分展现和运用时，内心必定充满喜悦。尤其当配偶也发现了自己的这一力量时，人们会变得更努力，从而不辜负对方的信任。这对于加深双方感情、稳固婚姻来说都是大有益处的。具体的操作方式如下：

首先请你对配偶的积极力量分别进行评价，填写在下面的清单里。

A. 智慧与知识	● 正直	● 远见
● 好奇	C. 爱与仁慈	● 谦虚
● 热爱学习	● 亲切	F. 精神力与超越
● 判断	● 爱	● 欣赏美
● 心灵手巧	D. 公正	● 感激
● 社会智能	● 公民职权	● 希望
● 洞察力	● 公平	● 精神性
B. 勇气	● 领导力	● 宽恕
● 英勇	E. 节制	● 幽默
● 坚持不懈	● 自制	● 兴趣

然后从中选出得分最高的三种积极力量填入下面的清单，这实际上就是对方有代表性的积极力量，每一种都需要列出一些具体的事件。

● 积极力量

● 事件

● 积极力量

● 事件

● 积极力量

● 事件

这两项工作完成后，把它拿给你的配偶看，以便对方知道你发现了他/她具有的力量，并且对此抱着欣赏的态度。当然，这不是婚姻关系中一方就能完成的，他/她也需要完成同样的任务并且反馈给你。

（二）围绕所发现的有代表性的积极力量来营造乐观的婚姻

塞利格曼是关于解释风格方面的研究专家，这使得他非常重视乐观对于稳固婚姻的重要性。如果两个悲观的人结了婚，一旦相互之间发生了不愉快的事件，两人的解释往往会呈现螺旋式下降，越来越悲观，最终有可能使得婚姻关系不能长久。因此，即使是悲观的人也要尽量通过学习而使自己变得乐观。

一个关于乐观与悲观的研究调查了54对新婚夫妇，并对他们进行了4年的跟踪研究。结果是婚姻满意度与悲观呈负性相关，这表明只有乐观的解释才能提高婚姻满意度，而满意度的提高又促进了乐观解释。研究还发现，其中的16对夫妇在4年里离婚或分居，而在这一过程中越是乐观解释的夫妇就越不会离婚。由此可见，乐观对婚姻关系的维持十分有利。塞利格曼建议夫妻双方都应该要用乐观的积极方式去进行解释。

例如，当配偶做了一件令你不开心或生气的事情，请努力找一个暂时的且只针对这件事的理由，"他太累了""他今天心情不好""他这一次只是喝醉了"；而不要用人格特征类的句子去描述对方，"他总是不注意听我说话""他是个坏脾气的人""他就是个酒鬼"。

又如，当你的配偶做了一件让你很开心的好事，你就要有意地把它放大，要以永久性、普遍性的解释方式去赞美对方，"她一直很聪明""她总是能做得最好"。千万不要用运气或偶然等因素去描述，"这次只是对手不强或对手让步了""她今天实在是幸运"。

（三）有回应地、感兴趣地倾听对方

两个人谈话的时候，如果经常出现一个人在说话，而另一方只是在不动声色地等他/她说完的状况，这对维持良好的婚姻来说十分不利。对说话者而言，倾听者的积极回应非常重要，这能让说话者直接感受到自己是否被重视和关心。在婚姻中更是这样，塞利格曼指出了一些适用于夫妻交流时的倾听技巧。

首先，一名好的倾听者要学会使用"确认"信号。塞利格曼建议，在听对方说话的时候应该加上"嗯""我知道了""我明白你的意思"等；当表示同意或者同情的时候，点点头或用些"确实如此""对的""这不能怪你"等方面的语词，这种回应十分必要。

其次，在倾听时还要集中注意力，防止分心。如果想要在谈话中集中注意力，那么，孩子的哭闹、必须做的家务、身后的电视节目等外部干扰因素一定要事先解决，这些外部干扰因素会让你显得漫不经心。不仅如此，人还要避免一些内部干扰因素的影响，如疲劳、思考其他事、厌倦，以及最常见的时时准备反驳等。如果确实存在倾听的困难，那就应该事先跟对方说清楚"我很愿意现在和你讨论这个问题，可是我现在感觉疲惫不堪""我现在被有关工作的一项报表事务缠住了"等。此外，当你的注意力带有感情，当你特意去称赞配偶的长处时，你便能提高自己注意力的质量。而要克服疲倦、想其他事这些外部干扰因素，一个很好的办法是简单复述对方的话，因为这需要集中注意力才行。

最后，还要调整好倾听时的情绪状态。当你情绪很好的时候，回应和注意会做得较好，而在情绪不好的时候，你往往会失去同情心，容易听到对方所讲的内容中的错误，并有可能直接反驳对方。因此，在情绪状态不好的时候，有必要事先告诉对方"我今天实在非常沮丧""我心情不佳"，或者提议"我们能够等晚饭之后再谈这件事吗"等。

上述是夫妻日常谈话中发挥积极力量的技巧，但这些技巧在谈论一些非常敏感的问题时就不够用了。当然，对于关系糟糕的夫妻来说，可能任何谈话内容都是敏感的地雷区，一不小心就会引发爆炸。但即使是关系融洽的夫妇也存在一些敏感话题，如金钱、性以及对方的亲人等。关于夫妻双方如何交流这些敏感性话题，塞利格曼推荐夫妻双方可以使用"发言者—倾听者规则"（Speaker-listener Ritual）。遵循这个规则进行谈话时可能会有一个小小的仪式。开始谈话时，首先让一方手里拿块小毯子或者棒槌之类的东西，表明这方具有发言权。双方要时刻记住并遵守规则，当自己手里没有棒槌等东西时，就只能够倾听，绝不能发言。当一方发言之后就把手里的东西交给另一方，这意味着这一方在这一时刻已经把发言权交给了另一方，另一方可以发言，而这一方就只能倾听。这种谈话中一定不要一开始就急着解决问题，因为在敏感性话题中，做一名耐心的倾听者是解决问题的先行条件。

如果你是一名发言者，你只能谈论自己的想法与感受，不要谈论对方的所感所想，因为你的主观解释和感受也许并不是对方的真实感受或想要表达的意思。也不要用类似"我觉得你很可怕""你是个自私的人"等评价性说法，而是使用只表达自我感受的语句，例如"当你一直跟她说话的时候，我感到心烦意乱"。同时也要注意，别占用大量的发言时间而进行漫长的诉说，要经常停下来让倾听的一方进行必要的解释或反应。

如果你是一名倾听者，你对所听到的内容不能进行反驳，不能提出解决方法，也不能有消极的肢体或面部语言。你的任务只是听懂对方的话，当对方要求你简述他/她的意思时，你应该照做。当然，你也会得到反驳或表达自己的机会，当然那是在对方把棒槌等东西交给你的时候。

总之，当办公室的压力、学校的压力或外界无穷尽的社会压力闯入人们的家庭生活时，它在某种程度上就会取代或减少配偶应给予另一方的注意力，这会导致两人之间的亲密关系逐渐被稀释。因此，需要经常有回应地、感兴趣地去倾听，因为爱在这个世界上是不可取代的。

三、教养孩子方面

积极力量对孩子的成长或发展也有重要影响：

首先，积极力量能显著增加孩子的主观幸福感。P. 思迈（P. Shimai）等人于2006年以美国和日本青少年为被试做了一项研究，结果表明，兴趣、希望、好奇和感激等积极力量与青少年的主观幸福感呈显著正相关。当被试的积极力量得分越高时，其主观幸福感的得分也相应越高。在2006年另一项经典研究中，帕克和彼得森通过分析父母对自己孩子的描述内容后发现，爱、兴趣、希望等积极力量与年龄较小儿童的幸福感密切相关，而感激这一积极力量则与年龄稍大儿童的幸福感密切相关。

以大学生为被试的研究同样表明积极力量和个体的主观幸福感相关联，一项对克罗地亚大学生的研究发现，某些积极力量（如爱、幽默等）与人际归属感这一心理需要的满足以及大学生对生活意义的追求呈显著的正相关。另外的一些研究也发现，感激和希望这两种积极力量会使青少年将自己的过去和未来有机地联系起来，从而使自己的生活具有一致性，而洞察力和智慧等积极力量则是提高个体主观幸福感的最主要因素。

其次，积极力量有利于青少年经历创伤后的成长。彼得森等人通过网络取样进行了一项追溯研究（短期纵向研究）发现，积极力量有助于青少年从生理和心理疾病中恢复过来，与那些没有从疾病中恢复的个体相比，那些拥有从疾病中恢复经历的个体自我报告了更高水平的欣赏美、感激、英勇、好奇、公平、宽恕、热爱学习和精神性等积极力量，这说明这些积极力量的干预措施将有助于遭遇生理或心理健康危机的个体更好地恢复健康，并创造更加美好的生活。还有一项与HIV疾病（艾滋病）有关的研究也发现，精神性这一积极力量的增加能减缓个体疾病病情的发展。

有趣的是，积极力量有助于个体创伤后的成长，但在另一方面，某些创伤性事件也可能会增长个体已有的积极力量，而这一特点恰恰可以被教育所利用。如彼得森和塞利格曼在美国"9·11"事件之前和之后对人们的积极力量进行测量，发现"9·11"事件发生之后的两个月内，人们在感激、希望、领导力、爱、精神性和公民职权等积极力量上的得分要显著高于"9·11"事件发生之前的，并且这一趋势在"9·11"事件发生后的10个月仍然存在，但一年之后这种趋势开始逐渐消失。研究者推测，经历创伤性事件之后，人们的某些积极力量有可能会得到某种程度的增强，这说明积极力量和消极事件间的关系可能比较复杂，至于这一现象背后的原因则有待人们进一步去探讨。

再次，积极力量可以显著减少或降低青少年的问题行为。有研究表明，24种积极力量中的多数积极力量与青少年的行为和情绪问题（如抑郁、青少年犯罪和暴力行为等）呈显著的负相关，而与青少年的亲社会行为（Pro-social Behavior）则呈显著的正相关。2008年，一项针对非裔美国青少年的性犯罪及药物滥用（吸食各种毒品）的大型研究也发现，热爱学习、好奇心和谨慎等积极力量与他们的性犯罪和药物滥用等问题行为呈显著负相关，即积极力量水平越高，这两种问题发生的概率就越小。

因此，社会要致力于培养青少年的积极力量，以下发生在学校环境中的两件事也许可以清楚显示有关学校培养积极力量的一些简单做法。

师生相遇要相互鞠躬问好，每天还要集会喊感恩口号，诵读《弟子规》。

"现在孩子一回到家，首先向我们问安。就算是走在大街上，见到老师也弯腰行鞠躬礼。"2012年3月2日上午，河南省漯河市第十五中学的几名学生家长告诉记者："孩子的学习态度也变化很大，他们感觉如果不好好学习，就是不忠不孝。"

2009年，由郊区学校升格为市直属中学的十五中，是漯河教育界的"名校"：学生"出口成脏"，经常打架斗殴；教师也觉得和其他中学相比，有点灰头土脸。现在，该校的文明礼仪教育成为全市各校的典范。这一巨变源自"另类"校长王郑生的"别样"教育。

"同学们早上好！""老师早上好！"

2012年3月2日11：50，放学铃声响起，记者在十五中校门口看到：16名老师和学生，分两排站立，每当有师生途经此处，便不厌其烦地90度鞠躬问好，而受礼的师生也会鞠躬还礼。"我们每天都有16名师生，用中国传统的鞠躬方式，在大门口欢迎师生，早、午、晚风雨无阻。"王郑生告诉记者，这一践行《弟子规》的礼仪，自他任校长3年多来一直在坚持。不仅是在校门口，就算是师生在别处相见，也相互鞠躬问好，老师每天上课前，还要抚摸每名学生以示亲昵。

王郑生告诉记者，他刚到十五中时，发现老师只会一味教课，而且传授得还不到位；学生不尊重老师，在家里跟家长对着干，出现的问题很多。"怎么改变？我首先把校训定格为'忠孝'，学生好好学习，就是对家长孝顺；老师好好教书育人，就是对国家教育事业的忠诚。"王郑生说，他又敲定了师生们每天必须多次呼号，"时不我待，再接再厉""感谢父母，给予生命""感谢老师，赐予慧命""感谢学校，优美环境"。他选定《弟子规》作为师生们每天必须反复诵读的内容。

教师陈秋霞告诉记者，学生中原有的随地吐痰、说脏话粗话、吸烟、打架、骂人、乱丢垃圾等诸多不文明现象不见了，学生知道感恩了，知道孝亲、尊重他人了，知道爱护校园环境了，同时也知道努力学习了。

"把那么大的精力和时间用在经典诵读和礼仪施教上，那会不会影响孩子的学习呢？"采访中，一些人对该校的这种做法表示质疑。也有一些市民赞同，认为这种做法能够引导学生弘扬中华传统文化，丰厚学生的文化底蕴，为其终身发展奠定扎实基础[1]。

漯河市第十五中学的这种方式是否有借鉴意义，还很难认定，但不管怎么说，至少这种做法对于增长孩子的积极力量肯定有作用。再来看另外一个例子。

美国首都华盛顿特立尼达市某所学校的一名教师给三年级学生布置的作业："一天晚上，我在睡觉。一个饥饿的吸血鬼吸食我3652升血，吸食我弟弟1865升。这个吸血鬼那晚共吸食多少升

---

[1] http://news.sina.com.cn/s/p/2012-03-04/035024054491.shtml

血？"另一个题目："约翰的父亲给了他1359颗弹珠，他吞下了585颗后死亡。9个朋友来参加葬礼，约翰的父亲把剩余弹珠均分给这些朋友，每人得到多少颗？"法律明文禁止青少年吸烟，他又出了一道题目："约翰、杰克和吉姆晚饭后点起香烟，开始吐烟圈。最终，他们一共吐出6437个烟圈，如果约翰吐52个，杰克吐3896个，那么吉姆吐了多少个？"①

这个老师就因给学生布置了违背社会伦理的数学作业而臭名远扬。

对孩子积极力量的培养除了学校之外，家庭也是很重要的一个因素。作为父母，最快乐的事应该是帮助孩子建构起积极情绪和积极人格特质，而不仅仅是化解孩子的消极情绪或消除他的消极人格特质。从心理机制角度来看，积极情绪比积极力量或美德出现得更早，孩子一出生就会产生某些积极情绪，所以人们肯定是从积极情绪发展出个人的积极力量和美德。因此，培养孩子的积极力量可从培养孩子的积极情绪做起，要注意并鼓励孩子积极情绪的发展，不能一直受消极情绪的吸引。因为积极情绪有利于扩大和建构孩子的各种智慧和身体资源（即积极情绪的扩建功能），这可以帮助孩子长大后获得更好的发展，而如果一味地体验更多的消极情绪，则会影响孩子的智慧、社会、身体的资源扩展以及资源的储备。在这方面，塞利格曼提出了父母培养孩子积极情绪的8条主要途径。

（一）让孩子和父母一起睡到1岁

在这方面，塞利格曼有着太多的切身体验，他们夫妻和每个孩子都睡到1岁生日为止。这样做除了便于母亲哺乳，还有很多其他益处。

---

① http://news.sina.com.cn/s/2012-03-04/021124054194.shtml

1. 更多的爱的接触

和孩子一起睡能够建立新生儿和父母之间强烈的爱（安全接触），动物实验中的印刻现象也许会部分存在于人的身上，因此和幼小孩子更多的接触有利于孩子获得更安全的爱。之前的内容已经分析过，孩子由于生活能力较差，其控制感的获得较成人一般要困难得多，而和父母睡在一起，他获得控制感的可能性会大大提高，这使他更容易形成乐观的人格。孩子在入睡前、半夜醒来以及早上起床的时候都能和父母进行一些感情交流；半夜需要喂奶的时候，孩子因能及时得到满足而不会啼哭很久，这样，孩子成长所需要的被疼爱感就能直接得到满足。成人都希望孩子觉得自己是被珍爱的，希望他们在进入一个新环境中相信自己会受人喜爱，就算事实并非如此，但怀有希望总是好的。

2. 有更多的安全感

父母和孩子一起睡，对孩子及时和持续关注，能够形成一种安全接触的关系。如果孩子醒过来时父母在身边，就会逐渐形成父母能够信赖，自己在关爱中成长的感觉。身边充满爱的温暖，不用担心被抛弃，这些出生初期就形成的信念对孩子的成长是非常有益的。除此之外，成人也会担心婴儿出现一些状况，比如突发呼吸停止或者其他一些原因可能导致婴儿死亡的综合征，有时甚至担心行窃者或者火灾、洪水、宠物发疯等因素对孩子可能造成伤害。如果父母在婴儿身边，意外情况发生的时候就能及时给予保护。

3. 和父亲一起冒险

传统上一般由母亲照料婴儿，孩子对母亲的依赖更深，这导致孩子总爱在母亲身上撒娇，这时候父亲往往很难插入其中。如果父亲和孩子一起睡，增加感情交流，则能显著地改善这种情况。

在中国内地，孩子和父母一起睡是一个相当普遍的现象，但问题是多数家庭做过了头，他们会让孩子和自己睡到三四岁，有些甚至是到七八岁的学龄初期。这种做法导致孩子产生了更多的心理依赖而有可能形成习得性无助。

（二）经常做同步性游戏

塞利格曼常常和他的孩子们玩一种同步性游戏，即大家要在同一时间模仿其中一个人的行为。这个游戏来自塞利格曼习得性无助方面的研究，意在让孩子知道自己的行为是重要的，他们能够控制活动并得到自己想要的结果。同步性游戏很简单，也很方便，午餐后或者休息时在汽车里都可以进行。比如塞利格曼的第六个孩子卡莉吃完午饭时，大家都等着她吃饱后拍桌子；她拍一下，大家也拍一下；她抬起头看看大家，然后又拍了三下，大家也一样拍三下；她用双手一起拍，大家也用双手一起拍。结果这个游戏惹得卡莉咯咯大笑，大家也玩得很开心。不仅如此，卡莉还从中学习到了她的行为能够影响她爱的这些人的行为，她是重要的，因此有助于她积极主动地成长。

一些最简单的玩具也可以用来培养孩子的控制感。比如积木，你可以把积木搭起来，由孩子把它推倒或者孩子自己堆再推倒；硬纸板箱可以做成房子模型，成人可以在一些没有用的大的纸箱上开些门和窗户，邀请孩子进去尝试各种行为；不要的书和杂志，可以让孩子去撕碎等。在撕碎废纸方面有一个研究很有趣，有人让孩子在两种不同条件下撕碎废纸，一种条件是让孩子自由撕，另一种情况则要求孩子按照预先制定的规则撕，结果发现那些按照一定规则撕碎废纸的孩子的思维灵活度和创造性都显著低于那些自由撕碎废纸的孩子。这说明在孩子游戏时，大人可以参与，但大人在这里面不能充当指挥者或游戏控制者。也就是说，如果孩子参与的是成人完全控制的游戏，那这种游戏对孩子不具有任何发展作用。

当孩子玩得正开心的时候，一定不要强制让他们停止，这会让他们觉得自己没有控制感。如果时间不允许，你可以提前10分钟参与到他的游戏中去，并且和他说"在必须停止之前我们还可以玩10分钟"。不用担心这样做会过分纵容孩子的自我控制性，因为在他们小小的世界里遇到的无助情况会比成人多很多，像把自己尿湿了，肚子饿了，想妈妈了等，这些对他们而言都是挫折。因此，多提升孩子的控制感会更有利于他们健康成长。

（三）要控制运用消极的话语

塞利格曼一直比较关注消极词汇与积极词汇对孩子发展的影响。日常生活中用得比较多的"不行"和"好的"，正代表着消极与积极这两个方面。他建议家长在与孩子交流的时候，尽量不要用"不行"等消极词汇来拒绝孩子的一些要求。每个人的头脑中都有一个话语系统，这一话语系统所具有的属性，主要源自孩子在小的时候所受到的父母话语的引导，并在此基础上一点一滴地积累而成。对于孩子的行为和要求，家长不要因为怕麻烦而直接说"不行"，如果某种行为或要求对孩子有危险或者真的不行，也应该采取其他方式让孩子停止或放弃。比如不懂事的卡莉想要玩弄家里养的宠物龟，塞利格曼没有直接说"不行"，而是守护在她边上并跟她说"轻一点"，或者拍拍手把她的注意力引到另一项活动上去。

孩子很容易对商店里的各种玩具产生欲望，在他喊着"我要！我要！"的时候，家长不要直接说"不行"，可以跟他说"你还有两个月就要过生日了，我们回去把它记下来，到时作为你的生日礼物"。这种形式除了避免使用消极话语，还能培养孩子延迟满足的好品质。

（四）与兄弟姐妹的竞争

传统心理学一般认为，大一点的孩子不喜欢弟弟妹妹，因为他感受到了来自弟弟妹妹的威胁，这种情况就算他们长到了80岁也一样存在。精神分析心理学比较推崇这种观点，认为小的孩子会得到父母更多的关爱，姐姐或哥哥得到的关爱相应地就变少了，因此，姐姐或哥哥的心里就会弥漫着悲伤、嫉妒、讨厌等一系列消极情绪。在这种前提下，家庭里兄弟姐妹间的竞争就像一场得与失的战争。

但积极心理学的观点却与之相反，认为家庭里的情感和关爱资源并

乐商：一个比智商和情商更能决定命运的因素

不具有逐渐耗竭的属性，相反，这些资源是可以创造再生的，只要家长注意并运用巧妙的方法，多个孩子的家庭里兄弟姐妹间的竞争问题就会少得多，甚至能够增加每一个孩子的受重视感。

塞利格曼和他的妻子就很注意家庭情感资源的创造，他们的每个孩子在出生后从医院回到家里时，第一个仪式就是接受姐姐、哥哥的搂抱。千万别小看这个仪式，它会让人产生一种爱的责任。例如他们的小女儿尼科尔刚出生回到家里的时候，妻子曼迪就信任地把尼科尔放到当时2岁半的拉腊的膝盖上，当然妈妈已经在旁边做好了一定的保护措施。尽管拉腊自己也很小，很可能抱不好妹妹，但这种仪式的象征意义很重要。事实证明，尼科尔依偎着拉腊，拉腊也非常小心地抱着尼科尔，根本没有出现任何闪失。

每个孩子都希望自己是重要的、被信任的和无可取代的，其中的任何一种感觉遭到破坏，竞争就很容易在他们幼小的心中萌芽。当然，一次仪式或行为指导并不会立刻创造出一个爱意融融的氛围，因此，家长要做个有心人，从孩子的行为中读出他们的心思，并根据实际情况采取有效的措施。

塞利格曼和妻子带尼科尔回家的第二天，邻居及朋友等很多人前来探望，尼科尔被许多人抱来抱去，成为注意的焦点，而拉腊则在一边独自坐着，很少被人关注。第二天上午，母亲曼迪在给尼科尔喂奶的时候，拉腊走过来要母亲拿一张纸给她。塞利格曼在旁边稍微有点责备拉腊："你没看见妈妈正忙着给尼科尔喂奶吗？你可以自己去拿。"拉腊当即流出了眼泪，转身跑开了。下午，曼迪在忙着给尼科尔换尿布时，拉腊又走了过来，嘴里大声宣告："我讨厌尼科尔"，并用力在妈妈曼迪的腿上打了一下。这时候塞利格曼和妻子意识到拉腊心理上出现了竞争，他们必须找到一个办法来处理它。

晚上，尼科尔又要换尿布了，母亲曼迪把拉腊带了过来，跟她说："拉腊，尼科尔现在需要你的帮助，妈妈也需要你来帮忙。"于是，曼迪把湿尿布拿下来的时候，拉腊去拿擦拭布，曼迪给尼科尔换上干净尿布时，拉腊去把脏的尿布扔进垃圾桶。事情结束之后，妈妈和拉腊两人一起洗手，俨然亲密合作完成了一件大事。虽然换尿布因为有了拉腊的帮忙而花费了相当于平时的两倍的时间，但这一活动却能让拉腊感到自己是重要的，并且有一个要负责任的新身份，从而增加了她的安全感和价值感，同时也在家庭里创造出了更多的爱意。

塞利格曼认为，孩子到达童年中期（进入幼儿园的年龄）的时候，各自最有代表性的积极力量已经开始表现出来了，有的热心、有的善良、有的聪慧、有的擅长活动等，善加利用这些积极力量就能很好地处理兄弟姐妹之间的竞争。比如做家务，这是最能预测孩子长大后心理健康情况的一项活动，如何合理地分配给每个孩子任务而不让他们发生争执呢？基本原则就是家长要充分利用好每个孩子的积极力量。

塞利格曼的家庭是这样分配的：拉腊心地比较善良，也很勤劳，于是负责铺床，她常常以叠出整整齐齐的被角为傲。达里尔比较幽默、爱玩，于是负责洗碗和清理餐桌，当他把水弄得到处都是，把剩余的食物高高地抛进垃圾桶时，他会因此而捧腹大笑，洗碗在达里尔那儿成了一件开心事。尼科尔有着和善、细心、会护理的特质，因此由她来照顾家里饲养的宠物——两条年老的英国牧羊犬和一只俄国龟，给牧羊犬梳理毛发、喂食物和维生素片，带俄国龟出笼子散步并给它清理笼子成了尼科尔的主要任务。在自己的积极力量得到发挥的条件之下，每个孩子都会快乐地做着家务，他们之间就不会互相竞争和嫉妒。

（五）睡前的黄金时间

孩子在睡觉之前的几分钟是一天当中最为宝贵的运用和培养积极力量的时间，用这一段时间来进行一个晚安之吻、一段简短的祈祷仪式等是比较合适的。塞利格曼认为，睡前的几分钟对培养孩子的积极人格来说是一个极佳的时段，因为这时候的行为会成为他梦境的基础。他提供了2种具体的方法。

1. 最好的瞬间

有研究统计了抑郁症患者和非抑郁的人回忆中的好事和坏事之间的比率，发现抑郁症患者的比率是1∶1，即回忆内容中好事与坏事的比例大致相等，而非抑郁症的人的比率为2∶1，同时也发现，抑郁症状得到逐渐改善的人，回忆中想到好事和坏事的比率也由1∶1逐渐提高到2∶1。塞利格曼根据这个研究结果，设计了一个被称为"最好的瞬间"的睡前仪式，即每晚睡觉之前都让孩子列举今天最喜欢的事情，以此训练孩子在睡觉时发展积极思维。他认为，只要能坚持不懈，这最终一定会帮助孩子发展自己的积极力量。

2. 梦境

一些科学研究的结果表明，抑郁的成年人或孩子的梦境里常常充满着失去、挫败和拒绝，也就是说，一个人梦境的基调与一个人的抑郁程度相一致，消极的梦境常伴随着抑郁的发生，而积极的梦境则伴随着更高的心理健康水平。塞利格曼指出，孩子入睡之前的那段时间，其脑海里一般都满载着各种情绪和视觉意象，这些情绪和视觉意象会成为他随后梦境的线索。因此，在睡觉之前帮助孩子建立积极健康的情绪和视觉意象，有助于孩子获得一个美好积极的梦境。

这个方法其实并不难，尤其在"最好的瞬间"游戏之后更容易进行。首先让孩子躺在床上，回忆一件真正让他感到高兴的事；接下来让他对这个景象进行详细描述，并把注意力集中在这个景象上；然后用一个他学过的积极词语来描述或概括这个景象，在睡着的过程中一直默念这个词。

比如塞利格曼的孩子达里尔曾描述过自己一个很开心的景象，这个景象是和妹妹卡莉玩游戏。达里尔从远处跑过来，让卡莉用脑袋顶他的肚子，然后他在草地上跌倒，卡莉会因此而笑着尖叫。达里尔把这个情景命名为"脑袋"。塞利格曼就要求他在入睡过程中一直想着这个词，努力做一个跟这个情景相关的梦。

（六）运用正面强化

行为主义心理学的正向强化的技术对于让孩子从眉头紧皱变成面带微笑的效果非常好，即当孩子面带微笑了，他就可能会得到一个他喜欢的东西，这样以后孩子面带微笑的可能性就会越来越大，这种技术就叫作正向强化作用。孩子在成长过程中，基于自我存在的基因遗传，一定会经历一个"我要……"的要求过程，在这个过程里，正向强化就会起很大作用。一定要让孩子知道，如果他在表达"我要"的时候紧皱着眉头，那他的这个要求肯定不能实现；反之，如果面带微笑来提要求，那他的要求就有可能得到满足。

但是，正向强化有时却无能为力，因为孩子并不总是机械重复那些受到过奖励的行为。尤其是四五岁的时候，孩子容易出现一些必须纠正但看起来又无法改变的行为。比如，塞利格曼的小女儿尼科尔就曾出现过一种不好的行为——躲藏，这种行为在一段时间里几乎每天都有几次，而且持续了一星期。她会在摇摇欲坠的老房子里发现了某个壁龛后就偷偷躲在里面，任由母亲曼迪喊破喉咙，房前屋后到处找，她听到了就是不出来。后来有几次母亲在老房子里找到了她，一次次责备她，但这种情况却还是一次次地发生了。塞利格曼和妻子用了各种办法：不对这一行为过分关注，不忽视她的存在，不再对她大声喊叫，其他人不在她的房间里待很久，找到她的时候不再打屁股，耐心跟她解释藏在那里的危险和可能会出现的问题……正负强化的技术都用尽了，尽管尼科尔自己也知道这样做不对，这种躲藏行为还是越来越严重了。

最终，塞利格曼和妻子决定采用一种新办法——和尼科尔做交易。尼科尔曾经很想要一个昂贵的芭比娃娃，他们答应等她生日再买。在离她生日还有5个月时，塞利格曼夫妇想要给尼科尔买芭比娃娃了，条件是：第一，停止躲藏；第二，母亲叫她的时候要马上过去。母亲叫她时，哪怕她就一次没过去，芭比娃娃也要被没收一星期。如果这种情况发生两次，芭比娃娃就永远送给别人。结果尼科尔高兴地答应了，再也没有出现过躲藏的行为。

塞利格曼指出，这是一种微妙的技术，前提是父母要有把握能跟年幼的孩子订立约定，而且假设孩子是有远见的，能够预见自己如果再做那件错事，就意味着不遵守诺言，同时也会失去已经得到的奖励。不过，只有对于孩子的某一些特殊行为，当一切普通的奖励和惩罚都不起作用时，才能采用这种做交易的方式。而且不能过度使用，否则会让孩子认为这是一种很好来获得平常无法得到的奖励的手段，因而变本加厉地出现各种行为。出于这种技术的特殊性，家长一定要注意：在孩子的整个儿童期使用这种方法一定不能超过两次。

（七）新年的决定

人们常常有这样的经历，新年伊始时对自己说："新的一年到来了，我一定要洗心革面，改正以前的缺点，变成一个让自己满意的人！"但是很快一年过去了，我们发现自己还是老样子，过去的缺点一点也没变地延续到了现在。不是我们不愿意改变，而是这个改变过程太痛苦了，让人无法坚持下去。

这其实正是积极心理学所关心的：如果人们新年的决定是关于改正缺点或者要求自己节制等方面的内容，则这种新年决定对愉快地开始新一年的旅途基本上毫无益处。试想，当一个人早上一觉醒来，他面前的单子上就列着一长串不许做的事——喝咖啡不要放很多的糖，做事情不要轻浮，不要赌博，不要酗酒，不要抽烟……这种情况怎么能让人们带着一种积极心态去走入新的一天！还是让我们来看看塞利格曼一家新年的决定是怎么做的吧！

达里尔："我今年要自学钢琴。"

曼迪："我要学习弦理论（String Theory，有时也称弦论，是当代理论物理学上的一个概念，该理论认为自然界的基本单元不是电子、光子、中微子和夸克之类的粒子，这些看起来像粒子的东西其实是由弦组成的很小的闭合圈，闭合圈弦的不同振动或运动就产生了所谓的各种不同的基本粒子），并且教给孩子们。"

尼科尔："我要努力练习，并且获得芭蕾舞奖学金。"

拉腊："我要写一篇故事投给'石头汤'公司。"

塞利格曼："我要写一本关于积极心理学的书，并为之奉献我一生中最好的年华。"

当看完这些内容，其实人们已经知道了，新年决定应该把重点放在发挥或培养自己的积极力量上。每个人都有一些缺点，但这些缺点一旦被当作人一年生活的中心（迫切要求改正缺点时，缺点就成了人生活的中心），这对生活并没有什么好处，新年决定应该具有导向性作用而不是限制性作用。

四、心理健康方面

除了以上三个主要领域之外，积极力量在心理健康领域也大有作为，塞利格曼强调心理健康要让心理学从只专注于修复生命中的问题延伸到致力于建立生命中的积极品质。积极心理治疗（positive psychotherapy）与传统心理治疗截然不同，它不是直接将问题症状列为干预目标，而是通过增进和培养对象的积极力量，特别是培养个体的参与感和意义感来进行干预。传统意义上，心理学家着眼于修复问题，致力于从-10（比较严重的心理问题）提高到-2（有点小的心理问题），或至多只是提高到0（即缓解了个体的症状），这一过程本质上只是个症状的缓解过程。在传统心理治疗过程中，治疗师处于主动地位，病人常常是被动的，是来听教诲的。而积极心理学上的干预不同于传统意义上的病因寻找，它的干预着眼于对象已经具有的积极力量，致力于将人已有的积极力量从+3提升到+10。一个人的积极力量和美德不是靠他人的教育、训练就能得到增长，而是一定要通过自我的探索、创造才能建立。

而从实际情况来看，那种以问题为核心的传统心理治疗并不能真正解决问题，如以日本的情况为例。截至2011年的年底，日本的年自杀人数已经连续14年超过了3万人，这是一个什么概念？这意味着在日本的国土面积上，每天大概有85个人自杀。自杀率高居全球榜首。不仅如此，日本人自杀还比较喜欢跳轨这种方式，尽管依照日本的法律规定，运营受阻的铁路公司有权向继承自杀者遗产的家属索求一笔高达数千万日元的赔偿，但许多日本人却还是喜欢选择这种死了也要给别人带来麻烦的自杀方式。而且越是在上下班的高峰期，越是在乘客比较集中的中心站点，跳轨发生的概率就越高。

因此，日本政府和心理学界采取了许多措施，并专门制定了《自杀对策基本法》，成立了"自杀对策工作队"，在全国各地设立了许多心理咨询机构，不少民间心理组织也积极介入，自发设立了一系列的电话热线、心理辅导干预中心等，但是这些措施收效甚微。

积极心理学认为，积极力量是个体心理问题的缓冲器，对个体积极力量的识别、放大能够有效地预防心理疾病的发生，因此，必须把建设个人积极力量放在预防和治疗心理疾病的首要位置。塞利格曼还给临床治疗师们提供了两种利用积极力量的治疗策略：第一，帮助病人逐步建立"希望"这一积极力量。希望的重要性不言而喻，塞利格曼希望心理治疗师能帮助病人从暂时的、特定的和外在的角度来解释所面临的不幸事件，而从永久的、一般的和内在的角度来解释好的事件，要让病人学会辩驳自己的不合理信念，重新建立生活信心。第二，建立缓冲力量，塞利格曼提出心理治疗师不能只是使用一些技术来治疗心理问题，而是更多地帮助病人找到他自己已经具有的积极力量，并在此基础上培养其他的一些积极力量，其中最重要的有以下这些：

- 英勇

- 社会智能

- 判断

- 洞察力

- 希望
- 正直
- 坚持不懈
- 兴趣
- 远见

积极心理学关于心理健康提出了一些新观点，主要涉及以下方面。

（一）心理健康的新标准

积极心理学认为人没有心理疾病并不等于健康，所谓心理健康应该是指人在日常生活或从事的活动中能不断主动追求幸福和体验到幸福，并使自己的能力和潜力得到充分发挥。我曾经接触过一位妇女，有一次她在一个公开场合兴致勃勃地向周围人介绍做泡饭（即在米饭中加入一些水烧开）的技术，她讲得头头是道，强调一定要用开水而不能用冷水烧、要放在陶瓷器皿里等。周围的人听得目瞪口呆。我忍不住问她："你为什么会有这么好的做泡饭的技术？"她说："我做泡饭时就想到了我儿子吃了我做的可口的泡饭，背着书包去上学的情景。我也想到了我老公吃了我做的泡饭，再也不想到其他地方去吃了。"这个妇女在她做泡饭时主动追求了幸福和快乐，这种幸福快乐也让她做泡饭的技术得到了不断提高。你能说这样的妇女的心理不健康吗？

（二）心理健康的前提

心理健康的人更可能稍高地看待自己，正确的自我认知不是心理健康的基本前提条件。20世纪50年代，许多心理学家包括阿尔波特（Allport）、埃里克森、马斯洛等都认为心理健康的前提是个体能够对自我、现实生活和未来做出准确的知觉。但美国心理学家L. B. 阿洛伊[①]

---

① Alloy L. B. & Abramson L. Y. (1979). Judgment of contingency in depressed and nondepressed students: sadder but wiser? *Journal of Experimental Psychology*; General, 108(4): 441–485.

（L. B. Alloy）于1978年做了一个著名的实验（具体内容请参阅第六章第一节），结果发现，在自我认知方面，抑郁的人比乐观的人更聪明，他们对自我的认知比乐观的人要准确得多。随后的一系列研究都证明心理健康的个体更具有积极幻想，即比真实情况想得更好一点。

在我做的一个有关家务劳动的实验中也得到了类似的结果，我们用心理健康量表筛选出30对心理完全健康的年轻夫妻（正常人群中的前30%），然后把夫妻俩分隔在不同的房间。我们给每一个人发了一张相同的表格，上面列举了80项家务。我们要求每一个人，当这项家务在过去的一个月中间如果有50%或以上可能性是自己做的，就在这项家务后面打个"√"；如果低于50%的可能性是自己做的，就不要打"√"。结果显示，那些丈夫们平均勾了60%多，而妻子们更是平均勾了其中的70%多，夫妻俩合在一起做了130%多的家务，这说明这些心理健康的夫妻都在更积极地看待自己的价值。

（三）心理健康的重点

心理健康的重点应是预防而不是治疗。心理疾病和生理疾病一样，一旦患上，治疗是一件非常困难的事。

1. 为什么要重在预防呢？

其一，心理问题的病因很难确定。同样的一种心理问题，具体的刺激因素可能完全不同，因为不同的人有着不同的生活经验和生活环境。

其二，心理问题的病症界定、确定很困难。什么是心理问题的病症？美国心理学家戴维·L. 罗森汉恩（David L. Rosenhan）曾做过一个实验，他招聘了8个心理完全正常的人（3女5男），然后让他们到精神病医院去看病，结果这8个人中却有7个人被认为患有不同程度的精神病，这7个人后来的住院时间从7天到52天不等，平均在精神病医院住了19天，而且医生给他们开了很多的药（共发给他们7个人2100多片不同种类的药片），这说明作为心理疾病诊断的权威——医生都不能很清楚地了解什么是病症，而什么又是正常行为。一旦进入医院，这7个假病人就不再表现出任何心理疾病症状，而是像之前在医院之外一样正常行动，但这7个人的许多正常行为本身却被认为是精神病的另一种症状而记录在其病历中。

最后，心理治疗的效果也不是很好。心理学家博克（Bok）和拉索（Russo）等人在2002年的研究表明，心理疾病中的35%的病人在吃了安慰剂后会获得满意的症状缓解。鲍尔（Bower）于1996年对常用的抗抑郁药氟西汀进行了研究，发现药本身的安慰作用是其治疗效果的两倍，甚至安慰剂可以强到让病人上瘾，这也成了许多骗子的一种生财手段——藏秘排油、减肥药等。其极端例子是香灰治病、仙水治病、酒中药渣、猪牙治病等许多民间偏方。

为什么会产生安慰剂效应现象？最重要的是人本身的自愈能力。人类自身有一套非常强大的免疫系统，它在多数情况下可以为人抵抗外在病毒或细菌等的侵扰，在精神和心理领域同样存在这样一套免疫系统，人们有时也把它叫作自我防御区（具体内容请参阅第六章第三节）。其次是人的心理体验本身的不确定性，每个人都经常会被自己的感觉所欺骗，即人并非在任何时候都对自己的感觉有意识。再次是人要为自己的行动找到一个合理的理由，如果一个人报告自己的行为无效，这个人就可能会被他人或社会认为是愚蠢的，从而威胁到其自身的存在。

2. 如何预防？

预防是去除问题的最有效方法，但预防和治疗是两回事，其原理和机制完全不同，正如我们要预防感冒不能采用治疗的方法——预先服用抗生素一样。积极心理学关于心理预防主要推崇两种方法：

其一是接种疫苗的思想，即对孩子多实行一些所谓的拓展性训练。这就像是给孩子注射生理疾病疫苗一样，把孩子今后可能遇到的困难以一种变形的方式让孩子预先接受一定的训练。其实人的生理疫苗也就是病毒本身，只不过是失去了活性的病毒，它被注射到人体后不能复制了，但能引起人体免疫系统的警觉。

其二是培养积极品质和积极力量。这是积极心理学最为推崇的，也是提高乐商的一个最重要的组成部分。就如增强人的身体素质一样，人的体质一旦增强后就能主动抗击更多的病毒侵扰，人的心理也有心质（即心理素质），人的心质提高后自然也就能抗击更多的心理困扰。人的心质也就是乐商的组成部分，由人的积极力量而组成。

3. 心理治疗或健康教育的实质

积极心理学认为，心理治疗或心理健康教育的核心应该是帮助对象在不良心理状态下发挥出正常的心理功能，而不应该把重点放在消除其不良心理状态本身（因为目前根本没有非常有效的办法来消除这些问题产生的根源）。从过去的实践来看，人类完全可以有效应对自身的不良心理状态（如抑郁等），并使自己处在这种状态时仍能很好地表现自己。

积极心理学关于心理治疗的这种思想还可以在体育运动中得到体现。冬奥会上有一个项目叫冬季两项（Biathlon），在这一项目中，如果运动员在射击时脱靶一次（没有击中目标），就必须比规定的滑雪距离多滑150米，这对比赛成绩是致命的打击。虽然在通常情况下这种射击的难度不是太大，也就是射中50米开外的一个高尔夫球，但问题是，冬季两项不是要求运动员在常规状态下进行射击，而是要求运动员在完成滑雪之后，身心疲惫的状态下发挥出正常水平。这在一定意义上和积极心理学的心理健康教育思想一致。

第三节　道德情绪体验与积极力量

　　在现代社会，通往快乐的捷径多得令人目不暇接，我们不需要怎么努力就能拥有快乐的体验，如，去看一场电影或一场NBA比赛，去吃一顿可口的饭菜等。快乐似乎来得太容易，人们可以不费力气，不需要与生活抗争就能得到。但人们在获得这些快乐时，既没有主动去控制任何东西，也没有使用自己的创造力和积极力量，这不是真正的幸福体验，也不能有效提高一个人的乐商水平。

一、幸福体验的三个要素

　　塞利格曼和他的工作伙伴爱德华·B. 罗斯曼（Edward B. Royzman）构建了幸福的三种生活方式：第一，有乐趣的生活方式，主要以追求感官愉悦为主，如喝清甜的水、吃可口的饭菜等；第二，身心投入的生活方式，充分利用自身的积极品质和积极力量，全身心投入某种活动中并获得相应的物质和金钱回报；第三，追求有意义的生活方式，把自身的积极品质和积极力量投入某些非个人的事务中，并不从活动中获得相应的物质或金钱回报。对于一个人来说，真正完整的生活方式应该包括获得乐趣、身心投入和追求意义这三种生活方式，这三种快乐体验的结合才是所谓的生活幸福。

　　2002年，塞利格曼出版了《真实的幸福》这一积极心理学的代表著作。在这本书中，他明确提出了真实的幸福具有的三个要素——乐趣、投入和意义。乐趣，通常表现为由感官刺激而获得的兴高采烈的笑脸；

投入是指对家庭、工作、爱情与嗜好的投入而获得的满足；意义意味着发挥个人美德与积极力量，并达成超越个人的、更大的意义目标。塞利格曼指出，乐趣其实就是一种享乐，带来的快乐最为短暂。但太多的人却常常以乐趣为先，以追求享乐为生活目的，而把身心投入和意义抛在了一边。

人们在不同时刻有着不同的乐趣，同时并不会因为某个时刻有了乐趣而让另一个时刻也产生乐趣，因为乐趣与人的感官体验紧密相连，人们选择了做什么，与这一事件相关的乐趣就会自动出现在人们的感觉上。乐趣很容易增加，像一块巧克力、一束花都可以达到这样的目的，每个人都知道什么会让自己觉得有乐趣，但这种乐趣的感觉很快就会消失得无影无踪。投入和意义则不一样，它们并不会自动出现，而是在活动或事情结束之后才会出现，需要人们主动去理解，有时甚至需要创造才能获得。所以，真实的幸福需要发掘生活的积极意义，深化对周边的人和事的参与，不断地发现各种挑战并且积极应对，例如常怀感恩之心，无私地助人为乐，真心答谢曾经帮助过自己的人等，这些由理解意义而来的积极体验才是真实的幸福体验。积极心理学认为，真实的幸福体验的核心价值主要在于它的持久度和充实感，这种积极体验不仅可以提高人自身的生活意义，有时甚至可以提升周围人的生活意义。

不过真实的幸福并不一定会随着当前快乐感的增加而增长，也即真实的幸福并不完全由人的快乐感觉决定，塞利格曼给出了一个公式：$H=S+C+V$，即，真实的幸福=快乐的基线+生活环境+自己控制的因素。

（一）快乐的基线

所谓快乐的基线就是指每个人都会因遗传而获得一个天生的快乐阈限，不同的人的快乐阈限是不一样的。有的人相对乐观些，只需要一点点的积极刺激（如自己养的花开了）就会快乐起来；而有的人相对悲观些，需要较多、较强的积极刺激才能获得快乐体验。另外，有的人积极情绪较多，而有的人则消极情绪较多。

（二）生活环境

生活环境主要包括金钱财富、婚姻、社交生活、身体健康以及宗教信仰等，它对于一个人的真实幸福起着一定的影响作用，但仅起着部分的影响作用。若一个人只是做这些事，则有可能花了很大的力气还不能获得真实的持久的幸福。因此为了获得真实的幸福，人们有必要对这些生活环境因素有一个清楚的认识。

对于金钱，塞利格曼曾经指出，金钱对人的重要性其实不仅仅在于金钱本身的财富特性，它还在一定程度上影响人的幸福。相对于富人而言，极度贫困的那些人群的幸福感水平比较低，但是一旦达到了一定的收入水平，拥有了一定的购买力后，当人们感到自己已经达到基本舒适（barely comfortable）水平的时候，超过这个水平以外的财富增加就不会再增加人们的幸福感了。在过去的50年里，在美国、日本和法国等这些富裕国家，人们的购买力已经翻了两倍多，但总体来说，这些国家民众对生活的满意度几乎没有任何增加。

婚姻也是影响快乐的一个重要因素，美国国民舆论研究中心（National Opinion Research Center）历时30年，通过对35000名美国民众的大样本调查发现：有40%的已婚者表示"非常幸福"，但与此同时，只有24%的离婚、分居和丧偶的人表示"非常幸福"。其他类似的调查也证实了这个统计结果。婚姻能够增加人们的幸福水平，并且不受收入、年龄等其他条件的影响，不管男女都是这样。在塞利格曼自己的一个研究中也发现，那些非常幸福的人几乎全部都拥有良好而浪漫的婚姻关系。但这一结果并不是婚姻本身所带来的，进一步的研究表明，婚姻增加的人们的幸福感是婚姻所带来的稳定的交往、性爱等在起作用。如果控制了交往和性爱等因素的影响，婚姻和幸福就几乎没有任何关系了。

社交对一个人幸福的影响远比人们想象得要大，几乎所有觉得自己非常幸福的人都有着丰富的、令人愉快的社交生活，这些人独处的时间最少。而那些独处时间比较长的人，其幸福感水平要低很多。塞利格曼与迪纳曾经合作调查了222名大学生，并筛选出幸福感最高、忧郁感最低的10%的学生进行研究，发现这些最快乐的学生独处的时间最少，而与亲友的社交时间最长。无论根据自我报告还是朋友评定，他们在人际关系上的得分都最高。

有证据显示，有一贯宗教信仰的人比不信教的人有更多的幸福感，同时，他们对生活的满意度也更高，这些人往往体验到更少的沮丧和消沉，也更容易从挫折和悲剧中复原。塞利格曼认为，或许是宗教的这种强烈的"未来的希望"（hope for the future）和仪式等，使人们对自己生活的世界感到满意。

性别也是影响人幸福的一个因素，总的来看，女人体验到的沮丧比男人高两倍，她们会表现出更多的消极情绪，但同时她们体验到的积极情绪也高于男人。这就是说，相对于男人，女人在悲伤的时候更悲伤，高兴的时候更高兴。

身体疾病因素和我们通常想象的不太一样，按理来说，健康的人应该最幸福，但事实上身体健康对人们生活满意度和幸福感的影响并没有那么大。但有研究发现，如果疾病很严重时（影响到人的正常生活功能），或者一个人被多种疾病所困扰时，它就会显著降低人们的幸福感。

智力水平和受教育程度也没有显著影响人的幸福感。尽管有一些特殊群体显示出较低的沮丧水平（比如美国的黑人和西班牙人），但种族对幸福感的影响并不明显。此外，气候对幸福感水平也没有影响，塞利格曼的研究表明，生活在加利福尼亚州的人们并不比生活在阿拉斯加州寒冷冬天的人们更幸福，因为人适应天气的能力远比我们想象得要强大。

也许你认为上述这些因素是产生真实的幸福的主要因素，但心理学有关这一问题的研究表明，这些因素加在一起，对人的真实的幸福也只有8%～15%的影响，这个数值事实上并不算很高。

（三）自己控制的因素

对真实的幸福起最主要作用的是自己可以控制的因素，即一个人通过自己的努力可以做出的改变，使自己成为一个乐观型解释风格的人。你如果改变了过去的消极看法、当下的不良体验以及对未来的消极期望，你的快乐程度就会不断上升并持续很久，就能把自己的情绪导向积极的一面，从而获得真正的幸福体验。不过这些改变都需要付出一定的努力才能实现，只有真正的改变才能获得真正的幸福。但很多人会有种宿命的认识，即过去的已经发生了，现在改变了又有什么用呢？因为人的过去和现在甚至将来都有着一定的因果关系。

你的过去真的能决定你未来的幸福吗？

对于这个问题，心理学历史上确实大部分的回答都是响亮的"是"，而且与之相关的研究也很多。比如，有研究表明11岁之前母亲就去世了的人，他们长大后得抑郁症的风险比别人的更大，这说明人早期的生活经验对其后来的生活有影响。但事实上这种患抑郁症的风险只是大了一点点而已，而且主要集中在女性身上，后来在针对这一部分女性的进一步的研究发现，也只有约一半的女性出现了这种结果。现在有更精致的心理学研究表明，父母离婚只对童年晚期和青春期的孩子造成一些不大重要的消极影响，而且随着年龄的增长，这种消极影响在后期的生活中会逐渐减少。

现在来看，成年人的抑郁、焦虑、毒品成瘾、混乱的婚姻、愤怒等问题没有一种可以归因于他童年时候所发生的事。塞利格曼的态度很明确：不断回忆人们的童年完全是在浪费时间，这只增加了现在的痛苦、未来的被动与消极。人们个人的生活幸福并不取决于他童年过得好不好，或者他曾经的境遇怎么样，而是取决于他现在怎样去改变自己，是不是正在努力使自己朝着积极的方向发展。积极心理学认为，个人自己可控制的因素对自己真实的幸福的影响作用至少要超过50%，如果一个人通过努力成为一个乐观型解释风格的人，那这个人在很大程度上就能获得更多的真实幸福。

二、道德情绪与个体的积极力量

目前积极心理学的研究表明，培养个体良好的道德情绪体验，也是人获得真实幸福的一条有效途径。道德情绪特别能帮助个体全身心地投入和对道德意义理解，因为道德情绪和一个人的积极力量显著相关，甚至许多积极力量本身就是一种重要的道德情绪体验。

什么是道德情绪？道德情绪是个体根据一定的道德标准评价自己或他人的行为和思想时所产生的一种情绪体验，即道德情绪是人对客观事物与自身道德需要之间的关系的反映。它是一种复合情绪，主要包括厌恶、移情、内疚，羞耻、共情、尴尬等。道德情绪既能促进个体道德行为和积极力量的发展，同时也能阻断不道德行为或品质的产生和发展。从内涵上来说，个体违背道德规范时产生的情绪（如羞耻、内疚）或遵守道德规范时产生的情绪（如自豪）都可被称为道德情绪。

在道德情绪研究领域，心理学家早期较多关注负性效价情绪，如害羞、内疚和困窘等。随着积极心理学的兴起，研究者们近几年开始将目光转移到一些积极情绪方面，如自豪、感戴等。从过去的一些研究来看，道德情绪是道德形成机制的重要组成部分，它在个体的道德准则和道德行为间起着核心的调节作用。它（如自豪、感戴等积极情绪）一方面能激励个体尽量做社会认可的事，即常说的好人好事；另一方面，它（如内疚感、羞耻感等消极情绪）也可以迫使个体停止那些不道德的行为。

具体来说，道德情绪的这种调节作用主要表现为四个方面：第一，不道德行为导致个体产生羞耻、愤怒或厌恶等道德情绪；第二，道德情绪导致个体产生行为改变，并导致个体积极力量的产生与发展。例如厌恶情绪会使个体尽量避免做令他人受伤害的不道德行为，而内疚情绪则可能导致自我惩罚，即对不道德行为的一种自我否认；第三，道德情绪强烈地影响着道德判断，个体能够根据预期的情绪反应来调整自己的实际行为，因而道德情绪具有一定的道德行为或积极力量的预见性，这种预见性主要来自个体自身过去类似事件的经验积累。第四，从道德行为的起源来看，个体早期的道德行为一定包含有某种道德情感动机。

（一）影响积极力量形成的几种重要的道德情绪

从一定意义上说，个体的积极力量就是一个人道德行为稳定化的结果，而每一种道德情绪都有一套与之相对应的道德行为模式，道德情绪和其相对应的道德行为是等价的。因此，通过对具体道德情绪的研究，人们就可以预测个体相应的道德行为和积极力量。

1. 厌恶

厌恶是一种典型的道德情绪，从进化论的角度来看，它源于哺乳动物天生的食物拒绝系统，是自然选择的结果。远古时代的人们为了躲避致病因子的入侵而拒绝食用外表变色、触感黏稠的食物，由此产生了厌恶情绪。后来人类进一步将厌恶情绪与动物的排泄物、腐烂的尸体等易引发疾病传播的物体相联系，进而推广到了对不符合社会规范的人和行为的厌恶。随着人类文明程度的不断提升，厌恶不再只是一种存在于口腔的不快体验，开始与人类的自我意识和行为表现等相关联，即从生理厌恶上升到了心理厌恶。

如果个体自身或他人的行为违反了个体内在的道德准则或外在的社会规范，那么个体就会倾向于将其知觉为不道德，如说谎、作弊、欺骗等行为，进而产生道德厌恶，这种道德厌恶会使个体执行某种潜在的或外显的行为策略，如内省或回避社会交往等。P. 罗珍（P. Rozin）等人[①]的研究甚至发现，当告知人们某件漂亮毛衣的所有者是一个道德违背者（如杀人犯）时，几乎所有人都不愿意穿上，甚至不愿意触碰这件毛衣，而这种行为稳定化了之后，就会形成某种积极力量。

罗珍等人[②]的厌恶模型理论将厌恶按照性质的不同分为四类：第一，核心厌恶，这是一种生存性厌恶情绪，对保护个体的存在具有重大意义；第

---

① Rozin, P., Lowery, L., & Ebert, R. (1994). Varieties of disgust faces and the structure of disgust. *Journal of Personality and Social Psychology*, 66, 870–881.

② Rozin, P., Haidt, J., & Fincher, K. (2009). From oral to moral. *Science*, 323, 1179–1180.

二，动物性知觉厌恶，个体避免意识到自身的动物性自然属性；第三，人际交往厌恶，主要为了保护灵魂安宁和维护社会秩序而回避交往；第四，道德性厌恶，个体对违反道德规范事件的厌恶。一般认为，前两种厌恶情绪主要是一种生存性情绪，对个体的生命存在重要影响；而后两种是个体受社会文化和认知评价作用而产生的情绪，属于发展性情绪，对个体的积极力量的发展有重大作用。

2. 内疚和羞耻

内疚也是一种道德情绪，它与厌恶、羞耻等同属于负性道德情绪。内疚是一个人的所作所为对他人产生了伤害性的影响，并认为自己对此负有个人责任时产生的一种带有痛苦、自责体验的情绪。也有人认为内疚是个体出现了危害别人的行为或违反道德准则而产生的良心上的反省，是个体对行为负有责任的一种负性体验。

过去多数的心理学研究主要侧重于研究实际发生的伤害性行为或违规行为之后的内疚，但有时候内疚也会表现在尽管人们实际上并没有做伤害他人的事情，或所作所为并没有违反公认的社会道德规范，但如果个体自己认为自己做了错事或与他人所受到的伤害有间接关系，个体也会因此而感到内疚并自责，这就是所谓的虚拟内疚。从性质上说，虚拟内疚和通常意义上的内疚几乎没有任何差异，而它对积极力量发展的作用更大，因为它不需要在现实方面付出代价。美国心理学家M. L. 霍夫曼（M. L. Hoffman）把虚拟内疚分为四种类型：关系性内疚（relationship guilt）、责任性内疚（responsibility guilt）、发展性内疚（developmental guilt）和幸存性内疚（survivor guilt）。同时他还认为虚拟内疚是移情性悲伤与认知归因相结合的产物，主要受个体已有的既往经验（previous experience）、移情能力（empathy related capacity）、道德水平（level of morality）和关系程度（degree of relationship）等的影响。

羞耻是一种与内疚类似的道德情绪，它经常伴随着内疚的出现而出现，但羞耻与内疚间也存在着很多不同，有研究者[1]对羞耻和内疚的关

---

① 钱铭怡, 戚健俐. (2002). 大学生羞耻和内疚差异的对比研究. *心理学报*, 34, 626–633.

系做了如下三个方面的论述：第一，公开化和私人化对羞耻和内疚的影响有显著差异，有他人在场时更可能产生羞耻感，而内疚感的产生则一般和有没有观众或他人在场的关系不大；第二，违背社会道德将会引发个体产生羞耻感和内疚感，但如果是个人能力不够或较差方面的原因则主要引起羞耻感；第三，伤害了自我，更主要引起羞耻感，而伤害了他人则主要引起内疚感。一般认为内疚所产生的痛苦主要指向个体自己的行为，是一种以行为为导向的消极情绪体验，一个内疚的人很可能会用某种方式来弥补被伤害到的对象，因此经常会出现补偿行为或自我惩罚行为。但羞耻却是直接指向自我，个体的负性行为或失败被看作"坏自我"的某种反应，即指向自我（我是一个可恶的人）还是指向行为（我做了可恶的事）是羞耻和内疚这两种情绪的核心区别。

3. 自豪和感戴

自豪是人类的基本情绪之一，人们一般认为自豪是个体以个人成就为导向而体验到的一种积极情绪，具有增强人们的自我价值感功能，其本身在一定程度上就是积极力量发展的副产品。自豪的面部表情确实明显区别于其他类积极情绪（如幸福、激动等）的面部表情，这说明自豪可能具有某种独特的交际功能，它似乎在向他人传达自己的成功以提高自身的社会形象或价值。但在道德情境领域，作为道德情绪的自豪主要是指个体在自己的行为已经达到或超过公认的道德标准后而产生的一种积极情绪体验，这种积极情绪体验可以激励个体在未来更加信守承诺，促进符合社会道德标准的利他行为的出现。从本质上说，自豪具有强化利他行为的功能。个体为了构建一个积极的自我形象并赢得他人的尊重，他一般会努力成为一个好人，因而个体就会以利他的行为方式来帮助那些需要帮助的人；当个体在这些利他行为中产生了自豪情绪体验之后，个体在今后的生活中又将会愿意花费更多的时间来从事更多的利他活动，这一过程其实就是个体积极力量的发展和形成过程。

感戴或感恩是另一种积极道德情绪，同时其本身就是人的一种积极力量。从道德角度来看，感戴主要有三个方面的道德功能：第一，道德的晴雨表功能，感戴是个体对他人所提供的帮助满意与否的一种情绪反应；第二，道德的动力功能，感戴能增加受惠者的对施惠者或其他人的亲社会行为；第三，道德的强化功能，表达感戴有助于促进施惠者在以后的生活中做出更多的道德行为。从某种意义上说，感戴既是受惠者对施惠者行为的一种反应，同时也是受惠者个体自我道德行为的动力。当他人的帮助（施惠者）使个体受益时，个体（受惠者）就会出现感戴的情绪体验。这种情绪体验一方面提高了受惠者的心理抗压能力和生活质量，而且另一方面也可能促进受惠者本人出现利他道德行为。所以从某种程度上说，感戴具有一定的传递利他行为的特点，当受惠者接受了他人的施惠并表达了感谢之后，其未来的亲社会行为（如帮助施惠者或其他人等）有可能出现显著增加，所以感戴也会促使他人发展积极力量。

（二）道德情绪影响下，人的两类典型行为

1. 洁净行为

随着人类文明的不断进步，人类开始超越对原始不洁物品（如人类和动物的排泄物、腐烂的尸体等）的厌恶，转向于厌恶个体所产生的不道德的身体行为。不道德行为同样能引起厌恶情绪体验，厌恶情绪反过来也能阻止可能发生的不道德行为，这一循环机制提高了个体的社会适应性。功能性磁共振（fMRI）的实验结果也证实了这一观点，发现不道德行为确实能使个体产生厌恶情绪体验，并激活大脑神经网络的某些特定区域，如丘脑、基底节、视觉皮层、杏仁核、前岛、内侧前额叶皮层等。在道德的这一进化过程中，人类逐渐形成了某种特定的文化模型，如那些充满欲望（色欲、暴食、贪婪）的个体常被判断为品质低劣并和肮脏联系在一起而受到厌恶，而善于控制欲望的行为或个体则被看作品质高尚而和纯洁联系在一起，这样人类就把道德和洁净行为进行了关联。

最近更多的研究证据指出，不道德的情绪体验会使个体倾向于身体洁净，从而产生更多的洁净行为。如一项发表在《科学》杂志上的研究

发现①，如果让个体回忆自身之前的不道德行为，个体在单词补笔任务中就会更多地使用有洁净意义的单词，在物品偏好选择中也会更渴望获得与清洁有关的物品（如肥皂、洗手液等）。随后的研究中也发现，身体的清洁过程不仅能洗掉污垢，而且还能洗掉个体已经形成的认知失调。S. W. S. 李（S. W. S. Lee）等人②在随后的研究中发现洁净行为会因不道德行为性质的不同而有所不同，个体说了谎话后偏爱漱口，表现出对牙刷的偏好，而做了坏事后则更喜欢洗手，更愿意使用洗手液。反之，如果个体经历了洁净行为，个体的道德判断准则也就会因此发生一定的变化，如对他人的不道德行为会因此变得更宽容等。

另外有心理学家在研究中发现，洁净行为并不一定就是发生在真实的不道德的行为之后，如果创建一个虚拟的不道德行为情景，当个体目击了这个虚拟情景之后，个体也会倾向于进行身体清洁。总之，个体在经历自身或他人真实或虚拟的不道德行为后，都渴望知觉或实际接触与洁净有关的概念和物体，这些研究结果从多个角度证实了身体与洁净行为存在着一定的联系。

2. 补偿行为

一般来说，个体在私人或公共场合都会非常注重自我的道德形象，并因此而获得自我的内部价值平衡。而不道德行为会使个体对自我价值的知觉产生负面影响以及负性情绪体验，进而威胁个体的道德同一性和内部自我价值平衡，处于这种状态的个体会倾向于通过其他途径来重新找回失去的平衡，即出现道德补偿行为。

自我实现理论（Self-Completion Theory，简称SCT）认为，当个体未获得满意的反馈或未出现与自己身份相符的表现时，由于缺乏自我实现，个体会倾向于通过另外一种有效的方式来重新达成自己的目标。这

① Zhong, C. B., & Liljenquist, K. (2006). Washing away your sins: Threatened morality and physical cleansing. *Science*, 313, 1451–1452.

② Lee, S. W. S., & Schwarz, N. (2010). Dirty hands and dirty mouths: Embodiment of the moral-purity metaphor is specific to the motor modality involved in moral transgression. *Psychological Science*, 21, 1423–1425.

个理论框架或许可以用来解释道德补偿行为,当个体出现了不道德行为之后,他会意识到这种行为威胁了个体的自我形象,这一意识促使个体开始有意或无意地增加自己的道德行为来重塑道德自我形象,这增加了的道德行为就是补偿行为。反之,当个体觉得自己的道德形象很高大时,个体就会减少道德行为(如减少捐钱的数量或减少做志愿者行为的次数),有时甚至可能增加不道德行为(欺骗)。所以补偿的根本目的是修复不满意的自我道德形象,从一定意义上说,上文所分析的洁净行为也可以被看作一种特殊的道德补偿行为。

如在一项研究中,研究者要求被试写一个关于自己的故事,这个故事的内容必须包括主试事先提供的一些积极或消极人格特质,结果发现那些写了消极特质内容故事的个体捐献得更多[1],即出现了道德补偿行为。同样,钟晨波等人的研究也发现,当个体回忆了自身的不道德行为并使用消毒液洗手后,其捐献行为也减少了。这些研究结果似乎说明了这样一个道理,当个体的不道德行为没有得到补偿时,他会表现更多的利他行为,而一旦通过某种途径得到补偿之后,个体的利他行为就会相应减少。

在一些特殊的情况下,补偿行为还可能以自我惩罚的形式出现,特别是当个体没有机会对自己的过错行为进行弥补时(即有些过错行为造成的伤害是不可逆的),个体就会用自我惩罚的方式来修复自我道德形象。从本质上说,自我惩罚实际上行使了自我肯定的功能。也就是说当个体的行为违反了道德标准时,为了平衡个体的自我道德价值,个体采取了自我惩罚的方式。另外,有研究表明群体内个体的不道德行为会促进整个群体成员的利他行为,从而弥补所造成的损失和伤害,而对群体外成员的不道德行为却熟视无睹。所以可以这么说,道德已经成为协调和促进集体生活的一种行为标准。

---

① Sachdeva, S., Iliev, R., & Medin, D. l. (2009). Sinning saints and saintly sinners: The paradox of moral self-regulation. *Psychological Science* ,20, 523–528.

珍惜自然资源人尽皆知，
珍惜心理资源却少有人知。

第六章 积极情绪与心理资源

与过去一味强调面对困难"要有吃苦精神"相反，现代人似乎更喜欢快乐过生活，有些人甚至认为人生本身就应该是一个快乐的游戏。因此，现代心理学的一个重要任务就在于，帮助人们寻找到一些方法或技术来使现代人更快乐地度过自己生活中的平淡或所面临的困难，当然也包括让自己生活中已经有的快乐变得更长久或者把小快乐变成大快乐。从本质上说，这一过程实际上就是提高人的乐商水平。

第一节 关于积极情绪

从生活实践的经验角度来看，一个人如果感觉良好则意味着这个人发生麻烦事或危机的概率会更小，所以从这一角度来看，获得积极情绪体验，其实是乐商的一种重要外在表现形式。

一、什么是积极情绪

和很多其他心理学概念一样，积极情绪（positive emotion）也是一个颇有争议的概念，这种争议主要来自对"积极"（positive）一词的理解不同。一部分人认为积极就是一种快乐的特性，如以研究幸福闻名于世的美国心理学家E. 迪纳（E. Diener）和R. J. 拉尔森（R. J. Larsen）[①]认为，积极情绪就是一种具有正向价值的情绪，是一种让人快乐的情绪。

而另一部分心理学家[②]则认为积极情绪不一定就具有正向价值，因为正向价值带有一定的主观标准，缺乏稳定性的内核定义，许多东西在当时有正向价值，但过了一个阶段之后其正向价值也许会消失，而另外一些原来一直不具有正向价值的，则反而有可能在新的历史时期获得正向价值。因此，这部分心理学家主张从操作性的角度来定义积极情绪：积极情绪指的是那些能激发人产生接近性行为或行为倾向的一种情绪。所

① Larsen, R. J., & Diener E. (1992). Promises and problems with the circumplex model of emotion. In M.S. Clark(Ed.), *Review of personality and social psychology: Emotion.* (pp.25–29). Newbury Park, CA:Sage.

② Lucas, R. E., Diener E., & Larsen, R. J. (2003). Measuring Positive Emotions. In Lopez, S. J., & Snyder, C. R(Eds.), *Positive psychological assessment.* (pp.201–218). Washington DC: APA.

乐商：一个比智商和情商更能决定命运的因素

谓接近性行为或行为倾向就是指产生情绪的主体对情绪的对象能够出现接近或接近的趋向。按照这种标准，一些价值中性化的情绪就被认为是积极情绪，如，兴趣是一个中性化价值的情绪，但它能产生接近性行为或行为趋向，因此，它就应被认为是积极情绪。而另外一些一直被认为具有正向价值的情绪则被认为不是积极情绪，如，满足、放松等情绪，不能引起主体的接近性行为，因此就不能被看作是积极情绪。现在看来，积极情绪概念的这两种观点都有一定道理，前者从功能价值上来定义，具有明显的价值意义，易于和我们的生活常识相结合；而后者则具有操作性意义，更便于在心理学研究中得到检验和应用。

其实从人的实际生活来看，人如果做出一些相对开放性的动作或行为，如伸展四肢、抬头挺胸、双手背后等动作，一般会产生某种积极情绪体验，即人们的心情相对会活跃一些，这也就是为什么人们清晨起来总是会尽量把身体扩胸外展；而如果做出一些收敛性的动作或行为时，如蜷缩四肢、拼拢双腿、低头含胸等，一般会产生某种消极情绪体验，所以人们睡觉时总是蜷缩起来而不是尽量把自己的身体伸展开来（伸展身体会因为兴奋而不利于尽快入睡）。

心理学研究一般比较强调概念的操作意义，这也是现在大多数心理学研究的共同趋势，但在有关积极情绪的研究上，心理学却一反常态，比较强调价值意义，即在一般情况下所提到的积极情绪主要是指价值意义上的，本书中的积极情绪也主要指正向价值意义上的情绪。心理学的这种观点主要基于传统，如思想家伯特兰·阿瑟·威廉·罗素（Bertrand Arthur William Russell）就曾指出，积极情绪就是当事情进展顺利时或你想微笑时产生的那种好的感受。当代积极情绪研究的一个重要代表人物弗雷德里克森也认为，积极情绪就是个人对有意义事情的独特即时反应，是一种愉悦感受。

如何来测量个体的积极情绪呢？由于情绪是一种主观体验，因此其测量主要依靠自我报告法。这是一种比较传统的方法，同时也是一种直接、简单而易行的测量方法。尽管这种方法最早是来自心理学的内省，但谁能比一个人自己更了解自己的感受呢（比如我自己觉得难受得要哭而你却说我很快乐，这可能吗）？自我报告测量一般采用R. 李克特（R. Likert）等级评定，常用的有5，7，9级评定等，如积极和消极情绪量表（positive and negative affect schedule）。自我报告测量法有较好的适用性，它几乎可以应用到任何研究中，如实验研究、质性研究、抽样调查研究等，而且这种方法所获得的数据也很容易得到处理和分析。

很多人对中央电视台的一个节目很有印象，即主持人在大街上随便找人就问："你幸福吗？"结果导致了许多千奇百怪的答案，甚至有人的回答是我姓"曾"而不是姓（幸）"福"。实际上，人的主观感觉主要依赖个体自身的报告。而节目中绝大多数人都说自己很幸福，但这个结果一定是真实的吗？答案是不一定，这是因为自我报告法有固有的一些不足。首先，一个人的自我感觉常常不准确，人经常会混淆自己的感觉或被自己的感觉所蒙蔽，人尤其容易受最近发生在自己身上或身边事件所激发的情绪影响，把一个特定事件的情绪当作自己总的情绪状态（因为情绪具有弥漫性的特点）。其次，一个人的自我报告容易出现"实验者效应"，个体在报告中会出现迎合社会或他人需要的心理，这也是一种所谓的"情绪从众"效应。这些不足导致自我报告结果的信度、效度都可能出现问题。

除了自我报告法之外，积极情绪的测量还有一些其他方法，如内隐测量法。内隐测量法主要通过间接的方式来测量个体是否具有积极情绪，有点类似于内隐记忆的测量。这种测量方法较复杂，它并不看重被试的直接情绪表达或对问题的直接回答，而是更关注被试情绪表达或问题回答背后的东西。如给被试阅读一段对一个人物进行中性描述的文字材料，然后让被试对此人物的情绪状态做评价，如果被试对这一材料中人物的情绪状态描述较积极，则意味着被试正体验着积极情绪。还有一种方法是让被试学习一段包含积极情绪和消极情绪的材料，让被试学习一段时间后进行回忆测试，如果被试对材料中积极情绪描写部分的回忆更详细、更准确，那他们就很可能处于积极情绪体验中，反之，如果被试对材料中关于消极情绪体验的回忆更具体，那就很可能处于消极情绪体验之中。

除此之外，心理学界也有人曾利用人面部肌肉运动的特征来判断个体是否处于积极情绪状态，有研究者甚至还概括出了一个规律，称为"面部活动编码系统"（Facial Action Coding System）。不过现在这种测量方式几乎已经不用了，因为人们发现面部肌肉活动的规律完全可以用一些生理特征指标来代替。一般来说，情绪状态会引起个体的生理产生某些波动，因此，测量生理指标方面的明显变化就能明确被试的情绪状态。目前所测量的人的生理指标主要有心率、血压、血糖、呼吸、脉搏容积、皮肤电阻、肌肉紧张度以及脑电变化、脑神经化学物质变化等。心率变化是情绪测量研究中的一个最重要的生理指标，有研究发现，被要求对情绪刺激进行夸大反应的被试常会在行为上显示出更多的唤醒，并出现心率加速。皮肤电反应的情况也是当前情绪研究中的另一项重要生理指标，在一般情况下，皮肤电流运动具有一定的电阻参数，当情绪出现变化时，个体皮肤内血管收缩的变化和汗腺分泌就能引起皮肤电阻出现相应的变化，因而研究者就能通过了解这种变化来把握被试的情绪状况。

当然，把个体的生理指标检测和前面提到的三种测量方法相结合（如利用多道生理记录仪、ERP等设备来同时检测被试的心跳、血压、皮肤电和脑电波等一些生理指标），这样的测量应该是比较完美的，但在心理学的实际研究中，这样做的情况也还比较少（可能是由于不太经济的缘故）。

二、积极情绪的价值意义

第二次世界大战之后，大多数经济发达国家的经济增长并没有相应提高民众的心理健康水平。尽管心理学研究表明，只有当人们的基本需求得到满足时，包括主观幸福感在内的心理健康才能得到显著改善，但问题是心理健康并不是人类基本需求得到满足后的一个自然产物，它的提高也需要必要的技术和一定的社会条件的支撑。中国改革开放已经经历了漫长的40多年，这40多年不仅是我国经济和社会发展的黄金时期，更是每个中国人的家庭生活和个人命运发生转变的黄金时期。在基本生存需要得到充分满足之后，国内城镇民众开始更多地关注自己的心理健康。然而，当前尚没有一套完整的有关心理健康的标准，而且要找出一个被学者和民众都认可的心理健康标准几乎是不可能的。但就每个个体而言，真正的心理健康应该具有生命活力、积极的内心体验、良好的社会适应力等特征，也就是说，个体心理健康的前提是能有效地发挥个人的身心潜力以及作为社会的一员所具有的积极的社会适应功能。

不过从目前我国民众的具体实际状况来看，尽管经济发展给民众带来了巨大的物质条件的改善，但随着现代生活节奏的加快和生活压力的增大，民众中各式各样的心理问题有逐年增加的趋势，许多人甚至出现了典型的社会不适应症状，如自杀、反社会行为等。因此，社会、政府应当在民众基本生存需求得到满足之后，及时关注并提高民众的心理健康水平。

积极心理学的研究表明，增进民众积极情绪体验是一种简单且行之有效的方法，它不但能有效预防民众出现心理问题，提高民众的社会适应性能力，而且能高效化解民众的各种生活矛盾，改善民众的行为方式，最终达到可持续地改善民众生活幸福感的目的。

不仅如此，积极情绪也能有效提升民众的主观幸福感。主观幸福感是专指评价者根据自定的标准对其生活质量所做的一种整体性评估，它是衡量个体生活质量的一个重要的综合性心理指标，同时也是个体心理健康的最主要组成部分，主观幸福感主要包括生活满意度（认知方面）、积极情感和消极情感（情感方面）三个部分。

生活中我们经常能看到这样一种人，社会已经为其解决了一切问题，但他却依然有许多抱怨，抱怨生活的不满意、工作的不舒心等，这是为什么呢？有研究者通过跨文化的研究发现，相比于消极情绪体验的减少，积极情绪的增加与民众的主观幸福感之间表现出显著的相关性。由此可以得到结论，仅仅依靠传统的消除消极情绪不良影响的方法来提升民众的主观幸福感是远远不够的，这种方法所带来的作用也是有限的。社会不仅要解决民众的各种问题，更要致力于提高民众的积极情绪体验，从而丰富各种社会和心理资源。这就是说，幸福的人们之所以更快乐，并不是简单地因为他们感到更好，而是因为他们发展了更丰富的生活资源。

此外，积极情绪还能有效改善民众的行为方式。积极情绪能促使个体充分发挥自己的主动性，使个体对自己的认知更全面、更准确，并因此产生多种思想和行为，特别是产生一些创造性或创新性的思想和行为，而这些思想和行为也更容易迁移到他生活的其他方面。

三、积极情绪扩建理论

心理学早期认为积极情绪会使人的认知出现偏差，所谓"快乐的人更可能会是个傻瓜"。最早提出这一观点的是美国著名的实用主义理论先驱查尔斯·桑德斯·皮尔斯（Charles Sanders Peirce），他在1878年提出，人的意识的一切功用都在于解决疑惑，在我们日常没有疑惑或者在进行积极体验的时候，人的意识是不工作的。也就是说，只有当人面临某个问题以及由此产生消极情绪体验时，人才会启动自己的意识去对问题进行分析，消极情绪才促进了人的思维[①]。

尽管皮尔斯是从哲学的角度来提出这一观点的，但100多年后，两个心理学研究者阿洛伊和艾布拉姆森[②]却用现代心理学实验证明了这一观点的正确性。阿洛伊和艾布拉姆森根据贝克抑郁量表（Beck Depression

---

① Seligman, M E P. (2002). *Authentic happiness: Using the new positive psychology to realize your potential for lasting fulfillment.* (pp. 30–37). New York: Free Press.

② Alloy, L. B., & Abramson, L. Y. (1979). Judgement of contingency in depressed and nondepressed students: Sadder but wiser? *Journal of Experimental Psychology: General*, 108, 441–485.

Inventory）的得分高低筛选出两组大学生，一组是较抑郁的，另一组是非抑郁的，然后让大学生在一个时间段内对电灯的点亮与否不具有完全的控制权，即他们按一下电灯开关，灯有时会亮，而有时却不会亮。在这个实验中，研究者给这些大学生分别设置了25%、50%和75%的控制概率，然后让这些被试评估自己对刚才这样的情境的控制力有多大。实验结果显示，那些抑郁情绪得分高的学生对自己的控制力有着清晰的认识（即在能控制的情境下认为自己有控制力，在不能控制的情境下认为自己没有控制力），而抑郁情绪得分较低的学生即使在自己完全不能控制的情境下依然会认为自己有35%的掌控力，即具有积极情绪体验的被试存在盲目的乐观，这说明消极情绪状态可能更有利于人们对自我与环境的关系产生正确的认识。这就是"结果接近效应"或"消极实在主义"（Outcome Density Effect or Depressive Realism）[1]。

以后的一系列研究似乎也都证明了这一观点的正确，如海德·布鲁斯（Headey Bruce）等人[2]在自己的研究中发现，80%的美国人会认为自己的社交技能处于全部美国人的平均水平线之上，而实际上这永远也不可能。温斯坦（Weinstein）[3]在研究中也发现，近80%的大学生在自我评估时会认为自己比同伴更能干、更聪明。研究者们在解释这一现象时都认为人在自我评估时存在自我价值保护，而自我价值保护可能源于情绪，因为这个世界消极情绪占优的人毕竟是少数，也正是因为多数人不具有消极情绪（太乐观了），在评价中才会出现这一偏差。

当这一系列研究出现之后，另一些心理学家则对此持不同的看法，他们认为具有积极情绪体验的人只是对将来的可能性持一种乐观态度，如在阿洛伊和艾布拉姆森的实验中，这些大学生被试也许意识到即使自

① Lorraine, G. A., Shepard, S., & Samuel, H. (2007). The sad truth about depressive realism. *The quarterly journal of experimental psychology*, 60(3), 482–495.

② Wearing, A. (1989). Personality, life events and subject well–being: Toward a dynamic equilibrium model. *Journal of personality and social psychology*, 57, 731–739.

③ Weinstein, N. D. (1980). Unrealistic optimism about future life events. *Journal of personality and social psychology*, 39, 806–820.

己现在不能掌控情境，但过一会（将来）也许就能掌控了，因此他们才会认为自己有35%的控制力。而具有消极情绪体验的人则对将来的可能性持怀疑态度，这使得他们对将来比较谨小慎微，只能就事论事。美国犹他大学（The University of Utah）的I. G. 阿斯平沃尔（I. G. Aspinwall）[①]做了许多相关的研究来证实这一假设，他发现具有积极情绪体验的人其实比具有消极情绪体验的人在实际的生活策略上要做得更好。

例如他的一个研究记忆的实验，他在实验之前先给一组爱喝咖啡的被试分发一包糖果（用以激发这些被试的积极情绪体验，这一方式目前在情绪研究中已经被证明是一种有效手段），而另一组爱喝咖啡的被试则不做任何处理，然后分别给两组被试阅读关于咖啡因和乳腺癌关系的医学文章。一周后对这些被试进行回忆测试，结果发现具有积极情绪的被试（拿到糖果的被试）对文章中患癌症等关键信息记得更清楚。除此之外，还有许多心理学家也做了类似的研究，都得到了和皮尔斯观点相反的结果。如有研究发现积极情绪会使人更具有创造性，也有研究发现积极情绪会使人更有亲和力，而那些更多积极情绪的人挣钱也比那些较少积极情绪的人多，如果一个人没有良好的认知，又怎么可能在这个世界挣到更多的钱呢？于是有关积极情绪扩建的理论就被学术界提了出来。

积极情绪扩建理论[②]是由弗雷德里克森于1998年提出的，弗雷德里克森也因提出这一心理学理论而于2000年获得第一届坦普尔顿积极心理学奖（Templeton Positive Psychology Prize）的一等奖，奖金为10万美元。积极情绪扩建理论认为，积极情绪能扩建个体即时的思想或行为资源，并在此基础上帮助个体建立起持久的个人发展资源（包括身体资源、智力资源和社会性资源等），这些资源趋向于从长远的角度，用间接的方式

① Aspinwall I. G., Richter L, Hoffman R. R. (2001). Understanding how optimism works: An examination of optimists' adaptive moderation of belief and behavior. In E. C. Chang (Ed.), optimism and pessimism: Implications for theory, research, and practice, Washington DC: APA. 217–238.

② Fredrickson, B. L. (1998). What good are positive emotions? *Review of General Psychology*, 2, 300–319.

给个体带来各种利益。

    具体来说，积极情绪能促使个体充分发挥自己的主动性，使自己的认知更全面、准确，并因此而产生多种思想和行为，特别是能产生出一些创造性或创新性的思想和行为，而且这些思想和行为也更容易迁移到自己生活的其他方面。如满意也是一种重要的、特征明显的积极情绪，它在促使个体尽情享受当时生活的同时，还能促使个体把自己的这种生活体验迁移到对自我与对周围世界的看法上；爱是一种产生于安全和良好关系基础之上的，由多种情绪（高兴、兴趣和满意等）成分组成的合金式的积极情绪，它会不断地重现我们的爱意以及我们对所爱对象所做的一些行为，并能把这些思想和行为迁移到其他方面。

    弗雷德里克森曾用一个图来形象地展示"积极情绪扩建理论"的作用过程，她特别提到，这一过程是一个螺旋式上升的过程，也就是说，个体每一次的积极情绪体验都会使个体原来的思想或行为模式上升到一个新的高度。如图2.1所展示的就是个体从产生积极情绪，到改变自己原来的思想和行为模式的全过程。

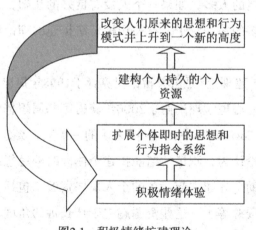

图2.1　积极情绪扩建理论

    弗雷德里克森提出积极情绪扩建理论之后，许多心理学家开始用实验来验证这一理论的正确性。如从信息加工心理学的实验范式出发，有研究者发现个体在积极情绪状态下的视觉注意广度更大、认知活动范围更广、流畅度更高、灵活性更强，在人脸识别上也较少出现"自我种族偏爱"现象，也就是说具有积极情绪体验的个体对其他种族人的人脸具有更高的再认水平（即认知能力提高了）。W. M. 米利（W. M. Miley）等人[1]的研究则表明，当被试处于较高的感恩、宽恕等积极心理状态条件时，他们的认知执行功能（executive functions）水平也较高，如目标定位水平、自觉行为水平等都会得到提高。E. L. 希尔（E. L. Hill）等人[2]的研究也证明，积极情绪体验能使个体更全面地认识自己所面临的任务，从而保证个体在特定的情境任务中能做出最有效的反应。积极情绪扩建理论在近一两年又获得了更多实证研究的支持，有研究[3]甚至还发现动物似乎也有这一特点。

不过验证积极情绪扩建理论的真正经典实验还是来自弗雷德里克森和同事C. 布兰尼根（C. Branigan）等[4]于2000年做的一个心理学实验。他们选录了一些含有喜悦（joy）、满意（contentment）、害怕（fear）和愤怒（anger）等情绪镜头的影片，同时为了进行比较，研究者还准备了一组不含任何情绪镜头的影片（如介绍一张椅子是怎么做成的），每组镜头持续的时间为15分钟。当5组被试分别看完这些影片后，被试被要求回忆刚才的影片情景，以此来确保被试能沉浸在与影片相同的情绪体验中。然后让被试在早已由主试预先列出的20条"我想要……"式样的横线上填上自己当时的真实想法，被试这时候想到什么就可以填什么。在对被试的结果进行统计后发现：在喜悦情绪状态下，被试列出了14.4条；

① Miley, W. M., & Spinella, M. (2006). Correlations among measures of executive function and positive psychological attributes in college students. *The Journal of General Psychology*, 133, 175–182.

② Hill, E. L. (2004). Evaluating the theory of executive dysfunction in autism. *Developmental Review*, 24 : 89–233.

③ Boissy, A., Manteuffel, G., & Jensen, M. B., et al. (2007). Assessment of positive emotions in animals to improve their welfare. *Physiology & Behavior*, 92(3):375–397.

④ Fredrickson, B. L., & Branigan, C. Positive emotions. In T. J. Mayne, G. A. Bonnano(Eds.). (2001). *Emotion: Current Issues and Future Directions*. (pp.123–151) New York: Guilford.

在满意情绪状态下，被试列出了13.5条；在害怕情绪状态下，被试列出了9.8条；在愤怒情绪状态下，被试列出了8.5条；在没有任何积极或消极的情绪状态下，被试则列出了11.9条。

这一实验结果正符合了弗雷德里克森的假设：积极情绪能扩建个体的行为或思想，而消极情绪则能缩小个体的行为或思想。而且这一实验结果还表明，积极情绪和消极情绪本身的不同强度（也即唤醒水平的高低）对个体行为或思想的扩建、缩小功能也有着一定的影响。对积极情绪来说，强度越大，其扩建功能就越大，对消极情绪来说，强度越大，其缩小功能也就越大。

另有一些研究者则从积极情绪帮助个体建立起持久的个人发展资源（包括身体资源、智力资源和社会性资源等）这一角度出发，他们发现积极情绪体验能使个体从消极情绪体验中迅速恢复过来，也就是说，个体在积极情绪体验中建构起了较好的个人发展资源，这些资源能消解消极情绪体验所造成的不良影响。这一研究具有很大的应用价值，例如一个身患重症的病人如果能经常获得积极情绪体验，那这些情绪体验无疑会对其身体康复产生很好的促进作用，因此，鼓励家属经常去探望病人、经常给病人送些鲜花或做些可口的饭菜等就有了心理学依据。

同样，有研究者研究了社会志愿者的积极情绪体验和其行为的关系，结果发现，志愿者的行为和其积极情绪体验有较高的相关性，积极情绪提供从事志愿活动的心理资源，志愿者如果缺乏积极情绪，那他的志愿行为将会终止或消失。

四、如何增进人的积极情绪

增进积极情绪其实是一个很重要的提升幸福感的途径。人的幸福感主要有三个组成部分：较多的积极情绪体验、较少的消极情绪体验和较高的生活满意度，所以人们可以通过减少消极情绪体验来增加自己的幸福感，同时也可以通过增加自己的积极情绪体验和生活满意度来提升自己的幸福感。

增进积极情绪的过程其实就是一个情绪调节过程，社会经济不断发展，有关人自身的各种问题也经常随之出现，而在这些问题中，情绪问题是人面临的常见问题，学业压力、就业压力、婚姻信任危机、人际关系不良等都有可能导致各种情绪问题。有些情绪问题程度相对比较轻，时间就可以让它自然消失，但另外一些程度比较严重的情绪问题则会困扰人们的日常生活，因此，有意识的情绪调节就显得尤为重要。

日常生活经验告诉我们，不良的情绪调节会影响个体的身心健康，并有可能危及其正常的社会功能；而合理的情绪调节则不仅有助于保持身心健康，还能提高个体的社会应对技能。如一项研究发现，成功的情绪调节能够帮助个体产生积极的生理唤醒，从而提高其应对生活问题的能力①。而调查临床抑郁症和非抑郁症被试运用不同情绪调节策略的情况，结果发现抑郁患者具有较少的情绪调节策略②。

什么是情绪调节？对于情绪调节（emotion regulation）的界定，虽然很多学者都曾致力于对其做出一个明确且统一的定义，但这一努力至少到目前来看似乎仍然是徒劳的，现状是不同的研究者有不同的看法和见解，可谓众说纷纭。如有研究者认为情绪调节是个体对自己所产生的情绪的认识及体验施加影响的过程，同时也包括影响选择如何表达自己情绪的过程③。也有人则认为情绪调节涉及改变相关的、已被激活的情绪，包括改变情绪本身（如情绪强度、忍耐度），并改变个体其他的心理过

---

① Gross, J. J. (2002). Emotion regulation arousal and social competence. *Department of Psychology North Carolina State University*, 287–290.

② Gross, J. J. (1998). Antecedent-and response-rocused emotion regulation:Divergent consequences for experience, expression, and physiology. *Journal of Personality and Social Psychology*, 74(1), 224–237.

③ Gross, J. J. (1998) The emerging field of emotion regulation :An integrative review.*Review of General Psychology*,2, 271–299.

程（如记忆、社会功能等）①。

另外有一些学者则认为先前对情绪调节的定义探讨过于笼统，以至于操作性不强，从而增加了情绪研究的困难性。因此，这一部分学者试着从操作性角度去重新探讨情绪调节的定义，即从调节行为是由外部因素还是由内部因素影响所致，这个全新的角度来定义情绪调节，这种界定主要侧重于描述情绪调节的几个重要特点。这些特点主要包括：

第一，情绪调节应该是源于外部行为者对个体所产生的影响，调节过程由个体自身完成；

第二，情绪调节所导致的行为调节，相对于行为本身应该是无意识的；

第三，情绪调节所导致的行为调节，相对于其他行为具有更多的自发性而非控制性②。

总的来看，这种侧重于描述情绪调节特点的界定方式尽管不全面，也不十分准确，但它具有明显的操作性，便于开展学术研究，因此这种界定方式目前在学术界比较流行。

（一）情绪调节策略

情绪调节归根到底要落实到某种行为方式上，因此它具有操作技术上的差异，目前心理学比较认同的情绪调节策略主要是美国心理学家詹姆斯·J. 格罗斯（James J. Gross）等人归纳的两种调节策略：认知重评（cognitive reappraisal）和表达抑制（expression suppression）。这两种调节策略都是应对消极情绪的，其作用在于减少个体已经有的消极情绪体验强度，而使自己变得相对更开心一点，所以这两种情绪调节策略也叫作消极情绪调节策略。

① Cole, P. M., Martin, S. E., & Dennis, T. A. (2004). Emotion regulation as a scientific construct: Methodological challenges and directions for child development research.*Child Development*, 75,317–333.

② Eisenberg,N., & T. L. Spinrad. (2004). Emotion-related regulation: Sharpening the Definition. *Child Development*, 75(2), 334–339.

认知重评策略属于先行关注式情绪调节策略，它是指通过改变认知这一因素来使个体对所发生的情绪事件做出新的、不同于寻常的理解，从而改变个体自身相关的情绪体验，并缓解负性情绪。也就是说，它是在个体认知参与的情况下，对情绪性事件进行合理化解释的过程[①]，如对某事件的发生原本感到非常愤怒，但是通过重新定义该事件并在此基础上改变了对这一事件的理解（改变认知），最终自己的愤怒得以消失（调节了自身情绪）。

有一天，圣雄甘地出门坐火车，当火车刚开动时，他一不小心把自己穿着的一只鞋子掉在了铁轨上，而恰恰这个时候，火车轰隆隆地开动了，他绝对不可能下车去捡回那只鞋了。当火车上的其他乘客都在为甘地掉了一只鞋而焦急和惋惜时，甘地却忽然弯下身子，把自己脚上的另一只鞋子脱下来并扔到了刚才那只掉下去的鞋边。车上所有的乘客都不理解，觉得他的举动非常奇怪，于是有一个人就问甘地："先生，你为什么要把另外这一只鞋也扔下去呢？"甘地看着火车窗外的那双鞋笑了笑说："我要是不扔掉我脚上这只鞋的话，那这双鞋就没有用了，那样我会遗憾的。现在这样的话，那个捡到鞋子的人就可以拥有一双完整的鞋子穿了，我的心情也会因此而好一些。"对于掉了鞋这件大家都认为不好的事，甘地却换了一种新的解释，把它解释为"做了一件善事"，因而其情绪也就相应地发生了变化，由消极变为了积极。

表达抑制策略则属于关注反应的情绪调节策略，它通过调动自我控制的能力来抑制将要发生的或者正在发生的情绪行为，即通过压抑自己的不良情绪来调节或防止情绪性行为的发生[②]。如面对某事件所引起的愤怒情绪，个体通过压抑来控制自己的这种愤怒情绪的爆发，由此而避免

---

① Gross, J. J. (1998). Antecedent-and response-rocused emotion regulation: Divergent consequences for experience, expression, and physiology. *Journal of Personality and Social Psychology*, 74(1), 224–237.

② Gross, J. J. (1998). Antecedent-and response-rocused emotion regulation: Divergent consequences for experience, expression, and physiology. *Journal of Personality and Social Psychology*, 74(1), 224–237.

了由情绪事件而引起的不良后果。比如上文中甘地掉了一只鞋，多数人在这种情况下都是强忍心中的难受。

一般来说，选择什么样的情绪调节策略存在明显的个体差异，格罗斯在相关的研究中发现，选择认知重评策略的个体更可能拥有或倾向于表达更积极的生活态度，平时拥有的积极情绪较多，他们在人际关系处理中倾向于和他人合作来共同面对挑战，这些个体常常有良好的人际关系。

而选择表达抑制策略的个体相对更喜欢抑制自己的情绪体验，不管是积极体验还是消极体验，这些个体都不愿意与人分享，这些个体的人际关系相对会差一些[①]。萨拉·吉兰德斯（Sarah Gillanders）等人于2008年对肾透析患者的研究就表明，认知重评策略有助于减轻患者对手术的焦虑，选择这一策略的患者更容易接受自己患病的事实，其主观幸福感水平较高；选择表达抑制策略的患者则正好相反，他们患病时期的抑郁水平显著增加，而主观幸福感和社交欲望则出现了显著降低[②]。

后来的一些研究结果也进一步证实，认知重评策略能有效帮助个体产生积极的情绪体验，提高其生活质量和心理健康水平，并最终有利于个体自我人格的持续完善；而表达抑制策略并不是一种最理想的情绪问题处理策略，它主要通过压抑使个体的消极情绪无法直接宣泄出来，压抑过程会消耗个体更多的认知资源。从理论上说，压抑的情绪越多，个体的心理调节能力就会越弱，其心理健康水平也会相应降低。

（二）积极情绪调节策略

积极情绪调节策略就是所谓的品味策略，品味策略主要包括两个

[①] Gross, J. J., & John, O. P. (2003). Individual differences in two emotion regulation processes: implications for affect, relationships, and well-being. *Journal of Personality and Social Psychology*, 85(2),348–362.

[②] Gillanders, S., Wild, M., Deighan, C., & Gillanders, A. D. (2008). Emotion regulation, affect, psychosocial functioning, and well-being in hemodialysis patients. *American Journal of Kidney*, 5(24), 651–662.

方面。

1. 行为层面策略

行为层面策略包括：第一，同他人分享。好东西与他人分享时会使分享者获得更好更长的积极体验，当个体面临积极事件时如果通过一定的合理方式与他人分享，这同样也会增加自己的快乐体验。但这里要注意几个技术问题，如分享的对象和分享的方式，一定要针对不同的对象采用合理的分享方式，否则有可能适得其反。第二，沉浸专注。指人们在做一件快乐的事情时要全心全意地投入，这样才有可能使自己获得更多、更久的快乐。现在有一种很不好的现象，如人们去饭店吃饭，尽管饭菜可口，但好多人却总是时不时地翻看自己的手机，总怕自己会错过什么重大的事情，这是一种很没有品位的行为。第三，行为表达。一旦有了好的情绪体验或好的事件，一定要做出相应的行为表达，爱你的朋友就要说出来并做出相应的行为，这样才会使自己的快乐体验更美好。

2. 认知层面策略

认知层面策略包括：第一，对比（跟自己或他人）。当个体面临好的事件时，为了升华自己的快乐可以采用多种方式进行比较，这个道理其实很简单，如糖在和酸的东西进行比较时会更甜。第二，感知敏锐。当个体面对积极事件或快乐体验时，要充分调动自己的各种感知器官，这会使自己获得尽量多的快乐体验，如福建潮州喝工夫茶就是一种典型的感知敏锐，喝茶过程涉及很多冲泡的基本用具，有茶炉、茶壶、盖碗、茶杯、茶洗盘、夹子和公道杯等，这些使得人的各种感觉器官都参与了喝茶。第三，建构记忆。即人们在构建一个记忆时一定要以好的事件（或事件的部分）作为回忆整个事件或过程的提示线索。第四，激励或奖励自我。不能把自己生活中好事件的发生当作一种自然事件（认为是天经地义必然会发生的或命运安排的等），要强调自己的努力和长处在其中所起的作用，并在此基础上激励和奖励自己。第五，当下意识。强调现在的感觉而不是念念不忘过去那些痛苦或曾经的磨难，练习正念会使自己变得更轻松，这是一种帮助自己集中于当下且值得一试的好方法。第六，细数幸运。即经常（最好是每天）回忆一下自己生活中的小确幸，多数人都是普通人（平民百姓），不可能总是去做惊天动地的事，人们如果能有意地去注意自己生活中的那些好的细致小事，这会使人们的生活更快乐。第七，避免扼杀愉悦的想法。除非是真的发生了很大的消极事件，否则不要总是自己吓自己，生活中有些人过于谨慎，即使在面临好的事件时，也总会时时刻刻用虚拟的危险或消极来提醒自己（所谓的不要乐极生悲），这种做法在特定的工作环境中也许很有价值，在生活中却大可不必如此。

（三）影响情绪调节的因素分析

在社会活动中，每个人都会遇到并处理复杂的情绪问题，合理的情绪调节是适应社会生活的一种必要的心理技能，了解影响情绪调节的因素，形成合理的情绪调节策略，有利于提高我们适应社会的能力。而影响情绪调节策略形成的因素既有先天因素，同时也有后天因素。家庭环境是我们最早接触，也是儿童时期社会化的重要场所，父母的教养方式是家庭环境的核心，因此教养方式对情绪调节策略的形成影响重大。2004年，南希·艾森伯格（Nancy Eisenberg）等人研究了权威专制的家庭教养方式对7～10岁北京地区的孩子的控制、调节愤怒、失败感情绪等社会功能的影响。家庭教养方式主要通过父母自陈报告来获得，孩子的情况则由父母、老师、同伴等他评方式获得，研究结果表明，权威专制型的家庭教养方式，导致孩子的情绪控制调节能力比一般教养家庭的要低得多，且不能够运用认知重评或是表达抑制来调节自己的情绪，其相应的社会功能也不能很好地实现[1]。

同辈也是影响个体情绪调节过程的一个重要因素，学校同龄人的行为，对情绪调节策略的形成有一定的影响。如特蕾西·L. 斯宾拉德

---

① Zhou, Q., Eisenberg, N., & Wang. Y. (2004). Chinese children's effortful control and dispositional anger/frustration: relations to parenting styles and children's social functioning. *Developmental Psychology*, 40(3), 352–366.

（Tracy L. Spinrad）等人对孩子进行了两个学期的连续观察，结果显示，同伴之间随着所处的时间越来越长和关系的进一步加深，其情绪调节策略出现了很大的相似性[①]。

另外，文化差异也可能对个体情绪调节策略的形成有很大作用。格罗斯等人为了验证情绪压抑可能与社会负面结果有关，选取了斯坦福大学的不同文化背景的女志愿者进行实验研究，结果表明了不同文化背景下的人会受文化价值的影响而采用不同的情绪调节策略[②]。总的来看，具有明显集体主义文化倾向的个体，更喜欢选择表达抑制策略；而具有明显个体主义文化倾向的个体则更喜欢认知重评策略。另外，格罗斯等人在1997年对127名年龄不同的被试进行了情绪调节方面的研究，从年龄分布情况来看，年龄大的被试情绪控制调节能力显著好于那些年轻者[③]。除以上这些之外，现在的研究表明，人格特质、记忆力、遗传等先天因素对情绪调节能力和策略使用差异均有一定的影响。

人们也许无法控制先天因素的影响，但对于后天的环境因素，人们可以通过不断研究，影响情绪调节策略的各种因素的形成机制及其规律，通过避免或改变某些影响不合理情绪调节策略形成的环境因素，来帮助个体形成良好的情绪调节策略，这一主题也成为心理学应用的一个重要研究方向。

① Spinrad, T. L., Eisenberg, N., Harris, E., Hanish, L., Fabes, R. A., Kupanoff, K., Ringwald, S., & Holmes, J. (2004). The relation of children's everyday nonsocial peer play behavior to their emotionality, regulation, and social functioning. *Developmental Psychology*, 40(1), 67–80.

② Butler, E. A., Lee, T. L., & Gross, J. J. (2007). Emotion regulation and culture: Are the social consequences of emotion suppression culture-specific. *Emotion*, 7(1), 30–48.

③ Gross, J. J. Carstensen, L. L., Pasupathi, M., Tsai J., Skorpen, C. G., & Hsu, A. Y. C. (1997). Emotion and aging: experience, expression, and control. *Psychology and Aging*, 12(4), 590–599.

五、积极情绪增进要注意的几个主要问题

（一）着重发展预防技术

预防对民众的心理健康有着非凡的作用，预防可以减少或消除引起心理疾病或不良行为的危险因素，也可以增强个体及其生活环境的保护因素，而这些将有效防止人心理和行为问题的产生。

社会应尽可能把各方面力量结合起来提供综合的一体化心理健康服务系统，这样便于较早地对潜在的问题实施干涉，从而提高对象的心理健康水平。人们必须意识到，仅仅对心理存在问题的患者实施常规的预防是远远不够的，预防是为了减少个体发生心理障碍的可能性，如果只是在较小范围内对某种具体的心理问题进行预防，那预防的效果就会很小。预防必须针对全体，只有把预防看作提升个体积极心理健康水平的一种基本方法，预防才能在更大范围内产生干预效果。

实际上，在上文我们已经知道，积极和消极之间的力量是不均衡的，同样强度的消极的力量要远远大于积极的力量，如果消极的东西已经产生，人们必将要花三倍的力量才能解决问题。所以，在问题产生之前进行预防是一种既经济又有效的做法。

在我国的多数地区，不仅普遍且高质量的心理健康辅导工作还没有得到制度方面的保障，大多数从业者对心理卫生工作中预防的重要性的认识，也还停留在较低的层次，人们大多是在问题产生之后才想到心理健康工作。总的来看，不管是在社区还是在学校，目前我国心理健康服务对象还偏重于关注那些已达到临床诊断水平的心理疾病患者，易感人群的预防和健康人群的健康促进工作还没有引起很好的重视。

（二）着重提高穷人或弱势人群的积极情绪体验

和水桶效应相类似，一个社会整体的心理健康水平取决于这个社会穷人或弱势人群的心理健康水平，只有穷人或弱势人群的积极情绪得到

了提高，这个社会才能被称为幸福社会。从我国弱势群体的整体情况来看，其主体是社会性弱势群体，具体来说，就是在特定的历史和文化背景下，社会经济地位相对低下的人群。

弱势群体主要是由于社会原因而陷于弱势地位，因此，社会应当侧重从社会支持角度来应对弱势群体的心理问题。一般而言，由于弱势群体经济生活状况恶劣、生存能力低下，他们处于社会和经济的底层，容易产生自卑、冷落、孤独，甚至是封闭的心理。因此，社会不仅要适时地制定和贯彻落实有利于弱势群体境遇的政策，而且要动员全部社会力量从舆论上关心弱势群体，对弱势群体进行积极、正面的宣传，形成有利于增进弱势人群积极情绪体验的良好社会氛围。

社会尤其不能片面宣传、强化强势群体的消极价值观，并把这种价值观再反过来强加给弱势群体，如对高档消费品的过分宣传，对物质享受的过分描述等。社会应制定覆盖面广泛的身心保障制度，深化穷人或弱势人群对积极情绪体验的认知和追求，引导他们学会自立、自尊、自强，最终增强其改变自己弱势地位的心理和能力。

（三）着重关注民众在创伤性事件及灾后的积极情绪体验

一场大的灾难，除了造成物质损失之外，它对人的心理也造成巨大的负面影响。如中国"5·12"汶川地震不但给灾区民众的财产造成了无可挽回的重大损失，而且严重地影响了灾区民众的正常心理功能。一般而言，多数当事人在经历了灾难性事件之后，会产生一定程度的心理健康障碍，而且这种障碍还有可能会持续很长时间。例如，1988年苏联亚美尼亚和2005年印控克什米尔地震后的幸存者都出现了一些心理问题，如创伤性应激障碍和抑郁症等，对这些灾后幸存者心理干预的经验表明，灾后以增进积极情绪体验为核心的心理救助工作能有效预防和改善心理障碍发生的可能性，类似的情景不仅在中国的汶川出现，也发生在乌干达北部。

上文提到，积极心态和积极情绪可以撤销和恢复消极情绪对身心造成的不良影响，从而提高个体应对和缓解心理压力的能力。在创伤性事件及灾后的心理援助中，手语操、语言暗示、音乐冥想疗法、激励性标语等都已被证明可以有效提高对象的积极情绪体验。有研究表明，在团体辅导中用有力的鼓励性语言不断给对象以正面强化，调动受创者的积极心态，培养或诱导其战胜哀伤的积极情绪，大部分对象会出现可喜的"创伤后成长"现象。因此，当民众面临应激性或创伤性事件时，社会要主动关心、爱护他们，让他们能持续体验到各种积极情绪，从而逐渐消除因事件带来的消极情绪。

乐商：一个比智商和情商更能决定命运的因素

第二节　心理资源和积极情绪

　　充分利用每一天以及身边的每一种工具来做出一些有意义的事情，这看起来是再简单不过的事，但许多人却常常做不到，这并不意味着这些人的能力差，而有可能是这些人的心理资源出现了短缺。同样，惊天动地的事情肯定不是每个人都能做的，只有少数的英雄才能做到，不过即使是一个大英雄也肯定不可能在他生命中的每时每刻都能做得出惊天动地的事。所以，关于行为和心理资源之间的关系，有着太多的问题值得人们去探索。

一、什么是心理资源

　　心理资源概念来自心理学早期的心理能量（mental energy）概念，心理能量（有时也称心理能）最早由精神分析理论创始人弗洛伊德提出。弗洛伊德受物理学能量守恒定律的影响，认为人体也应该是一个复杂的能量守恒系统，它从各种食物中获取能量，同时又为种种目的而消耗能量，这一过程实际上是不同能量形式间的某种转换。能量的具体形式有多种，其中影响人格系统的能量叫心理能量。对个体来说，其人格系统的总能量是一定的，某个子系统获得的能量多了，其他子系统所剩的能量就减少了。

　　到了20世纪六七十年代，卡尼曼先生提出了颇有影响的注意资源分配模型（attentional resources allocation model），这个理论模型认为，只要有限的注意资源足够分配，个体就可以同时进行多项活动，否则多项活动之间会相互干扰，并影响活动的顺利完成，或降低活动的完成质量。该理论的核心在于认为人的注意资源是有限的，不论是心理任务还是物理任务都需要付出类似的努力。在卡尼曼理论的基础上，心理学家卡菲（Kanfer）和阿克曼（Akerman）等人开始把"资源"这一概念引入心理学的其他多个领域，称之为心理资源（psychological resource），并把它定义为个体所拥有的一个未分化的能量池，它意味着人类信息加工能力的有限性。所以，心理资源其实就是用来支撑一个人产生或进行各种有意识的心理活动以及外在行为的能量。

（一）心理资源对人生活的影响

著名社会心理学家R. F. 鲍迈斯特（R. F. Baumeister）等人于2000年在世界最为著名的心理学杂志之一——《心理学公报》（*Psychological Bulletin*）上提出了心理资源的自我控制力量模型（self-control strength model）假设，这一理论有时也被称为自我控制模型。鲍迈斯特认为个体的自我控制力量消耗，类似于人体肌肉力气的消耗，肌肉活动需要消耗一定的力气，而力气耗尽之后，肌肉就会失去活动的能力；自我控制同样依赖一种有限的、可消耗的心理资源（类似于力气的东西），在使用过程中会损耗、会疲劳，但经过休息之后可以得到恢复。

具体说来，该模型主要包含三层含义：第一，个体的自我控制需要消耗个体一定的心理资源，例如决策、控制思想等都需要消耗心理资源，心理资源是支撑个体自我执行功能实现的能量来源，而在一定时间内，个体的心理资源是有限的，有限的心理资源使得个体不可能同时加工较多的自我控制任务。第二，心理资源和个体的自我控制行为是相关的，成功的自我控制行为依赖于可用的心理资源。心理资源愈充足，自我控制任务表现便愈好，即自我控制的成功与否，取决于个体自我控制力量的水平，自我控制力量越强的个体，越容易达到想要的目标。第三，所有形式的自我控制行为，使用的都是相同的心理资源，即使前后具体任务分属于不同领域，个体先前的自我控制行为也一定会造成个体随后的自我控制行为水平的下降，即个体的心理资源是统一使用的，当个体的自我控制行为指向某一目标时，其他方面的自我控制行为所使用的心理资源就会减少。

鲍迈斯特等人的自我力量控制模型旨在探究个体的心理资源是如何影响个体行为的，当个体有意识、有目的地改变当前的自我状态（即自我控制，如抑制冲动或者抗拒诱惑等）时，个体会因此而消耗一部分心理资源，当心理资源消耗达到一定量时，个体便会出现所谓的自我衰竭（ego depletion）状态，即个体对自我处于弱控制状态。个体一旦处于自我衰竭状态，个体的各种社会适应性行为的表现能力就会受到相应损害，并表现为效率低下，这就是心理资源的消耗对个体的生活所带来的影响，也即自我衰竭后会出现各种后效（after effects）。那个体心理资源不足而处于自我衰竭状态后到底会出现什么问题呢？

1. 情绪方面

鲍迈斯特和他的同事等在1998年的一个研究中发现，和正常的被试相比，即使在外在要求不允许笑的条件下，处于自我衰竭状态的被试也更难抑制观看喜剧片时的微笑或大笑行为，这是因为自我衰竭导致个体的情绪调节能力受到了一定的损害。

还有研究表明，处于恋爱关系中的个体，心理资源消耗较多的一方会表现出更低的适应倾向（比如不能很好地体谅对方），同时表现出更高的破坏性行为反应；而心理资源消耗较少的一方则与此相反，会做出更多的建设性行为，倾向于更加真诚地进行言语沟通。过去有关的研究也发现，与没有恋爱的人相比，恋爱中的个体总是会有意识地隐藏自己与其他具有吸引力的异性继续交往的意愿，这些人会倾向于减少关注那些魅力异性，或者较少地发出身体信号以表达自己对其他魅力异性的兴趣，这个所谓的"贬损效应"（derogation effect）已经得到了诸多研究的证实[①]。但心理学家在2011年的研究发现，如果使恋爱中的个体处于自我

① Karremans, J. C., & Verwijmeren, T. (2008). Mimicking attractive opposite-sex others: The role of romantic relationship status. *Personality and Social Psychology Bulletin*, 34, 939-950.

衰竭状态，他们对魅力异性表现出的关注度及兴趣就和没有恋爱的人没有差异，这说明充足的心理资源不仅有利于恋爱个体建设性地处理恋爱关系，同时还能避免其恋爱关系受到来自其他魅力个体的影响或威胁，心理资源能有利于稳固的爱。

2. 认知方面

有研究发现，自我衰竭会使个体随后的客体认知任务（如注意的广度、记忆的准确性等）完成质量出现明显下降，并表现出明显的低智力成就水平[①]。从这个角度来说，许多时候孩子学习不良可能是其心理资源不充足所导致的，并不是智力原因。不仅如此，自我衰竭还会对个体的自我认知产生影响，使个体对自身能力持消极的态度，出现较低的自我控制感和较消极的未来期待，从而使个体更容易被他人说服，对困难任务的坚持性更低，面对失败变得更加无助等。这些情形的出现可能是由于这些个体的心理资源出现大量损耗后，导致产生和提取与自身相关的积极信息的能力受到了破坏或抑制，从而出现了较低的自我效能感。

3. 行为方面

心理资源的不足会使人产生或导致诸多的问题行为。如K. D. 沃斯（K. D. Vohs）在研究中发现，即使一个人正在节食减肥，但如果让其处于心理资源不足的状态，他就更有可能出现过量进食的行为；而肯·谢尔登（Ken Sheldon）则发现个体一旦处于心理资源不足时，更容易出现偏见反应；另外鲍迈斯特等一些研究者则发现，心理资源不足还能出现冲动性购物、不恰当的性行为、幼稚的低智力行为等。

更为重要的是，当人们处于自我衰竭状态时，不诚实（或欺骗）行为会比原来大大增加，自私自利的不诚实行为也更容易发生和蔓延。从进化心理学的观点来看，如果存在从不诚实行为中获益的机会，这就有可能引发个体为了自己的利益而采取欺骗行为。但人（特别是成年人）

---

① Schmeichel,B.J.,&Vohs,K.D.(2003). Intellectual performance and ego depletion: Role of the self in logical reasoning and other information processing. *Journal of Personality and Social Psychology*.85,33–46.

是一种理性动物，假如个体的自我控制力足够强，那么个体便能够克服自己的自私自利行为并表现出某些社会赞许行为。这暗示：许多时候人们表面的社会赞许或文明行为也许潜伏着某种自私自利的内部冲动，当个体处于自我衰竭状态时，其对自我的控制力出现了明显下降，因而这种内在的自私自利冲动就容易显现出来。

心理资源不仅影响着行为，同时还影响着个体的行为态度，美国心理学家沃斯等人在2008年的一项研究为此提供了直接的证据，研究者安排被试去完成一个视觉任务之后便离开了实验房间，与此同时，研究者有意使实验仪器出现故障，结果发现那些经过自我衰竭处理的被试在报告该仪器的问题之后，其被动等待的时间显著长于那些无心理资源损耗组被试的，这一结果说明自我衰竭状态降低了个体的行为主动性（initiative）态度。

让人惊奇的是，个体并非一定要亲身直接进行自我控制才能出现自我衰竭状态，当出现替代性自我控制时，个体也有可能会出现自我衰竭[①]。例如有人让58名被试阅读一个与自己同性别的服务生的故事，该服务生负责在饭店销售一种可口的高品质美食，服务生工作时感到非常饿却被禁止吃任何东西。控制组被试被要求只是单纯地阅读一遍故事，而实验组被试则在阅读故事时被要求想象服务生当时的切身感受（替代性自我控制）。随后所有被试都浏览了12款中高价位的商品，并且让每个被试写下他们想要购买这些商品的欲望程度。结果发现，实验组被试比控制组被试表现出更强烈的冲动性消费，这说明替代性自我控制出现了心理资源损耗，他们与亲身经历自我控制的个体存在同等的心理资源损耗后效。通过进一步的神经机制研究也发现，个体在想象或感知他人行为时所产生的神经及生理反应，与个体亲身经历这些行为时的是一样的。

① Vohs, K. D., Baumeister, R. F., Schmeichel, B. J., Twenge, J. M., Nelson, N. M., & Tice, D. M. (2008). Making choices impairs subsequent self-control: A limited resource account of decision making, self-regulation, and active initiative. *Journal of Personality and Social Psychology*, 94, 883–898.

（二）自我衰竭的机制分析

心理学界曾经一度认为，个体自我衰竭所导致的行为与疲劳效应存在着某些共同点，自我衰竭在一定程度上或许就是疲劳所致，因为在生活中，当一个人产生疲劳之后，其在活动或工作中的效率及生产性都会显著下降，而且头脑也不灵活等。沃斯等人[①]为此做了一个很有趣的实验，实验采取2（疲劳组和休息组）×2（心理资源损耗组和无损耗组）组间设计，疲劳组被试接受连续性的劳动，而休息组则在期间进行休息。实验结果发现，在心理资源损耗状态下（自我衰竭），无论是疲劳组被试还是休息（不疲劳）组被试都表现出了显著的攻击性倾向；而在无心理资源损耗条件下，疲劳组被试和休息（不疲劳）组被试相类似，都没有表现出更高的攻击性倾向，这说明疲劳并不会影响个体的攻击性行为，只有自我衰竭才能导致个体增加攻击性行为倾向，这就证明了，自我衰竭并不等同于疲劳。那如果自我衰竭不是疲劳，它的机制又到底是什么呢？

1. 自我衰竭的心理机制

心理学关于自我衰竭的心理机制的解释主要有两种：

首先是能量耗竭观。能量耗竭观认为，个体的心理资源在他应对开始阶段的自我控制任务时会出现大量的消耗，个体心理资源的储备也因此而出现下降，当心理资源下降到一定的程度时就会出现所谓的自我衰竭状态，一旦出现了自我衰竭状态，个体自然就没有足够的心理资源来支撑其有效完成随后的新的自我控制任务。

这种能量耗竭观比较符合人们的日常生活常识，这就如一个家庭通过各种途径储蓄了一定量的金钱，当你在第一阶段的消费中消耗了大量的金钱之后，就不会有足够的金钱来支撑起紧随而至的第二阶段消费。

其次是能量保存观。能量保存观从另外一个角度出发来论述心理资

① Vohs, K.D., Glass.B.D., Maddox,W.T., & Markman,A.B.(2011). Ego depletion is not just fatigue: Evidence from a total sleep deprivation experiment. *Social Psychological and Personality Science*. 2,166–173.

源自我衰竭状态的内在机制。该观点认为最初的自我控制任务远未达到耗尽个体心理资源的程度，但这种资源损耗会刺激个体自动产生保存剩余心理资源的意识，正如长跑运动员在半途疲惫时会选择有意保存体力一样，个体需要储存必要的心理资源以备不时之需（如做出紧急决定或者遏制强烈冲动的状况），或者为将来可能发生的更重要的活动储备资源。

相对于能量耗竭观，心理学近年来的多数研究似乎更倾向于支持能量保存观。如美国心理学家穆拉文（Muraven）等人在早期就设计了一个很巧妙的实验，该实验表面上要求所有被试进行两项不同的自我控制任务，但是在进行第二项任务之前，实验组被试被告知还将有第三项更重要的自我控制任务在等着他们。结果发现实验组被试在进行第二项自我控制任务时比控制组被试更快地放弃了，这意味着个体可能在为后面更重要的任务保存一定的心理资源。为了进一步验证这种猜想，研究者在另一项实验中提出假设：按照能量耗竭观推断，由于心理资源已经被最初的自我控制任务完全地损耗，那么个体动机水平的不同（如奖金的高或低）将不会导致他们随后的自我控制表现出现差异，但在实验中却发现，尽管被试为完成先前的自我控制任务而消耗了一定的心理资源，但如果告诉这些被试有效完成随后的自我控制任务后，能够得到更高的报酬时，他们仍然能够在第二次自我控制任务中有良好表现，其他一些人的研究也得出了类似的结果。

尽管心理资源的自我控制模型已经被许多实验验证，但从本质上说，心理资源仍然只是一种隐喻或者推测，其实质仍然未知且只能以模糊或抽象的方式来提及。为了进一步证实心理资源的自我控制模型，一些心理学家近年来逐步将生物学及认知神经科学的知识与有关心理资源的研究进行整合，力图从生理学角度探索自我衰竭的内在神经机制。

2. 自我衰竭的神经机制

认知神经科学的有关研究已经表明，人的认知控制主要依赖于两套相互独立的神经系统：

首先是冲突监测系统，也有人称之为错误侦查系统，该系统主要负责监测期望与实际发生的反应之间的差异。如二者一致，则继续发出信号，如监测到不一致，则会出现警告（如使人产生不舒服或异样的感觉等）。

其次是调节系统，主要负责接收冲突监测系统的反馈信息，从而保证顺利完成任务。这两个系统分别受到前扣带回皮层，以及前额叶皮层的支配。基于上述理论背景，因兹利奇（Inzlicht）等人于2007年试图对自我控制失败的脑机制进行探索，该实验让部分被试产生了自我衰竭，从而导致他们出现了自我控制失败行为，结果发现这部分被试的冲突监测系统受到了不同程度的抑制，即无法有效协调期望与实际行为反应之间的关系，因此，自我衰竭发生的脑机制很可能就是前额叶皮层中的冲突监测系统。

此外，西格斯托姆（Segerstrom）和同事曾利用副交感神经对心脏影响的心率变异性（Heart Rate Variability，简称HRV）作为评估心理资源水平的一项指标，因为过去的研究已经证明，高HRV意味着更多副交感神经冲动的输入，这会导致个体的心跳出现明显减弱。研究结果显示，和简单任务相比较，当被试参与一个需要高心理资源损耗的任务时，其HRV显著升高（相对于基线水平），说明心理资源一定受副交感神经的影响。

在心理资源的自我控制力量模型理论背景下，大部分心理学家主要是从自我控制失败的角度出发，对自我衰竭的神经机制展开研究，但是该领域的研究仍处于探索阶段，尚未形成标准化理论模型。

（三）自我衰竭与葡萄糖

心理学现在已有的大量实验证据表明，自我控制心理过程一定会消耗有限的心理资源，但是所谓的有限心理资源到底是指什么呢？一部分研究者发现葡萄糖与个体的自我衰竭似乎存在着密切关系，因此，有人大胆推测葡萄糖可能是有限心理资源的一个重要的生理组成部分。

正常条件下，所有的大脑活动都需要并且几乎只依靠葡萄糖来获取能量，人脑活动消耗着大脑及神经末梢中可用葡萄糖的总量，因此，葡萄糖水平对个体认知功能和身体能力的发挥具有非常重要的意义。过去的多个研究发现，人体葡萄糖含量水平似乎对自我控制行为起着极其重要的作用，低葡萄糖水平以及低葡萄糖耐受力，都和个体的自我衰竭相关联，如果将自我衰竭被试的可用葡萄糖水平恢复到更高水平，就有可能提高他们的自我控制；但研究同时也发现，对葡萄糖水平已经充足的被试补充更多的葡萄糖，也无法提高其自我控制表现，即葡萄糖水平和自我控制之间并不存在绝对的线性关系[①]。

注意控制是自我控制的基本形式之一，M. T. 加利奥特（M. T. Gailliot）等人曾做了一个注意控制与葡萄糖含量水平关系方面的研究，研究者让被试观看了6分钟的录像，实验组被试被要求忽视屏幕上出现的一些无关刺激，以保持自己的注意；控制组被试则正常观看，不对他们作任何额外要求。结果发现，实验组被试的葡萄糖水平在观看完录像后出现显著下降，而控制组被试的葡萄糖水平则无变化，这一实验结果表明，注意控制导致了葡萄糖的消耗[②]。

在临床方面，研究者发现低葡萄糖耐受力被试，在双重听觉任务（即需要被试在忽视一只耳朵中的信息的同时追踪另一只耳朵中的信息）实验中表现更差。糖尿病患者比正常人群表现出更多的分心和更差的注意控制力（糖尿病患者正常代谢糖的能力较差而导致其身体内部的葡萄糖含量下降），还有人更是在实验中发现，喝了葡萄糖的儿童在保持注意上比安慰剂组儿童更加成功。临床研究同样表明，并不是在任何情况下葡萄糖都能够提升个体的注意控制水平，一定剂量的葡萄糖也许能够恢复个体的注意状态，但当过量增加葡萄糖或身体已经具有了足够

① Sünram-Lea, S. I., Foster, J. K., Durlach, P., & Perez, C. (2002). Investigation into the significance of task difficulty and divided allocation of resources on the glucose memory facilitation effect. *Psychopharmacology*, 160, 387–397.

② Gailliot, M. T., & Baumeister, R. F. (2007a). Self-regulation and sexual restraint: Dispositionally and temporarily poor self-regulatory abilities contribute to failures at restraining sexual behavior. *Personality and Social Psychology Bulletin*, 33, 173–186.

量的葡萄糖时，恢复注意的效应便不复存在了。

在情绪调节方面，与高葡萄糖水平相比，研究者发现低葡萄糖水平下人们更倾向于报告焦虑、易怒、紧张以及糟糕的心情，而提高个体的可用葡萄糖水平含量则有利于其产生积极情绪体验[①]。而在临床方面，医学观察发现，糖尿病患者比正常人更容易发怒、更情绪化；而低血糖则和高焦虑及低幸福感相联系，抑郁症患者则比其他正常人具有更低的葡萄糖耐受力。在有关攻击性行为的实验研究中，研究者也发现，低葡萄糖耐受力的人更倾向于做出攻击性反应。

值得注意的是，自我控制失败发生在夜晚和后半夜的可能性更大，随着从白天进入黑夜，人们暴饮暴食、吸烟、酗酒、性犯罪的可能性均呈显著上升趋势，而临床医学也发现，人体的葡萄糖在后半夜的代谢利用率远比白天低，并且这种利用低效性还会随着夜越来越深而逐步加剧，这说明一天中葡萄糖水平的节律与自我控制行为的变化似乎存在着同步性。

毋庸置疑，葡萄糖在个体的自我控制心理进程中起着十分重要的作用，但葡萄糖肯定不是影响个体自我控制的唯一因素。如有研究发现，睡眠和休息同样可以使心理资源得到恢复，而通过睡眠和休息恢复的心理资源并不得益于葡萄糖水平的作用，因为这两种方法都不能显著提高葡萄糖含量水平。因此，研究者推测自我衰竭的发生可能部分地归因于葡萄糖水平的变化。

二、大量消耗心理资源的几种形式

当个体进行有目的、有意识的自我控制时，其自身的心理资源会遭到损耗，而在此之后进行的有目的、有意识的自我控制行为的质量便会下降，那生活中哪些行为会显著性消耗人们的心理资源呢？

[①]　Benton, D., Owens, D. S., & Parker, P. Y. (1994). Blood glucose influences memory and attention in young adults. *Neuropsychologia*, 32, 595–607.

（一）情绪调节

情绪调节指人们出于某种目的故意克服当前的情绪状态，而用另一种不同的情绪状态取而代之。相关的心理学研究表明，控制自然的情绪反应（属于一种自控心理过程）需要付出努力，然而表达一种自然的情绪反应则不太需要付出意志努力，因此，无论是抑制还是夸大情绪反应都要消耗大量的心理资源，从而有可能会造成自我衰竭。鲍迈斯特等在1998年系统地提出了情绪调节消耗心理资源的典型研究范式，该实验范式主要分为两个阶段：

第一阶段，对所有被试被进行情绪诱导，实验组被试则被要求抑制自己的情绪反应，在被诱导过程中要尽量控制自己而表现平静；而控制组被试可以跟随诱导而自由地释放情绪，不需要压抑外在刺激所带来的情绪感受。

第二阶段，在掩蔽了实验的真实目的之后，让所有被试完成一项新的自我控制任务，比较实验组和控制组被试完成新自我控制任务的质量差异。

如鲍迈斯特等人让一组实验组被试观看一段时间的视频录像，录像的内容分为喜剧或者悲剧，要求被试在观看时尽量不要表现或流露出任何情绪，要平静地观看，其中实验组的一半被试看喜剧录像，另外一半被试则看悲剧录像；控制组被试观看同样的视频内容，但不对其做任何要求，他们可以自然地表达自己的情绪。在随后的猜字谜任务（将一些无意义的英文字母整理成有意义的英语单词）中发现，实验组的成绩显著性低于控制组。不论是那些抑制了积极情绪的被试，还是那些抑制了消极情绪的被试，其成绩都出现了显著下降，这一结果在后来的一系列实验中均得到了证实。

另外有人按照上述同样的实验程序，但不是要求被试控制情绪，而是要求被试过分夸大自己的情绪表现。实验结果同样显示，实验组被试在后续任务的坚持性上显著低于控制组，而正常表达积极或消极情绪的控制组被试则前后间没有任何差异（这也在一定程度上证明，如果正常表达情绪，那人们看电影并不会造成心理资源的损耗）。

总之，不论是抑制或是夸大情绪，只要是情绪调节，那就一定会消耗人的心理资源。所以在日常生活中，人们最好能正常而自然地表达自己的情绪，只有这样才会使自己的生活充满朝气以及富有建设性。

（二）思想（或思维）抑制

相对于自由表达思想或者让想法自然地流露，抑制思想需要更多的意志努力，事实上，人的思想有一种特性，它常常会尽力返回到人们试图摆脱的事物，韦格纳（Wegner）称之为逆效应（ironic effects），也就是说，你越想摆脱的想法越有可能出现在你的头脑中。因此思想抑制比单纯地表达思想要困难得多，利用思想抑制这一特点也就可以有效研究人心理资源的消耗。

基于上述观点，韦格纳和他的同事创造了经典的白熊任务实验，后来的研究者又在此基础上进一步完善了韦格纳的这一研究。研究者把被试随机分为三组：一组被试被要求顺其自然，把自己现在的所有想法都写下来，包括刚刚见过的玩具"白熊"（white bear）；第二组被试被要求在一张纸上写下自己当时的所有思考内容，但一定不允许去想刚刚见过的玩具白熊，如果想到了，被试每想到一次就要在纸的反面做个记号（如画个"△"），想到多少次就要做多少个记号；第三组被试则没有任何特定要求，也没提到白熊，同样把自己所想的写下来。接着所有被试被要求完成一项不可完成的任务，并记录他们在这项任务中坚持的时间，结果表明抑制白熊这一组被试的坚持时间显著低于另外两组，而顺其自然想到白熊组和另外一组之间并无显著差异。

后来甚至有研究者在最近的一些研究中开始把白熊替换成了"死亡"（即抑制想"白熊"替换为抑制想"死亡"），结果发现，让个体抑制死亡的想法同样也会造成个体的自我衰竭。

这一研究结果在生活中有很大的价值，因为人们在生活中常常被禁止做很多事，包括一些坏事或不太坏的事。如被试在被他人明确要求禁止饮酒或吸烟时，他反而更有可能经常想到饮酒或吸烟，从而导致自己更难于控制自己的饮酒或吸烟行为。事实也证明，如果在被明令禁止饮酒或吸烟时，人们饮酒或吸烟的量反而会显著增加。

（三）抵制诱惑

《圣经·旧约》中有一个很多人都知道的关于人类罪恶的故事，当初世上所有的动物都很温驯善良，只有蛇心地比较狡猾。蛇想要破坏人的幸福，有一天它对夏娃说："上帝真的说过不允许你们吃园中所有树上的果子吗？"夏娃回答说："上帝告诉我们说，这个园中的果子我们可以随便吃，但是那善恶树上的果子，我们不但不能吃，甚至也不能摸。"于是，蛇便引诱夏娃偷吃禁果，还让亚当也跟着偷吃了禁果，这导致了人类罪恶的产生。

换句话说，人是诱惑与思想抑制的产物，诱惑与冲动总是能轻易触发人类的本能，因而抵制诱惑在一定程度上就会大量消耗人的心理资源。如鲍迈斯特等人在1998年的一项实验，邀请67名大学生参加一项名义上的味觉偏好测验，实际上是抵制诱惑的研究，研究者通过控制使所有参加实验的被试在实验之前的3个小时无进食行为。然后，研究者要求所有实验组被试，待在教室里看一个很没趣的视频，每位被试面前的桌上都摆放着两种食物：一堆巧克力以及一小碗萝卜，整个教室里充满了奶油巧克力香味。实验组被试又被随机分为三组：第一组被试可以自由品尝面前的巧克力和萝卜；第二组被试只被允许吃2～3块萝卜（绝不能吃巧克力），第三组被试只被允许吃2～3块巧克力（绝不能吃萝卜）。控制组被试则没有什么特别的要求，他们所在的实验室里也没有巧克力或其他东西作为诱惑品。

与此同时，主试可以从单向玻璃中暗中观察被试的表现，并记录下每个被试吃各种食物的数量，确认被试是否按照之前的规则进食（为了尽可能降低被试的怀疑，单向玻璃被一片窗帘遮蔽，只留下一小块可视部分）。结果发现，实验组中的第二组被试由于只可以吃萝卜而需要抵制巧克力的诱惑，因此损耗了大量的心理资源，他们在随后进行的挫折任务中（被要求描摹一个很复杂的几何图形）的坚持性显著性低于其他三组被试。

这个物质丰富的社会存在着非常多的诱惑，事实上那些接受诱惑越多的个体，其创造性就有可能越低，相反那些生活在简单环境中的个体反而会有更高的创造性。

（四）生活中的干扰分心

干扰分心也就是通常意义上的注意控制，美国心理学研究者吉尔伯特（Gilbert）、克鲁尔（Krull）等人从1988年起就开始利用注意控制方式来进行各种心理学研究，施迈歇尔（Schmeichel）进一步把这种注意控制方式发展成一种研究心理资源的范式，并用它来研究自我衰竭对不同类型智力活动的影响。这一研究方式主要包括两个部分：先给被试呈现一个视知觉任务，接着呈现一个干扰刺激，实验组被试（注意控制条件下的被试）被要求必须忽视干扰刺激而专注于刺激任务（如果发现自己在看干扰刺激则必须及时改变或调整自己的注视点以重新凝视视知觉任务），控制组的被试则没有上述要求。然后所有被试被要求完成13道从GRE（美国研究生入学考试的标准化测验）试卷中抽取出来的分析题，只有当被试完成所有题目或10分钟的限制时间到了方能停止答题。

结果发现，与控制组被试相比，实验组（注意控制组）被试出现了显著的自我衰竭，这些个体在GRE测试任务中的成绩表现呈显著性下降（主要包括正确答题的数量、尝试答题的数量、正确答题的比例等三个指标）。

干扰分心的另一种重要研究形式是心理学上比较有名的斯特鲁普效应（stroop effect），斯特鲁普效应是认知心理学中常用的一种实验范式，是指字义对字体颜色的干扰效应。这一效应表明，读出字音和说出字体的颜色是两个不同的认知过程，它们间存在着相互干扰。这一效

乐商：一个比智商和情商更能决定命运的因素

应最早由美国心理学家约翰·瑞德里·斯特鲁普（John Riddly Stroop）于1935年发现，他利用刺激材料在颜色和意义之间的矛盾（如黄颜色的"红"字，要求被试大声读出黄，而不是念红，要读出字体颜色，如果念了字的发音或意义就错了）来测试被试的反应时和反应正确率。结果发现，说出字本身的颜色时会明显受到字义的干扰。21世纪以来，斯特鲁普研究范式已被一系列研究用来验证心理资源自我衰竭。如杜斯特（Doost）等人于2008年利用色彩斯特鲁普任务模式作为心理资源自我衰竭的实验性操作，以探讨自我衰竭与自传体记忆任务表现（Autobiographical Memories Task，简称AMT）之间的关系，结果表明实验组（自我衰竭组）被试在自传体记忆任务中的表现显著差于控制组，这说明自传体记忆任务中具体记忆信息的提取依赖于可用的自我资源。

干扰分心在实际生活中处处都有，如学生在学习过程中一定会受到许多无关刺激的影响（如噪声、他人的活动或者先前的功课学习等），这就要求教育者在教育过程中能时刻关注对象的心理资源。同样，如果一个人在现实生活中担当的任务较多，他受到干扰分心的影响也就会越大，其心理资源因消耗过大而出现自我衰竭的可能性也就较大。

五、习惯化—去习惯化

形成一种习惯之后再去除它也是自我控制的一种重要形式，这是因为个体在按照某一种规则去完成一项任务的同时也相应形成了思维或行为定势，进而演变为一种自动化加工，一旦规则改变，个体则需要花费更多的精力去克服先前形成的思维或行为定势，因而会消耗大量的心理资源。

如在一项诱导积极情绪以考察心理资源恢复的研究中，研究者就使用了"习惯化—去习惯化"的方式对自我衰竭进行了研究。93名大学生被试（52名男性，41名女性）参与了这一实验，研究者首先要求所有被试学会将第一篇文章中每个单词里的字母"e"划掉，被试很快地略读课文并学会了划去字母"e"的习惯。研究者紧接着又给所有被试第二篇文章，实验组被试被告知当字母"e"和一个元音毗邻，或者和另一个元音字母相隔一个其他字母时则不能划去，其他情况下字母"e"则依旧需要被划去（这时被试需要改掉前面已经习得的习惯）；控制组被试则依旧是划去单词中所有的字母"e"。最后，所有被试进行心理学上的"拼写英文单词"游戏，以游戏持续时间作为衡量指标。结果发现，实验组那些经历了"习惯化—去习惯化"的被试心理资源出现了不足，其后续控制性任务的持续时间显著降低了。

2011年，更有心理学研究发现：如果一个人形成了一个追求目标，然后有意中断了自己的这个追求目标，个体仍然会有许多心理活动进程致力于该目标，这些心理进程会潜在地占据着注意和工作记忆资源，并使个体出现某种程度的自我衰竭状态，即之前未执行的目标会阻碍后继控制性任务的顺利完成。另外，违反常规的自我表征方式有可能会导致自我衰竭，而符合熟悉性、标准化或个人倾向性的自我表征则很少会产生自我衰竭。

这些研究的应用价值很大，当个体有了自己的目标并为之进行长时期的努力之后，如果让其改换一个目标，则必须考虑他心理资源的消耗问题。具体如一个人换了工作之后，其短时期内的自我控制可能会因心理资源不足而出现下降，同时也可能出现短时期内的工作效率低下。同样，当一个中学生考上大学之后，或者一个变通的员工被提拔为一个领导之后，其身份发生了改变，原来的工作目标也就发生了改变，这些都有可能使其出现自我衰竭状态从而导致工作绩效显著下降。因此，对于那些刚刚由中学考上高校的大学生，或者刚刚由员工提拔为领导干部的人来说，及时通过一些心理技术的帮助来使自己的心理资源得到恢复或补充就具有特别重要的意义。

还有如自我表征方面，生活中多数人都有一种经验，当一个人在吹嘘时，其心理感觉一般比较好，所以生活中多数心理健康的人对于自己的评价都更偏向于积极，即有点过高地看待自己。尽管个体在过分乐观看待自己时感觉良好，但吹嘘之后，其心理资源则会出现大量消耗而导致紧接着的自我控制任务质量出现下降，因为其自我表征和自己的真实情况不相符合。所以，感觉好并不意味着真的就好！个体吹嘘之后，最好不要立即从事认知或其他对自我控制要求比较高的活动，或者通过一些心理技术来补充一下自己的心理资源，这样可以有效提高自己的工作效率。

（六）数字运算与身体活动匹配

有关数字运算与身体活动匹配（numerical-physical activity task）方面的研究，常用的方式是要求被试在完成一个复杂的数字计算任务的同时用非优势脚站立，而与优势脚站立的被试相比，其心理资源得到了更多的消耗。和优势脚单独站立相比，非优势脚站立会更困难，活动性更强，需要更多的自我控制，这一范式最早是由心理学家韦布（Webb）和希兰（Sheeran）等提出的。有人曾对这一研究提出质疑，认为这种方式更可能给被试带来的是生理疲惫，而非心理资源的损耗，因为生理疲惫也可能导致工作效率下降。为了打消这个疑虑，韦布和希兰在后来的实验中又增加了一组条件，即要求另一组被试用非优势脚站立但没有任何的数字计算任务，研究者假设这些被试会感到疲劳但不会有心理资源的损耗。实验结果最终显示，该组被试后期的自控表现优于实验组（自我衰竭组），并且和控制组（心理资源无损耗组）被试相似，这一结果说明将数字运算与身体活动匹配会大量消耗人的心理资源。

2008年有研究者利用数字运算与耐受力匹配范式探讨了间隔时间与心理资源恢复之间的关系，发现10分钟的间隔休息时间，可以使个体已损耗的心理资源得到一定的恢复，即10分钟的休息可以部分抵制自我衰竭所带来的后效，这证明学生在每堂课之后的10分钟课间休息是非常必要的。坐班工作的员工隔一段时间休息10分钟也是提高工作效率的有效方法。

三、心理资源与攻击行为

攻击（aggression，有时也称作侵犯行为）是指攻击者有伤害他人身心健康的意图，并付诸了行动，即有意伤害他人的任何行为方式。这种行为在本质上是一种违反了社会主流规范且以引起他人身体或心理痛苦为目的的故意伤害行为。

（一）攻击行为的种类

攻击是一种复杂而又有多个维度的现象，根据不同的分类标准，可将攻击行为分为不同的类型，心理学研究中常提及的分类主要包括以下几种。

N. D. 费什巴赫（N. D. Feshbach）在1969年[①]就以攻击行为的表现形式为标准，将攻击行为划分为直接攻击（direct aggression）和间接攻击（indirect aggression）。直接攻击是指攻击者通过口头、面部表情、姿态手势等方式来表现的攻击行为，包括身体攻击、言语攻击、嘲笑、做出威胁动作等外显性的攻击方式，这被称为热暴力；而间接攻击则与此相反，其主要表现形式为视而不见、回避、拒绝等排斥行为，也被称为冷暴力。

W. W. 哈图普（W. W. Hartup）[②]于1974年按照动机的不同将攻击行为划分为敌意性攻击（hostile aggression）和工具性攻击（instrumental aggression）。敌意性攻击主要针对的目标是人，攻击者旨在打击或伤害他人，通常表现为一种情感上的伤害或身体上的伤害，具有这种敌意性攻击行为的人往往具有高攻击人格特质，即个体在先天遗传方面有可能具有一种好攻击特征。而工具性攻击则主要以物为指向目标，攻击者不是为了伤害人，而是为了获取某种物品而产生攻击行为，在这里攻击只

---

① Feshbach, N. D. (1969). Sex differences in children's modes of aggressive responses towards outsiders. *Merrill-Palmer Quarterly*, 15,249–258.

② Hartup, W. W. (1974). Aggression in childhood: Developmental perspective. *American Psychologist*, 29(5), 336–341.

322

乐商：一个比智商和情商更能决定命运的因素

是充当了一种手段，其目的并不是使受害者受到身心伤害，比如小朋友将同伴从自己想要的玩具边推搡开等。

K. M. I.拉吉斯比茨（K. M. I. Lagerspetz）等人[1]在1988年根据攻击行为的表现形式以及攻击行为发生的方式，将攻击行为区分为身体攻击（physical aggression）、口头攻击（verbal aggression）和间接攻击（indirect agression）。身体攻击是指攻击者以肢体动作直接对受攻击者实施的攻击行为，如踢、打和抢夺等行为。口头攻击是指攻击者以口头言语的方式直接对受攻击者实施的行为，如嘲笑、骂、羞辱、起外号等方式。间接攻击也称关系攻击（relational aggression）或心理攻击（mental aggression），这种攻击一般不是攻击者直接实施的攻击行为，而是通过第三方间接对受攻击者施加影响，如造谣离间和社会排斥等。

K. A. 道奇（K. A. Dodge）等人[2]则根据行为的起因将攻击行为划分为主动性攻击（proactive aggression）与反应性攻击（reactive aggression）。主动性攻击是指攻击者在并未受到任何挑衅或挫折的情况下，主动发起欺负他人、取笑他人的行为，这种人常伴有人格特质基础；而反应性攻击则是攻击者在受挫或受到他人挑衅的情境下，出于防卫或防御而做出的攻击行为，这些个体通常处于失控（冲动）和愤怒等状态。

戴维森等人[3]发表在《科学》杂志上的一篇文章中按照攻击行为是否带有目的性，将其划分为冲动性攻击（impulsive aggression）和蓄意性攻击（premeditated aggression）。前者强调攻击者发出的行为更多是由当时的外在情景所触发而并无特定目的与计划性，而后者则侧重于攻击者是一种有目的、有计划的行为。

① Lagerspetz, K. M. I., Bjorkqvist, K., & Peltonen, T. (1988). Is indirect aggression typical of females? Gender differences in aggressiveness in 11-to-12 year old children. *Aggressive Behavior*, 14, 403–414.

② Dodge, K. A., & Coie, J. D. (1987). Social-information processing factors in reactive and proactive aggression in children's peer groups. *Journal of Personality and Social Psychology*, 53, 1146–1158.

③ Davidson, R. J., Putnam, K. M., & Larson, C. L. (2000). Dysfunction in the Neural Circuitry of Emotion Regulation—A Possible Prelude to Violence. *Science*, 289, 591–594.

（二）为什么会产生攻击行为？

关于人为什么要有攻击性行为，目前有一些理论对此做出了解释，主要涉及本能论、攻击—挫折说、社会学习理论、社会信息加工理论等。

本能论（instinctive theory）认为攻击是人天生具有的一种本能，这一学派的代表主要有弗洛伊德的本能说和康拉德·柴可里阿斯·洛伦茨的习性说。弗洛伊德认为人具有性本能、生本能和死本能，而死本能的直接的外在表现形式就是攻击行为（包括外向攻击和内向攻击）。因此，攻击是人一种不可避免的行为。弗洛伊德认为人首先是一个生物体，人的一切活动的根本动力必然具有生物特性的本能冲动，而本能冲动中核心的冲动为性本能冲动。不过在社会的法律、道德、规则以及舆论等方面的压制下，人被迫将性本能压抑进潜意识中，使之无法进入到人的意识层面。不过这种本能即使被压抑住了，它仍然会换一种社会允许的形式发泄出来，如进入文学、绘画等创作中。弗洛伊德后期又提出了与性本能相并列的另外两种本能，即生本能和死本能，生本能就是一种求生欲望，死本能则是指个体有着将自身生物机体带入死亡状态下的本能，这种本能在战争、仇恨、凶杀、攻击和自我攻击（自残）中得以表现。

洛伦茨则是通过对一种攻击性较强的热带鱼进行系统观察之后，将从动物研究中所获得的规律推广到人类。他认为攻击行为是动物基于生存需要而产生的一种基本习性，具有自发性特点，不需要通过学习而形成。他还认为，即使没有外界刺激的影响，人和动物一样能够凭借其天生的释放机制自发地产生攻击行为。按照攻击的水压模型，人在日常生活中积聚起来的能量一定需要得到释放，否则人是没法生存下去的。一旦释放，蓄满的情绪能量会一下子倾泻而出，这就有可能形成攻击行为。当释放了情绪能量之后，人需要有一个重新集结能量的过程，这与排泄一次粪便的过程相类似，所以，不管是动物或者是人，攻击行为对其生存都是有利的。

尽管两个人分别从精神分析的角度和动物习性学的角度出发，但两人的观点其实差不多，均认为攻击是个体先天遗传的一种本能反应，但不可否认的是，本能论在强调先天作用的同时却忽略了后天环境对个体攻击行为的影响，并且缺乏相应的实证研究支持。

美国心理学家约翰·多拉德（John Dollard）在20世纪40年代提出了攻击—挫折理论，他认为个体攻击行为的发生，一定是受到挑衅之后，体验到某种挫败感而发生的行为，攻击必然以挫折的存在为前提。攻击—挫折理论中的攻击更倾向于一种被动的反应行为，是受挫情绪起作用的结果，同时也暗示了攻击作为个体的本能反应而存在。后来的一些心理学家在此理论基础上，对该理论进行了发展，认为挫折并不一定直接导致攻击行为，而会使个体形成一种攻击的预备状态，情境中的其他线索（如刀、棍、枪等）则是诱因，挫折和外在诱因共同决定了攻击行为的产生。

社会心理学家班图拉则提出了社会学习理论，认为个体的攻击行为并不是先天遗传的，而是通过后天观察学习而获得的。班图拉在一系列实验中发现，那些看到过攻击行为的儿童，很快就会在自己的生活中学会去攻击他人，因而，他认为人多数的攻击行为是通过观察学习而形成的。当然，人并不会看到一种行为之后就立即产生学习行为，在这一过程中个体的自我效能感起到重要的作用。

道奇等人则从认知与归因两个方面提出了攻击的可能原因，提出了社会信息加工模型和归因模型，这种理论对儿童攻击行为的发生和内部加工过程给予了一种新的解释，这种理论将攻击行为的产生过程按时间序列划分为六个阶段：编码线索、解释线索、选择目的、搜索可能的反应、评价和执行行为。

除此之外，C. A. 安德森（C. A. Anderson）等在已有攻击理论的基础上，结合现代社会认知模型提出了攻击的一般行为模型理论（General

Aggression Mode，简称GAM）[①]。这一理论认为攻击是人与环境交互作用的结果，人的行为在很大程度上是受当前事件的影响，而亲社会行为和反社会行为并不一定截然分开，人们既可以具有高攻击行为，同时又具有高亲社会行为，如仇恨敌人却又热情帮助朋友，助人为乐却又无端攻击他人。其实从本质上说，这种观点与班图拉的社会学习和社会认知理论有一定程度上的吻合，只不过是借用了现代信息加工论的方法来解释观察学习。

攻击的一般行为模型理论特别强调现代社会发展出来的电子游戏的内容可能会影响到玩家的认知、情感和唤醒度，进而影响个体的反应行为。具体说来，即在电子游戏中如果包含暴力行为，则会增加个体的攻击倾向，并降低个体的亲社会倾向，这被称为反社会效应。已有的研究证明，暴力电子游戏可以显著增加个体的敌意偏见（hostile expectation bias）、敌意状态和焦虑水平（state hostility and anxiety levels）、暴力脱敏（desensitization to violence）、惩罚行为（punitive behavior）、身体暴力（physical violence）、犯罪行为（criminal actions）等。

反之，内容中包含亲社会内容的电子游戏可能会增加个体的亲社会倾向，并在一定程度上降低个体的攻击倾向，这被称为亲社会效应。实验结果表明，有意让被试玩亲社会行为的电子游戏，可能会增加个体的亲社会行为倾向，并且这种亲社会倾向可能还会导致个体有意选择亲社会游戏。甚至还有一些学者发现，让被试听包含亲社会歌词的歌曲（songs with prosocial lyrics）也会增加个体的亲社会行为。德国心理学家T. 格雷特梅耶（T. Greitemeyer）[②]把被试随机分配到听中性歌词组和亲社会歌词组，在后续的字词联想测验中发现，凡是听了亲社会歌词组的被

① Buckley, K. E., & Anderson, C. A. (2006). A theoretical model of the effects and consequences of playing video games. In P. Vorderer, & J. Bryant (Eds.), *Playing video games: Motives, responses, and consequences* (pp. 363–378). Mahwah, NJ: Lawrence Erlbaum Associates.

② Greitemeyer, T. (2009a). Effects of songs with prosocial lyrics on prosocial thoughts, affect, and behavior. *Journal of Experimental Social Psychology*, 45, 186–190.

试，产生了更多的亲社会想法。由于该实验是在实验室不受干扰的情境中进行的，并不代表在自然情境中也能得出同样的结论，因此有一些研究者[①]在2010年将实验搬到了一家餐馆中进行验证，研究者将真实的顾客作为被试，让他们听或者不听亲社会歌词的歌曲，然后考察这些顾客的付小费行为（tipping behavior）。结果发现凡是听了亲社会歌词歌曲的顾客，其付小费的行为显著增加了，这一结果验证并支持了格雷特梅耶的研究结论。

（三）心理资源对个体攻击性行为的影响

心理资源不足能显著增加个体的攻击行为，这已经在之前的多个心理学实验中得到了确证，而通过观察亲社会行为则可以有效减少个体的攻击行为。亲社会行为从根本上说就是一个道德问题，其实就是本书第四章中所说的做善事。积极心理学的研究发现，做善事会使人感觉很快乐，而这种快乐又会促使人去做更多的善事。心理学家海特（Haidt）为此曾提出了"道德提升感"（Moral Elevation）概念，意指当个体看到他人行善或知恩图报的行为举动时，个体的心灵会得到提升，同时给个体的生理带来某种情绪变化和躯体反应，从而产生一种积极体验，这种积极体验又会驱使个体去自觉地帮助他人或让自己变得更好。海特等人曾专门研究了印度尼西亚加里曼丹岛的土著居民——迪雅克族的母亲，当这些母亲在观看完亲社会行为的视频后，其乳汁分泌的量出现了显著增加，并同时增加了抚摸婴儿的举动，这证明观看亲社会行为确实具有道德提升感效应。

但观看亲社会行为的效果和亲身参与亲社会行为的效果有区别吗？观看和亲身参与有一定的差异，观看只是视觉作用的结果，而参与则是各种感、知、觉器官都体验的结果，从理论上说，后者的效果应该要

---

① Jacob, C., Guéguen, N., & Boulbry, G. (2010). Effects of songs with prosocial lyrics on tipping behavior in a restaurant. *International Journal of Hospitality Management*, 29, 761–763.

更佳。

为此，我与自己的研究生蔡晓辉做了相关的研究，结果发现：当个体心理资源充足时，和控制组被试相比，不管是观看亲社会行为还是亲身参与亲社会行为，都能有效抑制个体的攻击行为。这一结果与之前心理学上的许多实验结果类似，说明经常向他人展示亲社会行为或让他人亲身尝试亲社会行为都是降低攻击行为的有效方法。不过这时候的观看亲社会行为与亲身参与亲社会行为之间并没有任何差异，即观看和参与的效果是一样的。

而如果个体的心理资源不足，出现自我衰竭状态时，仅仅让被试观看亲社会行为并不会减少个体的攻击行为，但如果让心理资源自我衰竭的被试亲身参与亲社会行为，那这些被试的攻击行为则会显著减少，这说明自衰竭状态时参与的效果要显著好于观看的效果。在日常生活中，更多的是一些心理资源发生损耗的个体（因为人在日常生活中经常要通过自我控制来达成一些生活目标），因此，观看亲社会行为就失去了教育意义，这时候让个体亲身参与亲社会行为无疑就变得更加重要。

我们在研究中还有一个新发现，即无论是观看亲社会行为还是亲身参与亲社会行为都不存在性别差异，也就是说，观看和参与在男女之间不存在任何效果上的差异。这个结论有点奇怪，因为在通常意义上，人们总觉得女性更情绪化一些，也更容易受到外在因素的影响。而且许多有关攻击行为的元分析也都发现，不论是在口头自我报告还是在实验室的实验研究中，攻击行为的性别差异一直都存在，即无论是否受到挑衅，男性的攻击性要显著高于女性[1]。而且男女攻击的具体表现方式也不大一样，男性一般喜欢采用最为原始和直接的口头攻击和身体攻击，而女性则更倾向于使用间接攻击，如散布流言、传言或排斥等方式。我们的研究意味着：男女在攻击表达上存在差异，但在通过观看或亲身参与亲社会行为的攻击抑制上却不存在差异。

---

① Archer, J. (2004). Sex differences in aggression in real-world settings: A meta-analytic review. *Review of General Psychology*, 8, 291–322.

四、心理资源的恢复

心理资源不足会给人带来一系列的问题，而心理资源有点类似于人肌肉里面的力气，在被暂时地损耗之后，它还可以通过一定的方式得到恢复，从目前已有的研究来看，以下这些形式已经被证明是非常有效的恢复心理资源的方式。

（一）睡眠

睡眠已经被证明不仅是恢复体力，同时也是恢复心理资源的一种重要方式。如有研究发现，人在睡眠休息之后进行自我控制任务要比其在休息之前的自我衰竭状态时更有效。多数人的日常生活经验认为，睡眠之后工作绩效的提高得益于身心疲劳的缓解，但事实是，睡眠主要在于恢复了人的心理资源，是心理资源的恢复才提高了工作绩效。所以，这也可以解释日常生活中并不是每次睡眠都能有效提高工作绩效，因为当人的心理资源已经充足时，睡眠也就失去了恢复心理资源的功能。

另外一些具体研究更是发现，具有充足睡眠的戒烟者的戒烟成功率更高，而如果经常故意打乱戒烟者的睡眠，将大大降低戒烟者的戒烟成功率。所以当人们要做一些非常重要的自我控制任务时，应该要在睡眠充足的情况下进行。

睡眠为什么会有助于个体心理资源的恢复？目前的证据主要发现睡眠能使人大脑中的海马回部分得到充分放松休息，从而使其工作时更有效果，而海马回对人的认知功能的执行有着非常重大的作用。不过总的来看，睡眠恢复心理资源的具体神经机制还有待进一步的研究，尽管已经有研究发现葡萄糖水平和个体的心理资源水平有一定的关联，但睡眠恢复心理资源肯定不仅仅是通过提高个体的葡萄糖水平来得以实现。

（二）放松

放松是另外一种促进心理资源恢复的方法，它在临床上常被用作帮助个体应对意外打击、处理慢性疼痛和应对危险情景等。有研究发现，如果在连续任务中周期性地加入一个放松过程，这会明显有助于提高个体后继自我控制任务的行为表现。同样在两项自我调节任务之间插入一个休息间隔或者诱导一个放松状态，也可以部分地抵消自我衰竭所带来的后效（不良结果），与此同时更有利于个体自我控制能力的显著提高。放松的具体方式很多，如机体放松（个体先绷紧自己身体各部分的肌肉，然后有意地放松）、大脑放松（任思绪随意漫游而出现心智游移活动），或者其他一些让自己紧张的身体和思维松弛下来的办法。心理学目前研究比较多的主要是冥想（漫游式冥想），冥想作为一种有效的放松方式，已经被证明可以有效抵消心理资源损耗所带来的负面影响。

（三）人为诱导积极情绪

人为诱导积极情绪目前已被证明是日常恢复心理资源的一种最重要的方法，这种方法不仅具有学术价值，而且其临床或实践价值也很高，特别是在教育领域和心理健康领域。例如有研究者在一项研究中发现，如果给自我衰竭的被试观看一段喜剧电影，这些被试的自我衰竭状况会得到明显改善，其后续的自我控制任务效果会更好。这提示人们，当孩子要去参加一项重要的考试时，努力诱导其产生积极情绪会是一种不错的选择。

不过，积极情绪诱导要注意几个问题：

1. 能否连续诱导？

既然诱导积极情绪可以增加学生的心理资源，那能不能采取连续诱导的方式呢？心理学研究已经证明，连续诱导积极情绪并不会出现心理资源的连续增加，因为积极情绪只是恢复个体已经缺乏的心理资源，如果个体的心理资源已经通过第一次诱导而得到了恢复，那紧接着的第二次诱导就不会再增加个体的心理资源了。

2. 诱导的量应该多大？

积极情绪的诱导存在一个量的问题，如让一个人捡到1分钱的意外之喜和捡到100元的意外之喜是完全不一样的。从心理学的研究来看，诱导量只能是一个相对数值，必须根据之前消耗心理资源的刺激量来考虑。现在的研究发现，积极情绪与消极情绪的比例至少要达到3∶1。当个体受到某种消极刺激而产生了消极情绪之后，要想尽快使其心理资源恢复到先前的水平，如果采用积极情绪诱导技术，那相应的积极刺激至少要比之前的消极刺激多很多，最好能达到三倍以上的比例。简单地说，如果用数量来衡量的话，你批评学生1分钟，那你后面应该至少用3分钟的表扬才能抵消掉之前1分钟批评所造成的后效。当然，3∶1并不是绝对的，这只是心理学在研究过程中获得的一个大概数据点。

3. 诱导的时机是什么？

什么时候诱导比较合适？许多人都有一种及时介入观念，认为恢复心理资源应该事不宜迟。但心理学的研究却发现，积极情绪的诱导可能要稍延迟一些，即不能在个体刚刚接受消极刺激之后立即对其进行积极情绪诱导。人们在受到消极刺激而消耗了大量的心理资源之后，马上通过积极情绪诱导来恢复心理资源的做法是不明智的，因为人们的情绪变化可能存在着一个最近发展区（Zone of Proximal Development，简称ZPD）的原理。此外，从一些对老鼠等动物的实验结果来看，如果在动物产生抑郁情绪之后立即对其脱敏，动物的呆滞行为反而会更多，并有可能出现敏化效应；而如果延迟一段时间（如90分钟等）后再对其脱敏，则不存在这种现象。

4. 哪种诱导方式比较好？

诱导积极情绪的方式有很多，哪种方式才能起到较好的效果呢？从心理学过去的实践经验来看，使用个体过去生活中最熟悉的方式也许会起到较好的效果。还是来看看一件偶然发生的事吧。

在一场大的灾难之后，有一位妇女失去了自己的丈夫和孩子，她自己的公公和婆婆也在这场灾难中受了重伤，因而这位妇女失去了继续生活的勇气，曾在一天之内两次自杀未遂。如何才能帮助这位妇女摆脱这场灾难所带来的阴影？当时人们对其提供了各种帮助，如给以经济救助、答应为其公公和婆婆免费治疗、专业心理人士对其访谈疏导等，但这些似乎都收效不大，这位妇女还是整天心情非常差。面对这种情况，人们实在想不出什么好的办法，于是只能委派四位大学生全天陪护她。四位大学生每天和这位妇女待在一起无事可做，有一天他们无意中找到了一副麻将牌，于是他们就陪着这位妇女玩起了麻将，也许是出于对这位妇女的可怜，他们在玩麻将时总是心照不宣地故意让这位妇女赢（但并不是每次都让她赢）。结果，玩了一周的麻将之后，这位妇女的心情大为好转，人也变得乐观了起来，甚至主动要求参加外面的一些活动。最终，四位大学生陪这位妇女玩了整整两个月的麻将，这位妇女居然从这次大灾难的阴影中走了出来，并且重新嫁了人，开始了新的生活。毫不夸张地说，是麻将帮助这位妇女从消极阴影中走了出来，并令她鼓起了继续生活的勇气。为什么那么多的外在帮助都不如麻将对这位妇女的影响大呢？这主要是因为这位妇女所在的村庄里麻将特别盛行，而她也特别喜欢玩麻将，这四位大学生无意中用了她最喜欢的方式诱导她的积极情绪，从而使她摆脱了生活阴影。

过去相当多的研究主要考察了外显积极情绪与自我衰竭的恢复作用，近年来有研究还发现诱导内隐积极情绪可能对自我衰竭产生一定的恢复影响，也即内隐积极情绪也具有一定的心理资源恢复功能[1]。所谓内隐情绪，就是指个体自己没有意识到的情绪，但从个体随后的行为中却能检测到这种情绪的真实存在。例如当一个人快速地看一些快乐的图片时，即使不清楚图片上具体是什么图案，但其情绪有可能会因此变得快乐一些。

除了以上这三种恢复心理资源的方法，近几年的一些研究也发现，培养个体对活动本身的内在兴趣对个体的自我控制行为也起着十分重要的促进作用，并且在一定程度上可以帮助个体恢复心理资源。因此，生活中努力培养个体的内在兴趣也有着一定的特殊意义。

---

[1] Ren, J., Hu, L. Y., Zhang, H. Y., & Huang, Z. H. (2010). Implicit positive emotion counteracts ego depletion. *Social Behavior and Personality*, 38(7), 919–928

第三节　心理资源与情绪变化最近发展区

尽管心理学在情绪领域取得了许多研究成果，但有关情绪研究领域依然存在着一些困惑，这些困惑主要体现在以下两个方面：

第一，心理辅导领域存在的困惑。目前面对情绪障碍的心理辅导，不同的辅导者常常采用不同的辅导方法，许多方法之间甚至相互对立，但这些方法的使用者却都声称自己是正确的。例如面对一个经历了负性事件（如亲人的去世、失业、失恋等）的辅导对象，有的辅导员要求其大声哭泣，把自己心中的悲痛释放出来；而另外一些辅导员却要求辅导对象要坚强、快乐起来。针对这一现象，有人甚至这样评价心理学：心理学有时让人哭笑不得。

第二，关于积极情绪和消极情绪到底哪个更有利于人的发展的困惑。这是心理学研究所面临的一种纠结或尴尬，但在一定意义上，这些纠结或尴尬实际上也在暗示情绪研究领域可能还存在着某种规律没有被发现。如果说21世纪之前的情绪研究还局限于实验个案的话，那现在的情绪研究已经到了可以把以前积累的实验个案进行合并的时机了。为此，我们在对此前众多情绪研究实验进行审查的基础上，提出了情绪的最近发展区概念，即情绪变化存在一个最近发展区，只有当外在影响处于最近发展区之中时，它才能取得最好的影响效果。下面我们就这一主张做具体的分析。

一、情绪的结构

从结构角度上看，个体的情绪由深层到外层可以划分为四个区域，这四个区域分别是原始状态区（Zone of Primal Fettle，简称ZPF）、自我防御区（Zone of Self Defense，简称ZSD）、外力援助区（Zone of Outer Help，简称ZOH）和情绪的自我崩溃区（Zone of Self-Breakdown，简称ZSB），具体如图6.1所示。

（一）原始状态区

每个个体生下来都有一套先天的神经构造类型，这种神经构造类型形成了个体最早的一系列情绪特质，我们把这种主要由遗传而获得的特质类情绪的总和，统称为情绪的原始状态区，有点类似于气质。由于情绪的原始状态区主要由先天的生物因素构成，因此，它在人的一生中变化很小或根本不发生任何改变。从功能上说，个体原始的特质类情绪属于生存性情绪，也就是说情绪的原始状态区是人类在进化过程中为了获得生存，依据自然选择原则而保留下来的。如果按特质类情绪的性质和强度来对人进行分类，也就是根据原始情绪性质可以将人分为三类：第一类是平静状态类个体，即这样的个体处于既不消极也不积极的情绪平和状态，这类个体的情绪状态正好处于图6.1对角线OD上，其情绪特点从数量上来说是积极与消极倾向的强度大致相当；第二类是偏消极状态类个体，这类个体的情绪状态处于图6.1对角线OD的左上方区域内，其情绪特点是积极倾向强度小于消极倾向强度；第三类是偏积极状态类个体，这类个体的情绪状态处于图6.1对角线OD的右下方区域内，其情绪特点是积极倾向强度大于消极倾向强度。

一般情况下，出生不久的个体在日常生活中的情绪应该是相对稳定的原始状态，如果生活中出现了一些外在刺激影响而导致其情绪不稳定，由于回归力的作用，个体就会通过各种方式使自己的情绪重新接近于先前的原始状态。这就如一个人的气质特点，不管你处于什么样的环境中，但先天的气质特点总会时时弥漫在个体的生活中。

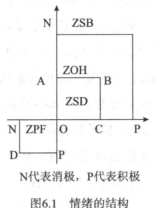

N代表消极，P代表积极

图6.1 情绪的结构

（二）自我防御区

在原始的特质类情绪基础之上，个体会逐渐派生出一个新的情绪区域，我们称之为自我防御区。情绪自我防御区主要是后天形成的，是个体出生后利用先天的特质类情绪应对外在挑战而获得的情绪经验累积。当一个婴儿出生时，他的情绪是原始的，其应对外在刺激完全受先天遗传基因的影响。但婴儿在每次应对外在刺激（特别是一些情绪问题）后都会获得一定的经验，这些应对经验就构成了个体早期的自我防御区。随着个体不断接受各种外在刺激，其自身开始累积更多的各种情绪应对经验，因而个体的自我防御区范围就变得越来越大。所以，从某种意义上说，自我防御区实际上既包括了个体的先天遗传（特质类情绪特点），也包括了个体后天的情绪应对经验。需要特别指出的是，个体的自我防御区一旦形成之后，它会自动代替个体情绪原始状态区的功能，也就是说，个体以后日常生活所表现出的情绪状态更主要是其自我防御区的特点。例如一个婴儿可能会因为没有吃到糖，表现出强烈的情绪波动而大声哭闹，但当他到了一定年龄之后，他面临同样的情形，这种情况便会消失，即原始的特质类情绪被后来的自我防御区情绪替代了。自我防御区是一个无意识情绪工作区，即当自我防御区在发生作用时，个体意识不到其作用过程，因而其不消耗或消耗极少的心理资源。

如果一个外在刺激造成的情绪问题的强度正好落在自我防御区域内，即使个体出现了一些情绪上的波动（如受到某些外在消极刺激而出现情绪低落），但由于回归力的作用，个体也可以利用自我防御机制（self defense mechanisms）来恢复原来稳定的情绪状态，这一过程被称为心理自愈。如生活中我们经常会碰到一些让我们开心或不开心的小事，但不久之后，即使我们不接受任何辅导，我们的情绪也会自动恢复到早先的稳定状态。自我防御区范围内的情绪波动基本还处于常态之中，这种波动是暂时的、可控的和非持续性的，因为这些都是人之前的情绪经验的累积。

（三）外力援助区

自我防御区之外还存在另一个情绪区域，我们称之为外力援助区，它是一个有意识情绪作用区。外力援助区不是个体应对经验的直接累积，而是在自我防御区基础上派生（derive）的，是个体所能忍受的最大情绪刺激且不至于崩溃的范围。如果一个外在刺激所造成的情绪影响强度超出了个体的情绪自我防御区而落在了外力援助区，个体已有的情绪自我防御区就会因受力过大而发生解构，这会直接影响其原来相对稳定的情绪状态，如图6.2所示的$A_2B_2C_1O$区域（外在消极刺激所导致的消极情绪影响）和$A_1B_1C_2O$区域（外在积极刺激所导致的积极情绪影响）。其中A_2、A_1表示纯消极情绪刺激和纯积极情绪刺激，B_2、B_1则表示的是一种综合情绪刺激，但B_2的消极成分显然大于积极成分，而B_1的积极成分大于消极成分。由于个体的情绪状态总会倾向于重新回归稳定，这时候个体情绪就有两种可能：一种是回归其原来的自我防御区，另一种是重建一个新的情绪自我防御区。但不管是恢复还是重建，个体都不能依靠自身的防御机制来达到目的（因为个体原来的情绪自我防御区已经处于解构状态，失去了自我建构的能力），所以个体只能借助外在力量来重新恢复自己原来的稳定状态或重建一个新的稳定状态。外力援助区范围内的情绪波动具有非常态性和一定的持续性。

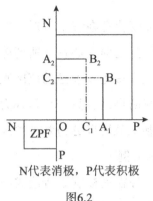

N代表消极，P代表积极

图6.2

外力援助区范围的消极一端，以个体所能承受的最大打击，而不至于出现自我崩溃为限；同样积极的一端也是个体所能承受的最大快乐，而不至于出现自我崩溃为限。也就是说，只要外在刺激所造成的情绪体验强度落在外力援助区之内，不管是积极的还是消极的，尽管它们都会导致个体出现一定程度上的情绪问题，但都不至于使个体精神崩溃。

（四）自我崩溃区

自我崩溃区是指外力援助区之外的一个区域，也是个体情绪结构中最外面的一个区域。个体如果受到这个区域的情绪刺激影响，将会耗尽自己所拥有的所有心理资源，从而使自己处于混乱状态，出现各种严重心理疾病（如歇斯底里等），即我们通常所说的情绪崩溃。情绪崩溃个体的一切情绪结构都被解构了，因而也失去了情绪稳定的基础，这种个体的最大特征是失去了正确认知能力（包括对自我和周围世界的正确认知）。有一点需要说明的是，不管是积极情绪还是消极情绪，只要其强度处于这个区域，都会对人造成伤害。如范进中举现象，就是过大的积极情绪导致个体自我崩溃；而祥林嫂现象则是过大的消极情绪导致个体自我崩溃。

二、情绪变化或影响的最近发展区

我们认为情绪影响或变化存在一个最近发展区，也就是说，个体在受到外在刺激而出现情绪问题时，心理学所能施加的外在影响具有一个特定范围。那怎样界定这个最近发展区的范围呢？最近发展区主要由两个区域构成，一个是自我防御区，另一个是外力援助区。因此，情绪变化的最近发展区作用机制也就可以分为两种情况（下文均以外在消极刺激所造成的消极情绪问题为例）。

第一种情况，当一个外在消极刺激所造成的情绪问题的强度处于自我防御区内，它只能让个体出现暂时性的、短期的情绪波动，即个体原有的情绪自我防御区并没有被打破。这时个体一般不需要他人的帮助，时间就可以使个体恢复到早先的稳定状态，在这一过程中起作用的主要是个体的自我防御机制。根据弗洛伊德的理论，个体的自我防御过程是自身意识不到的，因而个体的心理自愈过程也就基本不消耗或消耗很少的心理资源（不过现在也有一些研究证明，人的无意识情绪过程也会消耗很少量的心理资源[①]）。

当然，出现自我防御区范围内情绪问题的个体也可以借助外力来恢复到原先的稳定状态，但这种外力帮助最终还是要通过个体的自我防御机制来起作用，因此，外力帮助的强度力量应该合适，必须落在自我防御区范围内。如果这时候的外力帮助太过强大（如外力所造成的情绪体验强度超越了个体的自我防御区范围），外力就有可能解构或打破个体原来的自我防御区，外力本身这时候就会演变为心理问题源，这反而会使个体出现更严重的或其他的心理问题，即外力起到了相反的作用。我们把这种外力超越自我防御区而起相反作用的现象称为过度性救助（ultra-help）。所以，当个体面临一些小的挫折或失败时，他人不必大惊小怪，也许中性色彩的情绪安慰就已经足够了，否则就容易犯过度

---

① Ren, J., Huang, L. Y., Ye, X. Z., & Luo, J. (2010). Implicit positive emotion counteracts ego depletion. *Social Behavior and Personality: An International Journal*, 38(7), 919–928.

救助的错误。这正如生活中，当个体只需要获得一碗饭就可以渡过难关时，如果你给了他一袋米，他反而会出现问题（比如，使他觉得可以依赖他人的救助不劳而获等）。

第二种情况，当一个外在消极刺激所造成的消极情绪（即出现了情绪问题）的强度处于外力援助区内，由于这种情绪影响的强度足够大，它解构了个体已有的自我防御区，因此个体的自我防御机制就失去了作用。失去自我防御机制的个体的情绪状态是不稳定的，个体这时候如果想恢复其稳定的情绪状态，就必须修复自己已经被解构的自我防御区，或干脆重建一个自我防御区，这就需要外在力量的有效帮助（也即外在心理辅导）。但这里同样有一个问题很重要，即外在的帮助力量要合适。

不同于自我防御区，外力援助区内的情绪波动由于个体已不能纯粹依靠自身的防御机制，必须完全借助外在力量来恢复稳定状态或者重建一个新的稳定状态，而这都得在个体有意识状态之下才能完成，因而它们都要消耗个体已有的心理资源（ego psychological energy，有时也称自我心理能量）。个体的自我心理资源在一定时间内是相对固定的，当一种外在影响消耗过多的心理资源时，个体随后的自我控制活动就会受影响，因而个体对消耗自己大量心理资源的活动天生就具有排斥力。也就是说，如果外在帮助性刺激的强度越大（即外在刺激影响所产生的情绪强度和其当时的情绪强度间的落差越大），那么个体消耗的自我心理资源就会越多，个体相应的反抗力也就会越强，这实际上是过度救助的另一种情形。

例如当个体受到外在消极刺激而出现了很大程度的情绪问题（处于接近外力援助区消极一端的边缘，如图6.2所示）时，如果人们用极大的积极情绪（接近外力援助区积极一端的边缘）来影响他，这二者之间的落差就会很大，那个体就会因此而消耗极大的心理资源，这时候个体可能就会因为要消耗极大的心理资源而自觉或不自觉地采取拒绝接受的态度，即这样的外力帮助可能会无效。反之，如果人们用相对较小的积极情绪，甚至是带有一点消极性质的情绪刺激来影响他，个体只需消耗较少的心理资源因而更可能接受这种外力帮助。所以，在某种意义上说，有时候分享痛苦也是一种很好的帮助或安慰。

从理论上说，当个体面临情绪问题时，只要外力帮助所造成的情绪强度处于最近发展区内，个体就有可能接受这种外在影响。但由于个体接受处于外力援助区内的外在情绪影响要消耗自身的心理资源，因此，并不是越积极的影响就越有效。当然，情绪变化最近发展区理论也并不认为心理援助应该是步子越小效果就越好，因为这里还存在一个效率问题，也就是说，心理帮助应该是情绪落差（外在刺激所造成的情绪影响和其原有情绪状态间的差异大小）和自我心理资源消耗间的一个平衡。

三、自我防御区与外力援助区间的关系

个体刚出生时，即早期的情绪变化最近发展区区域，主要由自我防御区构成（包括情绪的原始状态区）而没有外力援助区，这是因为外力援助区要依赖自我心理资源的有意识操控。只有当个体具有了自我意识之后，情绪变化最近发展区中才开始增加了一个新成分——外力援助区，因为自我意识标志着个体能主动控制和使用自己的心理资源。个体的外力援助区一旦出现，它就会和个体已有的自我防御区发生相互作用。

首先，个体的外力援助区会向自我防御区转化。当受到一个来自于外力援助区的情绪影响而出现情绪问题后，个体通过一定的外力帮助而使自己重新建立了新的情绪平衡，在这一过程中，个体所获得的应对经验就有可能转化为自我防御区。也就是说，当体以后再次面临相同或相似的情绪问题时，个体就不再需要外力的帮助，而只依靠自己的防御机制就能恢复情绪稳定状态。所以总的来说，年龄大的人总是比年龄小的人有更好的心理抗压力，生活经历丰富的人比生活经历单调的人有更好的心理抗压力。不过有一点要明确：并不是个体每一次战胜外界情绪

影响的经验都会转化为自我防御区，这一转化过程受个体的先天情绪特质、自尊水平、自我效能感、先前的生活经历、外在的环境和社会文化条件等多方面因素的影响。

其次，个体的自我防御区同样也有可能向外力援助区转化，当个体受到一个外在情绪刺激而出现情绪问题后，尽管通过自我防御机制或者外力的帮助而稳定了情绪，但个体也因此变得对此类刺激更敏感，即在面对同类或相似刺激时的自愈能力进一步降低，这一过程就是自我防御区向外力援助区转化的结果。

心理学在过去的研究中发现了所谓的钢化效应（steeling effects）和敏化效应（sensitizing effects）。钢化效应是指先前的害怕体验、压力和逆境，使个体对今后类似消极经历的耐受性提高，所谓"见怪不怪"。比如说，如今社会上流行的户外拓展训练，就是通过预先的训练而使练习者获得一定的经验，从而做到真正面临各种问题时能从容应对。钢化效应实际上就是外力援助区向自我防御区的转化，这一转化过程意味着个体的心理自愈水平得到了提高，因为个体的心理自愈水平实际上主要是由自我防御区的大小决定的。而自我防御区向外力援助区的转化则是敏化效应，敏化效应是指个体先前应对的消极体验、压力和逆境等经验使个体在今后面临类似的消极经历时变得更为脆弱。生活中所谓的"一朝被蛇咬，十年怕井绳"就是最典型的例子。心理学研究表明，某些生活早期遭受过不良性伤害的女性，会对男性与婚姻产生敌对情绪，这便是一种典型的敏化效应。

四、最近发展区概念在生活实践中的应用

（一）关于心理辅导领域

目前的心理治疗和心理咨询相对比较混乱，各个学派间不仅方法有差异，甚至观点也不尽相同，即使是同一个学派，不同的人也有不同

的主张。面对出现情绪问题的个体，有人主张用高强度的积极情绪去引导，有人主张用低强度的积极情绪去引导，还有人主张用中性情绪（宁静）去引导，但谁也说服不了谁。2008年5月12日，四川省的汶川地区发生了严重的地震，在随后的心理救助现场，面对一个在地震中失去了父母的孩子——小丽（化名），一个心理辅导小组鼓励她要坚强，不要哭，要勇敢地面对生活，该心理辅导小组还邀请小丽参加随后举行的救灾晚会，但被小丽拒绝了；然后又来了另一个心理辅导小组却鼓励小丽大声地哭出来，而且心理辅导小组成员也坐在她旁边一起陪着她流泪，分享她的痛苦。这时一直陪护在小丽身旁的一位志愿工作者说了一句话：心理学是怎么回事？一会儿不让人哭，一会儿又让人哭。当时在场的所有心理学工作者听了这句话都目瞪口呆，不知道怎样回答。

小丽现象在很长一段时间内深深困扰着心理学界，现在可以用这个情绪变化最近发展区理论来解释这个问题了。小丽因受到了太大强度的消极刺激而出现了情绪问题，这种消极情绪的强度已经突破了小丽的情绪自我防御区而进入了外力援助区，因而小丽无法靠自我防御区的力量来使自己获得情绪平静，需要依靠外在力量的帮助。那么怎么帮助比较好？首先对小丽施加的外在情绪影响强度要处于其情绪变化最近发展区之内，不管是让她"哭"还是让她"不哭"，这些影响都有可能被小丽接受而发挥作用。其次，即使所施加的外在影响是处于小丽情绪变化最近发展区之内，但如果施加的外在影响（如过于积极）和小丽已有的情绪状态落差过大，不管这种影响多么积极，小丽也有可能会因为消耗太多的心理资源而拒绝接受，因而心理辅导一定要考虑到被辅导者现有的情绪强度，在确保不消耗辅导者太多心理资源的基础上选择辅导内容。

（二）积极情绪和消极情绪到底哪个更有利于人的发展？

让我们回到上文提到的，所谓的抑郁的人更聪明和积极情绪扩建理论之间的矛盾。尽管当代许多研究者从各个方面对抑郁的人更聪明这一结论进行了质疑，而对积极情绪扩建理论表示赞同，但这并不能说明

"结果接近效应"或"消极实在主义"就是错误的，因为同样有很多严格的心理学实验证明了它的可靠性。事实上，这两个结论都是由精确的实验得来的，它们都应该被认为是正确的。那为什么两个相对立的结论都正确呢？这是因为阿洛伊等人研究中所涉及的是生存性情绪，而弗雷德里克森研究中所涉及的则是发展性情绪。

所谓生存性情绪是指那些没有受到任何外在刺激，而由先天神经机制影响所导致的特质类情绪，其主要目的在于保存生命，这种情绪经常是个体自身意识不到的，个体的原始状态情绪就是典型的生存性情绪。上文阿洛伊的实验得出结论——抑郁的人更聪明。也就是说，阿洛伊等人是根据被试先天的特质类情绪特征（属于情绪的原始状态区）的不同来把被试分为抑郁组和非抑郁组，抑郁组被试即处于图6.1对角线OD的左上方，非抑郁组被试即处于图6.1对角线OD的右下方。

原始状态区的情绪是个体受遗传机制影响而形成的原始情绪，它属于人类进化过程中保存下来的生存性情绪。进化心理学的研究告诉我们，个体在漫长的进化过程中，消极情绪对人的生存具有更大的价值，它的提醒和警示作用可以帮助人们在早期恶劣环境中获得更多的生存机会。人类早期的生活环境比较严酷，我们的祖先必须时刻准备着与比自己凶猛得多的猛兽进行争斗，消极情绪会让人产生避开或攻击（而不是接近）的行为或行为倾向。我们不难想象，早期人类在充满危险的挑战环境中，攻击、驱逐、逃跑等行为更具有生存价值，因而消极情绪自然就构成了人类的生存性资源。这就是说，在个体的原始情绪状态下，消极情绪能为人对周围世界的认知提供更多的生存性资源。这样，阿洛伊等人实验中的抑郁的人就比非抑郁的人拥有了更多的生存性资源，因而实验中抑郁被试就比非抑郁被试判断更准确。

所谓发展性情绪是指个体受到外在刺激（尤其是社会性刺激）而引发的情绪，是一种典型的状态类情绪，其主要目的在于促使个体获得社会性发展，这种情绪是个体意识的产物。如社会地位的上升、体育比赛中获得的胜利等都会使个体出现积极的情绪状态，而经历挫折、面临不幸时则又会出现消极情绪状态，而且这些情绪状态还能维持一段时间（目前的心理学研究发现这种状态类情绪最长可以维持3个月左右，之后个体就会重新恢复到先前的状态）。

弗雷德里克森在实验中没有用量表来对被试进行分类，而是对正常的个体施加一种外在影响（积极刺激或消极刺激），因此被试被激起的是状态类情绪，是一种发展性情绪。虽然都是积极情绪，但发展性积极情绪可以使个体更容易被社会接受，从而获得良好的社会性发展，而生存性积极情绪则有可能使个体面临更多的生存风险。当然，同样是消极情绪，生存性消极情绪可以增加个体在危险情境下的生存机会，而发展性消极情绪则可能使个体丧失其在良好社会条件下的发展资源。有心理学研究表明，社会地位得到提高的个体（会产生发展性积极情绪）更可能以一种亲社会行为的方式行事，出现较多的积极行为，而社会地位的突然下跌易导致个体出现消极保守行为[①]。

因此在生命不受威胁的今天，诱发而生成的积极情绪能使人产生各种与社会性发展相关的行为（比如，创新或创造等都会给个体带来更好的发展机会），并为个体的进一步发展构建资源。因此，弗雷德里克森实验中的积极情绪组被试就比消极情绪组被试拥有了更多的发展性资源，因而积极情绪组被试在实验中就出现了认知等方面的扩建现象。

当然，尽管目前已经有很多实验结果支持情绪变化或影响的最近发展区概念，但在一定意义上，这一概念仍然是一种建构设想，它还需要进一步获得更多相关实验结果的支持，特别是以下几个方面需要得到进一步的明确。

第一，心理资源的变化对个体行为的影响程度还需进一步地证实。尽管有研究显示个体受到外在积极情绪影响会增加其心理资源，而受到外在消极情绪影响则损耗其心理资源。但如果面对的是一个处于平静状态的人，是不是极大的积极情绪体验和极大的消极情绪体验都一样能消

---

① Eisenberg N, Miller P A. (1987). The relation of empathy to prosocial and related behavior. *Psychological Bulletin*, 101, 91–119.

耗个体大量的自我心理资源？此外，还必须弄清楚个体消耗的心理资源需要通过多长时间才能得到补充？同时这种补充过程的心理机制又是怎样的？这方面可能更需要生理学或免疫学方面的证据支持。

第二，自我在情绪变化最近发展区理论中所起的作用还需要进一步的明确，尤其需要明确两个问题：一是如果婴儿没有产生自我意识，他就不会出现情绪问题，那没有自我意识的婴儿到底有没有情绪问题？二是当个体处于情绪崩溃状态下，心理学到底能做些什么？

第三，个体先天的原始情绪状态到底包括哪些基本情绪？因为现在的进化心理学研究表明，消极情绪可能是人类原始情绪的主力军。另外，积极性质的生存性情绪又到底具有什么作用？这种元情绪研究不仅需要心理学研究的支持，同时还需要社会学、人类学和生理学等多方面研究的支持。

运动，
是挥汗如雨的体验，
还是拯救心灵的灵丹？

第七章 运动与心理健康

注：本部分内容由中国社会科学院社会学研究所社会心理学研究室副研究员应小萍老师撰写。

运动与心理健康之间的关联一直是学术界和普通民众所关注的话题，经常进行体育运动锻炼看似能显著促进人们的快乐，但从已有的实证研究来看，运动与心理健康之间的关系并不十分清楚，特别是两者之间并不是简单的正向因果关系。从已有的研究来看，不同人群的特点（不同性别、不同年龄阶段、不同家庭背景），以及已有研究所选取的样本代表性和样本量的差异等多种因素，都有可能影响运动和心理健康之间的关系。不仅如此，选择哪种运动、锻炼活动的频次及强度、每次锻炼活动的时间长度等也都有可能影响运动与心理健康之间的关系。

　　2018年，《柳叶刀》附属的专业期刊《柳叶刀精神病学》（*The Lancet Psychiatry*）发表了一篇运动促进心理健康并有助于快乐的研究，受到学术界和普通民众的普遍关注[①]。这项研究的独特之处在于其全面性，具体如：样本数量足够大，实验研究的人数超过120万，且是来自美国的18岁成年人；时间跨度长，研究涉及的时间从2011年、2013年到2015年；选取的运动方式广，研究选取了日常生活中常见的75种运动和锻炼方式，并将之分为团队运动、骑车、有氧运动、跑步、休闲娱乐、游泳等、散步和其他8大类运动；测量的因变量内容多，如心理健康集中在压力、焦虑、抑郁等多个方面。

　　在控制了年龄、性别、种族、经济水平、婚姻和教育程度等人口变量之后，该研究得到的结果肯定了运动能够促进人们的心理健康。具体结果可以简单概括为两个方面：一是运动人群比不运动人群有更好的心

① Chekroud, S. R., Gueorguieva, R., Zheutlin, A. B., Paulus, M., Krumholz, H. M., Krystal, J. H., & Chekroud, A. M. (2018). Association between physical exercise and mental health in 1.2 million individuals in the USA between 2011 and 2015: a cross-sectional study. *The Lancet Psychiatry*, 5(9), 739–746.

理健康水平；二是对于普通大众而言，团队运动、骑车、有氧运动是最有利于心理健康的三种运动方式。

本章将从四个方面讲述运动促进心理健康：一是体育活动频次和身心健康的关系；二是运动种类与身心健康的关系；三是试图用自我调节控制解释运动促进心理健康背后的机制；四是简单解释在个体因素之外影响运动和心理健康关联的社会环境因素。

本章也探讨了身体健康和心理健康两者之间的相互关系，具体操作是用过去的心理健康数据检验当前身体健康数据的直接效应和间接效应，并用过去的身体健康数据检验当前心理健康数据的直接效应和间接效应[①]。

乐
商
：
一
个
比
智
商
和
情
商
更
能
决
定
命
运
的
因
素

---

① Ohrnberger, J., Fichera, E., & Sutton, M. (2017). The relationship between physical and mental health: A mediation analysis. *Social Science & Medicine*, 195, 42–49.

第一节　运动频次与心理健康的关系

　　研究者对北京某高校的在校大学生进行过一项体育休闲活动的调查，在调查中询问了大学生"在闲暇时进行的活动类型"，共有以下12项：

　　看电视

　　上网

　　玩游戏（电脑游戏、游戏机或手机游戏）

　　听音乐

　　朋友聚会、K歌、跳舞或兴趣团体活动

　　逛街、散步、购物

　　去电影院看电影或去剧院看话剧等

　　看书、报纸、杂志

　　睡觉

　　郊游、旅游

　　运动或体育锻炼

　　聊天

　　并要求大学生回答上述每项活动的频次，分别从1～6分这6个选项中选择一个，"从未（1分）""每月不足1次（2分）""每周不足1次（3分）""每周1～2次（4分）""每周3～4次（5分）""每周5次以上（6分）"。考虑到大学生平时主要以上课或学习为主，很多闲暇活动可能会在双休日而不是周一至周五进行，又特别增加了"双休日的活动状况"的问答，设置了从"半小时以下""半小时~1小时""1~2小时""2小时以上"4个选项。如图7.1所示，大学生在闲暇时进行的休闲活动频次最高的是上网活动，84%的大学生达到每周3~4次以上（含3~4次），其中74.73%的大学生上网频次达到每周5次以上。其次分别为睡觉（77.6%的大学生达到每周3次以上）、听音乐（68.3%的大学生达到每周3次以上）、聊天（57.7%的大学生达到每周3次以上）。如图7.2所示，大学生们体育运动的频次平均为每周1~2次，只有17.58%的大学生体育运动频次达到每周3~4次（含3~4次）以上。

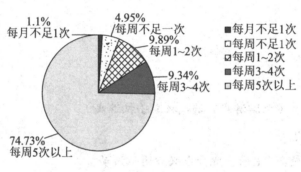

图7.1　上网活动的频次

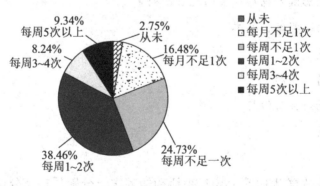

图7.2　体育运动的频次

国家体育总局发布的2007年"中国城乡居民参加体育锻炼现状调查公报"的调查结果显示，20~29岁年龄段人群每周参加体育锻炼低于2次

（含2次）的人数比例为75.5%，而研究者的这次调查中的在校大学生每周参加体育锻炼频次低于2次的达到了82.4%，竟然低于全国平均水平。如图7.2所示，从未参加体育锻炼活动和每月不足1次的人数占到近20%，所以有必要先探讨不参加体育活动的人群，以及上网活动频次高的人群的身心健康状况。

一、久坐不运动对心身健康的负面影响

久坐不运动不是指不参加任何活动，而是指不主动参加体育活动，主要指个体没有有意识地进行身体运动和锻炼。这些人会长时间坐着不动，进行如看书、看电子屏幕（看手机、看电视、玩游戏）等活动。

（一）久坐不运动会增加个体抑郁或心理问题的风险

已有研究证实，使用电子屏幕的时间越长，患抑郁和心理问题的风险就越大[1]。而抑郁一旦发生以后，个体的身体活动量会大大减少，会不愿出门，不愿起床，甚至刷牙等个人卫生活动都没有动力去做。有研究已经证实体育锻炼有助于焦虑和抑郁症状的减轻，但研究也证实久坐和运动对抑郁症的作用可能是互相独立的[2]。

我们可以常常在媒体报道中看到，一些大学生因为玩游戏而考试不及格、被劝退，甚至有极少数大学生通宵玩游戏而出现过劳，被送进医院急诊。坐在电子屏幕前玩游戏是久坐不运动的典型现象。青少年沉迷于手机游戏，在影响学业的同时，也造成亲子冲突或亲子关系紧张。父母作为青少年的监护人，如果看到孩子玩手机游戏的时间过长，一般都

---

[1]　Hoare, E., Milton, K., Foster, C., & Allender, S. (2016). The associations between sedentary behaviour and mental health among adolescents: A systematic review. *International Journal of Behavioral Nutrition and Physical Activity*, 13(1), 108.

[2]　Schuch, F., Vancampfort, D., Firth, J., Rosenbaum, S., Ward, P., Reichert, T., Stubbs, B. (2017). Physical activity and sedentary behavior in people with major depressive disorder: A systematic review and meta-analysis. *Journal of Affective Disorders*, 210, 139–150.

会反对，而这势必造成孩子的反抗，这种亲子冲突对孩子的身心会带来一定的负面影响，进而增加了孩子产生各种心理问题的风险。

（二）久坐不运动还容易导致个体产生某些生理问题

孩子处在长身体的关键时刻，其肌肉和骨骼的生长还没有定型，如长时间保持一种姿势势必会对其腰和脊椎产生不利影响，同时也会对手肌腱产生消极影响。

尽管现在孩子玩电子游戏的现象越来越严重，但父母在养育孩子的过程中，不能简单粗暴地禁止孩子玩电子游戏，要思考孩子行为及自己所采取行为背后的意义。父母要着力培养孩子对学习时间和运动时间的自我管理。事实上，游戏已经成为青少年必不可少的社会交往渠道，如何分配玩游戏的时间也是社会交往的一种重要方式，所以让孩子学会自主分配游戏时间是其个人成长过程所必须掌握的技能。有时候家长也可以用屏幕阅读来取代孩子的屏幕游戏，虽然都是在用屏幕，但阅读和游戏对孩子的生理和认知的影响肯定会有所不同。

运动有助于青少年的大脑、认知和心理的全面发展，担心孩子沉迷于游戏的父母可以考虑让孩子用运动来替代游戏，让孩子主动喜欢上某项适合自己的体育活动，并鼓励其坚持不懈，直到孩子在这项体育活动上获得一定的成就，这样会有效提高孩子的自尊水平，进而促进其心理的健康发展。

二、运动频次越高生活越满意？

在上述的在校大学生体育休闲活动调查中，还要求175名大学生回答了"过去的4个星期内进行一定强度的体育活动或身体锻炼的频次（至少有持续20分钟的呼吸急促、出汗或心跳加速的活动）"，也包括6个选项，在1~6之间选择，"从未（1分）""每月不足1次（2分）""每周不足1次（3分）""每周1~2次（4分）""每周3~4次（5分）""每周

5次以上（6分）"。结果如图7.3所示，"从未"进行体育活动或身体锻炼的占2.9%；"每月不足1次"的占20%；"每周不足1次"的占23.5%；"每周1～2次"的占34.7%；"每周3～4次"的占13.5%；"每周5次以上"的占5.3%。

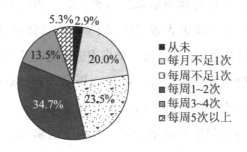

图7.3　过去的4个星期内进行一定强度的体育活动或身体锻炼频次

该调查同时使用了"生活满意感量表"测量了大学生的生活满意度，生活满意感量表是在主观上对生活满意感的评价。量表包括5个条目，"总的说来，我的生活和我的理想很接近""总的说来，我的生活状况非常好""我对我的生活感到满意""我已经得到了我在生活中想得到的重要东西""即使生活可以从头再来，我也没什么想要改变的"。使用1～6分从"很不赞同"到"很赞同"评分，要求受访者回答与其实际情况是否符合。

结果表明，个体的体育活动频次和其生活满意感之间的关联不大，即大学生参与体育运动的次数在统计学上不会显著影响其生活满意感水平[1]，这个结果意味着运动和快乐并不是简单的直线关系。

同样，研究者也对北京市民的体育休闲活动和生活满意感的关系进行了调研，我们选取了北京市的5个居民小区，通过配额抽样（quota sample）的方法，选取18～70岁的被试进行入户调查，共获得有效样本491人。其中，男性209人，女性273人，还有9人未作答。被试平均年龄

① 应小萍. (2015). 参加体育活动越多生活越满意?——大学生体育活动动机研究. 青年研究, (06), 46-54，92.

44.1岁（SD=13.66）。研究者要求被试回答"半年来参加次数最多的体育休闲活动的名称"以及选择"半年1～2次""每月1～2次""每周1次""每周2～3次""每周4～5次""每天1次"来获得被试参加体育休闲活动的频率。

如果以每周参加体育休闲活动2～3次及以上为经常参加者，北京市民经常参加体育休闲活动的人数就达到了64.9%；每周1次以下为"不经常参加者"，则达到了35.2%。这一结果表明普通北京民众参与体育休闲活动的热情比年轻大学生的更高。如表7.1所示，通过对比北京市民中经常和不经常参与体育休闲活动人群的生活满意感，我们发现两者差异显著，经常参与体育休闲活动者报告了更高的生活满意感程度，也验证了之前的研究，即体育休闲活动的参与有助于提升生活满意感。

表7.1　经常与不经常参与体育休闲活动人群的生活满意感的 t 检验结果

	经常参加人群			不经常参加人群			t 检验	
	均值	n	标准差	均值	n	标准差	t	p
生活满意感	3.85	274	1.331	3.54	181	1.259	2.39	0.017*

注：1. t检验是检验两组数据差异的一种方法。
　　2. t值是两组数据存在差异的依据。
　　3. p值是两组数据之间是否存在差异，一般小于0.05才意味着有差异。
　　4. *代表差异显著。
　　5. n代表样本的数量。

第二节 运动方式会影响个体的
心理健康水平吗？

一、运动方式和生活满意感

在上一节提到的北京市民休闲运动情况调查中，研究者根据"半年来参加次数最多的体育休闲活动的名称"这一题目的回答，将体育运动分成如图7.4所示的11类，并分析了相对应的生活满意感量表得分。总的来看，绝大多数运动所带来的生活满意感之间并不存在显著差异，这在一定程度上意味着人们只要参加运动就可以获得类似的感受，而且所有的得分都在生活满意感理论均值（3分）之上，即只要参加运动，生活的满意度就会相对提高。不过由于调查的样本相对有限，某些类别运动的参与人数相对较少，这在统计学意义上可能并不很有说服力，但这个大致趋势还是明显的，这一趋势与本章节开头提到的《柳叶刀》上发表的研究有相似之处，即不管参与何种运动，都能够在一定程度上促进人们的心理健康。

不过，为了对各种具体运动方式进行更清晰地认识，研究者还是对调查所获得的数据做了一个具体的分析比较，如图7.4所示，民众参与太极运动的生活满意感最高，为4.83分，远超总体平均数（与之存在显著差异），也远超其他几类运动（与之存在显著差异），具体原因在下一节中会详细分析。个体一旦参与了太极运动，能够长久坚持，在这一过程中

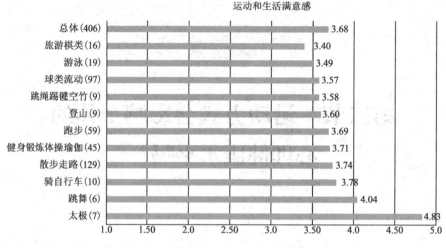

图7.4　半年来次数最多运动的生活满意感分数

个体的自我调节功能就会启动，自我参与导致快乐程度相对更高。参与旅游和棋类活动的被试的生活满意感相对最低，为3.4分，旅游和棋类活动的休闲成分也许更大一些，其体育锻炼成分相对较低一点，这或许是其生活满意感相对较低的原因。跳舞、骑自行车、散步走路、健身锻炼体操瑜伽、跑步的生活满意感分数比较接近，而且都超过了总体平均数，即相对而言有较高的生活满意感。跑步的作用也会在下一节进行更为详细的解说，而散步走路与跑步的生活满意感分数接近。

二、瑜伽对患病女性心理健康的积极促进作用

瑜伽不仅对健康人群的健康快乐具有促进作用，而且对于患病女性的身体康复和心理健康恢复同样具有积极促进作用。有研究综述了瑜伽在多囊性卵巢综合征（PCOS）病人[①]治疗中的积极作用。女性在被诊断出多囊性卵巢综合征后，在手术治疗或者化疗过程中，在经历身体健康

---

① Conte, F., Banting, L., Teede, H. J., & Stepto, N. K. (2015). Mental health and physical activity in women with polycystic ovary syndrome: A brief review. *Sports Medicine*, 45(4), 497–504.

状况变差的同时，在心理层面会报告较多的抑郁、焦虑和睡眠障碍等，这时候在手术治疗的同时附加一个适合女性病人的瑜伽活动就能够提高患者的心理健康水平。综合已经发表的研究文献来看，多数研究肯定了瑜伽对患者的心理健康的促进作用，但也有部分研究认为瑜伽这项运动对促进身体和心理健康的相关证据并不充分，瑜伽可能并不是独立作用于疾病的治疗，饮食管理和医学治疗在这一过程中可能起着关键的作用，事实上运动提升心理健康快乐的机制目前并不十分清楚。但总的来看，多数研究所获得的研究结果显示了瑜伽作为干预疗法的确促进了多囊性卵巢综合征病人的心理健康水平，干预后的病人报告了更高的生活质量，其抑郁、压力和焦虑水平均有一定降低。瑜伽活动本身有多种类型，具体包括冥想、静思、深呼吸和形体训练等类型，因此需要进一步分离瑜伽活动的类型、强度和频次等在心理健康中的具体功能，进一步讨论瑜伽活动对心理健康的促进作用。

乳腺癌是女性较为高发的疾病，患者中有1/3会报告存在心理困扰，主要是抑郁和焦虑，而患者中的90%报告在治疗中会存在疲劳倦怠，睡眠障碍，这也是病人在整个发病、手术和后续治疗过程中一直面临的重要问题。瑜伽活动在对患者的干预研究中显示出积极的作用，对比无干预控制，也对比其他社会心理和教育类的干预项目（如心理咨询等），其具有更好的降低病人焦虑和抑郁等症状的作用[1]。

不过研究也同时表明，人们要清楚瑜伽活动只是有条件地对患者起作用，它只是在常规癌症治疗中的一种支持性疗法，有助于提高患者的生活质量和心理健康水平，但不能忽略手术和其他后续医学疗法的关键作用。乳腺癌病人类型多种多样，针对不同类型患者，要考虑到瑜伽活动存在的风险和优势因素，要考虑到瑜伽活动本身对患者身体上的危险性等。同时对于瑜伽活动的不同成分，如身体运动、呼吸控制、冥想

---

[1] Cramer, H., Lauche, R., Klose, P., Lange, S., Langhorst, J., & Dobos, G. J. (2017). Yoga for improving health - related quality of life, mental health and cancer - related symptoms in women diagnosed with breast cancer. *Cochrane Database of Systematic Reviews*, (1).

等成分，它们的不同作用也需要进一步研究，目前已有研究揭示带冥想的瑜伽活动对于抑郁具有更好的疗效，而瑜伽活动对降低疼痛的作用则需要进一步评估。

三、劳动内化为运动锻炼也能促进心理健康

运动对心理健康的积极作用不限于剧烈程度或者是否属于有氧运动等，日常生活劳动也在一定意义上是一种运动。有一项关于运动或活动类别和心理健康的关系的元分析研究表明，家务相关的活动对于心理健康关系的促进作用不大，而与工作相关的活动则极大地促进了个体的心理健康[①]。这意味着家务劳动会导致生活满意感下降（这也是许多人把自己的家务通过付报酬给他人而让他人去做的一个原因，做别人的家务而获得报酬，那做家务就转变成了一份工作），但如果一个人的工作碰巧是做家务又会发生什么情况呢？

哈佛大学的E. J. 兰格（E. J. Langer）教授有一项有趣的研究[②]，被试是来自美国的一些宾馆服务员，日常工作是打扫客房。研究设计的控制组为常规的客房打扫服务人员，实验组要求服务人员在进行打扫劳作时想想具体是哪块肌肉在活动，也就是将日常工作内化成（看作）专业化的体育锻炼活动。仅仅4周的干预时间，就发现实验组相比控制组报告了更好的身体健康状况和更高的生活满意度。

客房打扫工作是一项对体力要求很高的活动，而在劳动力短缺的市场上，如果宾馆生意很好，房间入住率很高，一个服务员就可能需要在8小时内一直工作而没有时间休息。研究者本人曾在国内一个三线旅游城市和一位宾馆服务员聊过，她叙述在宾馆工作的第一周，双手双腿的肌

---

① White, R. L., Babic, M. J., Parker, P. D., Lubans, D. R., Astell-Burt, T., & Lonsdale, C. (2017). Domain-specific physical activity and mental health: A meta-analysis. *American Journal of Preventive Medicine*, 52(5), 653-666.

② Crum A. J., Langer E. J. (2007). mind-set matters: Exercise and the placebo effect. *Psychological Science*, 18(2), 165-171.

肉酸痛，几乎没有知觉，不过忍过一周后，就开始适应了。因为人工短缺，有时她需要一个人打扫一个房间，她的个子不是很高，需要一个人完成换床单和换被罩的工作，总的来说，宾馆服务员是一项强度很高的劳动。美国情况可能会与国内有点不同，但整体上应该差不多。兰格的研究价值在于通过一种特别的方式将繁重的客房打扫劳动转化为能够产生愉悦情绪的体育活动形式，这或许是另一种安慰剂效应。

第三节　运动的快乐密码：自我调节控制

　　运动对心理健康有促进作用，但其内在机制一直是学术界探讨的问题，就目前已经获得的结果来看，主要包括三个方面的机制：一是认知神经机制、二是社会心理层面的机制、三是行为上的自我调控机制[①]。

　　在神经生物学机制上，多个研究发现运动能够降低大脑右侧前额叶皮层的活动，而这能减少个体的消极情绪体验，从而提高个体的心理健康水平。另外有研究发现，一般9个月的体育锻炼活动就能显著提高青少年的心肺功能，而在认知领域，9个月的体育锻炼活动能使青少年对任务的注意力得到增强，抑制干扰的功能也有所增强，认知灵活性也得到了一定的提高。

　　在社会心理机制上，运动或体育活动增加了个体对于身体的自我知觉，从而建立起更为完善的自我概念，而这能提升个体的心理健康水平。在自我知觉提高和自我概念得到积极强化后，个体的自尊水平也会获得相应提高，进而增加个体的幸福感和积极情绪体验，虽然运动可以实现健康快乐的路径还不是非常明确，但大体可以看到一条变化的路线。在社会因素方面、个体被社会接纳的程度、获得重要他人的认可和自己的价值观被社会接纳等，都是个体快乐的重要来源，人的自尊水平与社会接纳一般呈现正相关。有研究提示，在有氧运动干预课程对过肥青少年的抑郁症状治疗中，在运动对抑郁症改善的路径中，身体知觉和自我价值观起着中介作用。

① Lubans, D., Richards, J., Hillman, C., Faulkner, G., Beauchamp, M., Nilsson, M., … Biddle, S. (2016). Physical activity for cognitive and mental health in youth: A systematic review of mechanisms. *Pediatrics*, 138(3).

乐商：一个比智商和情商更能决定命运的因素

社会接纳和体育活动的关系也存在另外一种情况。个体对自己的外表没有很强的自信，也并不擅长体育和运动，即使希望被社会接纳，也很难通过参加某项体育活动而提高其社会接纳能力进而提升幸福感，所以这些人可能会另辟新径，寻找其他提升幸福感的方法或途径。

在运动促进心理健康的行为机制解释方面，一般认为运动提高了个体的自我调节能力，进而提升了个体的心理健康水平。在一项为时3个月的在校武术技能训练任务中，研究者发现武术训练促进了学生的认知、情感和身体的自我调节能力，而这些被试随后表现出了更高的幸福感[①]。在另外的一些运动干预训练中，虽然干预没有显著提高学生的学业成绩，但对学业行为（如在学习任务上花费的时间、在学习上的专注力、作业完成情况）等起到了积极改善的作用[②]。还有研究发现，个体坚持不懈地参与体育运动，可以对个体的认知和心理健康水平起到积极作用，具体如青少年的不良嗜好得到改善、喝酒抽烟行为减少、不再盲目节食，而且在屏幕前玩游戏的时间也相对减少等[③]。总的来说，运动让个体在学习和生活中变得更有自我控制感，进而获得了更高的生活满意度。

一、自我调节控制和坚持是运动促进心理健康的一个最重要因素

运动训练，包括练习太极拳，都有可能改善人们的身心体验，从而让人们感觉更加良好。但研究表明要达到这种效果，坚持必不可少，而

---

① Lakes, K. D., & Hoyt, W. T. (2004). Promoting self-regulation through school-based martial arts training. *Journal of Applied Developmental Psychology*, 25(3), 283–302.

② Riley, N., Lubans, D. R., Holmes, K., & Morgan, P. J. (2016). Findings from the EASY minds cluster randomized controlled trial: Evaluation of a physical activity integration program for mathematics in primary schools. *Journal of Physical Activity & Health*, 13(2), 198–206.

③ Rasberry, C. N., Lee, S. M., Robin, L., Laris, B. A., Russell, L. A., Coyle, K. K., & Nihiser, A. J. (2011). The association between school-based physical activity, including physical education, and academic performance: A systematic review of the literature. *Preventive Medicine*, 52 Suppl 1, S10–20.

坚持的过程就是一个提高自我调节控制的过程。

中国科学院心理研究所的罗劲研究员团队，曾经研究了太极训练如何改变人们的大脑[①]，他们的基本研究思路很简单，就是找一群从未练习过太极拳的人作为被试，对他们的大脑进行扫描而取得基线数据。然后让这些被试在北京的紫竹院公园跟随太极专家持续进行太极训练，并在这一期间及之后对他们的大脑进行多次扫描，以探查太极训练究竟怎样改变了人的大脑结构和功能。

这个实验研究持续的时间比较长（大约一年），主持这项工作的魏博士花费了很大的力气去挑选那些有可能一直坚持练下来的被试，因为核磁共振成像扫描的费用比较昂贵，如果练习的被试中途退出，就意味着这个被试的数据浪费掉了，不仅研究者在其身上花费的精力浪费了，还意味着数千甚至上万元的研究经费损失掉了。为此，魏博士专门选择了那些未来一年会稳定地生活在北京，并且不会有什么特别大的变动（比如毕业或者换工作）的被试，并且还让这些人承诺自己一定会坚持到底。在实际的太极训练开展不久之后，魏博士担心的中途退出问题果然出现了，有的被试会以各种理由不来参加每周几次的太极训练，在这种情况下，魏博士就得打电话劝说，甚至打着出租车去把被试从家里拉到紫竹院。担心被试中途退出，成了这项研究主要的困难，这种情况大概持续了5个多月。

但在5个多月之后，情况逐步好转，被试已经能够慢慢地坚持下来，也不用再让研究者去找他们出来了。实际上，直到这项研究工作结束，仍然有许多被试（参与者）自觉自愿地来参加太极训练，乐此不疲，即经过一段时间的坚持之后，运动使这些被试的运动态度发生了很大的改变。一个有趣的问题是，究竟在这些被试的头脑中发生了什么样的变化

① Wei, G. X., Xu, T., Fan, F. M., Dong, H. M., Jiang, L. L., Li, H. J., … Zuo, X. N. (2013). Can Taichi reshape the brain? A brain morphometry study. *PLoS ONE*, 8(4), e61038.

Wei, G. X., Dong, H. M., Yang, Z., Luo, J., & Zuo, X. N. (2014). Tai Chi Chuan optimizes the functional organization of the intrinsic human brain architecture in older adults. *Frontiers in Aging Neuroscience*, 6, 74.

才会造成这样的改变?

由于被试在太极训练初始阶段被扫描了大脑基数情况,因此,研究者就有可能通过被试大脑中的变化,来推测产生这种变化的原因。通过研究发现,在太极训练的最初阶段,被试大脑前部扣带回周边的白质纤维会持续增加。扣带回这个神经结构在人们控制自身的认知活动中发挥着重要的作用,人们可以把它的作用想象成汽车的方向盘,它引导和改变人们的努力方向。也就是说,在太极训练的前5个月,被试实际上一直在调节和控制自己,让自己适应每周数次的太极训练,这种持续的自我调节和控制用到的是前扣带回这个脑区,所以被试大脑中扣带回周边的神经白质纤维就会增长,这是持续的自我调节和控制的结果和证据。换句话说,这是被试前5个月连续的太极训练造成的行为变化结果,是与自我调节控制和坚持毅力相关的脑区的功能增长相关的。

除此之外,在连续太极训练5个月之后,这些被试头脑中海马结构中的神经元密度开始增长。海马有着极其重要的认知功能。没了它,人们就记不住近几年遇到的所有的人和事,甚至连昨天晚上吃的什么也可能完全想不起来。之前人们认为海马与人的所谓情节记忆(就是伴随清晰的自我意识的记忆)有关,而近期的研究则进一步发现,海马的功能可能远远不止这个,它甚至还与人们的创造力有关,如果海马损伤,人们就有可能不会创造性地解决手头的任务。

更有甚者,有研究还发现当使用抗抑郁药物治疗人们的抑郁症状时,在服药的最初阶段,人们主观上其实并没有明显的感受,在服药数周之后,人们的主观感受才会发生明显变化,感觉会变得更加良好,这个过程就是药物的起效过程[①]。而这个起效过程中的一个充满戏剧性的变化就是,在当人们罹患抑郁症的时候,他们整个的世界观都是悲观和灰色的;而在服药一段时间之后,当药物开始发挥作用时,即使这个人

---

① Abdallah, C. G., Salas, R., Jackowski, A., Baldwin, P., Sato, J. R., & Mathew, S. J. (2015). Hippocampal volume and the rapid antidepressant effect of ketamine. *Journal of Psychopharmacology* (Oxford, England), 29(5), 591–595.

所处的客观环境没有发生任何变化，也没有心理专家给他做心理治疗或疏导，他自身也没有因为某种际遇而突然对自己的人生有某种感悟，但这个人的世界观人生观也会因此变得积极乐观起来。对于这种明显的变化，许多人似乎都把它归功于药物的神奇疗效。在这项研究中还有一个有趣的地方是研究者同时追踪了人们在服药期间的大脑变化，结果发现：当人们的主观感受变得良好的时候，恰恰就是海马结构中的神经元因药物的作用开始增长的时候。也就是说，药物之所以会让人在主观上明显地感到自己变得耳聪目明、头脑灵活、记忆力和创造力增加并变得更加积极、更加乐观，这一切很有可能都要归功于或至少是部分地归功于药物让个体的海马功能变得更加强大了。

这些被试在坚持太极训练5个月之后，大脑中海马的神经元数量开始增加，而这种变化会带来种种良好的积极体验和感受，让被试感觉神清气爽并充满创意。因此，被试就愿意坚持下去，即使没有外在要求他们这样做，他们也仍然会坚持太极训练，有的被试甚至借此养成了毕生都坚持太极训练的良好习惯。这种坚持不但使身体受益，而且使他们的心理（心智）更加健康、更加积极，而这正是太极训练这项中国传统文化瑰宝的魅力所在。

抑郁、焦虑和睡眠障碍已经是现代人的高发病症，几乎每个人的朋友圈中都会有一两个人出现抑郁的状况，有些人甚至严重到无法正常生活。作为从事心理学工作的研究者，经常有某个朋友或某个朋友的孩子无法正常上班，或者无法正常上学，好像得了抑郁症，联系我能否帮忙进行心理咨询，或者推荐心理咨询专家等。

在这种背景下，前几年某房地产公司前总裁M先生的跑步治疗抑郁症的励志故事，在网络上广为传播，这也使得跑步治愈抑郁的功效被一部分民众认识。不同于上述提到的太极训练，跑步对普通人而言，其实是更不容易坚持的一项体育锻炼活动。从M先生的自述中，很容易理解他作为房地产高速发展时期的高管，因为工作和生活方式而患有抑郁和焦虑等问题。M先生的工作压力不仅有公司内部管理和销售上的压力，也有公司的外部压力，如需要与政府、业主、房地产项目各部门广泛接触和沟通，事情具有不确定性，没有可以遵循的可控规律，并且需要投入全部的精力和体力，工作时间长，工作内容也繁复，这些复杂的压力都对M先生的身心造成了一定的影响。通常，作为大公司高管，他会比一般人具有更好的抗压能力，不然也不会超越他人升到副总裁位置。但事实上任何人在压力之后身体免疫力都会下降，只是不同的人下降程度不同而已，高压之下每个人的身体都会出现一些小的症状，如感冒和各种疼痛病症。如果我们不能好好放松，也没有足够的休息和康复时间，身体就会一直处于疲劳和亚健康状态。

这种状况不需要持续很长时间，负向情绪、睡眠问题、焦虑和更为严重的抑郁症就会随之而来。M先生曾尝试通过读书、写作等方法来使自己有所好转，也接受了精神和心理方面的治疗，服用针对症状的相应药物等，但这些方法都没有调动或不足以调动M先生的脑内多巴胺系统，因而对于其所患的严重抑郁症状效果并不显著。

此后，M先生尝试跑步，他先从北京奥林匹克森林公园开始，从几百米然后到几公里，最后一发不可收拾地跑半程马拉松以至全程马拉松，成为马拉松的爱好者和推广者。M先生经过几年的坚持，不需要再吃抗抑郁药，而且抑郁症消失了，睡眠问题也解决了，重新获得了健康快乐。M先生自述，他在跑的过程中体验到的是满满的快乐，跑步对他而言是一种享受和放松，一切烦恼都消失了。马拉松和跑步成为M先生生活中最不可缺少的活动，以至他对跑步上瘾了。在这个故事中，有两个不可或缺的细节值得关注。

第一个细节是M先生参加跑步的最初的3个月极其重要，只有熬过前3个月并一直坚持练习，最终才能爱上跑步，并将跑步锻炼内化为自己内心深处的需要。M先生第一个月在北京奥林匹克森林公园跑步时，是在外在压力下进行的，是在朋友、专业跑步人员以及身边工作人员的监督和陪跑下坚持下来的，否则对于一个厌恶跑步而且中学时长跑不及格的人来说，他是会找各种理由不去跑步的。当他不愿出门跑步时，有助手强拉他出门；当他坚持不下来时，有专业人士在旁边进行指导和鼓励。当然，除了旁人的帮助，个人的努力和坚持也是至关重要的。

第二个细节是M先生的性格具有坚持性和毅力等特点。他之前有长达10年之久的冬泳爱好，他把这种坚持性和毅力迁移到了跑步上，最终把跑步坚持了下来。当然，对个体而言，找到适合自己的运动和锻炼方式很重要。跑步相对冬泳、读书、写作，活动强度更大，同时具有更高的自我控制和自我调节性，跑步能够随时进行，可以不受周围环境以及个体所处情境的影响，也就是说，跑步能够更为有效地激活M先生脑内的多巴胺，成为治愈抑郁的良药。

运动促进人心理健康的关键在于坚持性，如何才能提升一个人参与运动的坚持性呢？心理学通过精巧的实验设计，在助推青少年提升体育运动坚持性方面取得了一定的成效。在研究中，研究者将180名高一学生随机分成三组，每组60人，每组接受不同的激励，研究者要求被试坚持完成运动目标。以平板支撑为例，三种不同的激励方式如下：

精细目标实验组要求被试做一组平板支撑动作，经测算，能达到最佳水平的时间为116秒，请尽可能坚持。

粗略目标实验组要求被试做一组平板支撑动作，经测算，能达到最佳水平的时间为110秒，请尽可能坚持。

控制组不设目标，只简单要求被试做一组平板支撑动作，请尽可能坚持。

之后所有被试均评价了自己的目标清晰度和目标坚持度，然后比较三组被试的运动成绩提升比，即与个体原来的基线相比提升的成绩比率。结果发现精细目标实验组的目标清晰度、目标坚持度和运动成绩提升比均显著高于粗略目标实验组和控制组，而粗略目标实验组又均显著高于控制组。这一研究结果表明，目标制定越精细到某个具体数值，被试对任务的认知越深入，相应的加工程度越高，对目标的认识也越清晰，个体从目标中获得坚持的鼓励度也越高，这些最终对于被试运动成绩提升的效果也越加显著。这意味着精细目标设置可以作为一种提升青少年参与运动坚持性的干预措施，这种干预能够帮助他们更为准确地认清目标，获得坚持下去的动力，进而达成运动目标，最终提升其身心健康水平。

二、运动促进个体身心健康的其他影响因素

运动能够提升和促进快乐，除了上述提到的积极影响因素之外，也存在着某些消极影响因素（即起阻碍作用），在生活中如果能消除某些消极影响因素，这种做法在一定意义上也会起到积极的正向作用。在国外已有的、关注青少年和一般民众以运动促进身心健康的研究中，主要提到了社会和环境因素[①]、父母的社会经济地位[②]在其中的作用。

从社会和环境因素以及社会经济地位对自我心理健康和身体健康的影响来看，国外的研究发现非白人妇女以及社会经济地位低的群体，其体育运动水平相比其他群体低，在身心健康水平上的表现也较差。国外的研究发现父母的社会经济地位影响了青少年的身体健康水平、体育休闲运动锻炼的频率、心理健康水平。父母社会经济地位较低的家庭，家庭收入低，只能用于家庭日常生活开销，不可能将金钱过多投入到孩子的体育运动活动中，同时父母也没有很多富余时间用于自己的运动或者陪伴孩子运动，这也势必影响到孩子在体育休闲运动上投入的精力和时间。从总体和统计上看，低社会经济地位父母的孩子运动能力较差。在之前提到的跑步治愈抑郁的例子中，也能看到经济在其中的作用，经济不富裕家庭的抑郁症患者相比富裕家庭，肯定会缺少经济和精神上的支持。

---

① Meyer, O. L., Castro-Schilo, L., & Aguilar-Gaxiola, S. (2014). Determinants of mental health and self-rated health: A model of socioeconomic status, neighborhood safety, and physical activity. *American Journal of Public Health*, 104(9), 1734–1741.

② Vukojević, M., Zovko, A., Talić, I., Tanović, M., Rešić, B., Vrdoljak, I., & Splavski, B. (2017). Parental socioeconomic status as a predictor of physical and mental health outcomes in children—literature review. *Acta Clinica Croatica*, 56(4), 742–748.

青少年的身体素质连年下降，各项身体机能，如力量、耐力和爆发力等一直呈现下降趋势，这已经成为国家必须引起重视的问题。从国家层面而言，需要在社会政策方面给予支持，帮助不论是来自富裕还是来自贫困家庭的孩子，让所有孩子都能获得平等的机会，利用学校和社会力量，提升青少年体育活动的坚持性，从而提高青少年的运动水平和身体素质，最终获得身心健康。

积极心理学主要创始人马丁·塞利格曼

一、简况

　　塞利格曼现为美国心理学会、东方心理学会、心理学协会、美国科学促进学会、行为疗法促进学会、美国精神病理学学会、精神病学研究学会、美国心理学会、心理学促进学会、宾夕法尼亚心理学会、实践心理学家学会、新泽西州心理学会、南加利福尼亚州心理学会会员。同时还担任多个组织的研究员，这些组织分别是美国社会促进学会、美国心理学会（总部、实验部、比较心理学部、临床部、老年研究部、卫生部）、行为研究和治疗学会、行为医学学会、美国心理学协会和宾夕法尼亚心理学会。

　　家庭情况简介：塞利格曼于1942年8月12日出生于美国纽约州奥尔巴尼市。已婚，妻子名叫曼迪·麦卡锡·塞利格曼，夫妻俩一共生育了7个孩子，分别是阿曼达、戴维、拉腊、尼科尔、达里尔、卡莉和珍妮。

二、主要教育背景

年份	教育背景
2004 年	被马德里康普顿斯大学授予荣誉博士学位
1997 年	被马萨诸塞职业心理学院授予荣誉人文博士学位
1989 年	被瑞典乌普萨拉大学授予荣誉博士学位
1967 年	毕业于宾夕法尼亚州大学，获心理学博士学位
1964 年	毕业于普林斯顿大学哲学系

三、曾担任的主要职务

年份	职务
2001 年至今	积极心理学杰出青年奖约翰天普顿基金会　执行董事
2001 年至今	美国政治和社会科学学会　会员
2000—2003 年	迈耶森基金"价值在行动之重要品质分类项目"　科学部主任
2000—2006 年	美国心理学基金理事会　会员
2000 年至今	积极心理学网络系统　主任
2000 年至今	认知疗法学会　创始会员
2000—2002 年	美国心理学会　教育事务会员
2000—2001 年	科学社会学大会主席团和执行委员会　财务主管
2000 年	科学社会学协会理事会　财务主管
1999—2002 年	积极心理学奖约翰天普顿基金会　执行董事
1999—2001 年	科学社会学大会主席团和执行委员会　会员
1999 年至今	宾夕法尼亚大学　所罗门阿什中心（研究民族政治学）顾问委员会主席
1999 年	美国心理学会　前任主席
1999 年	科学社会学协会理事会　秘书
1998 年至今	国家天才儿童协会　国家咨询委员会会员
1998 年	美国心理学会　现任主席
1997—1999 年	美国心理学会董事会　会员
1997 年至今	国家宗教精神保健和咨询联盟　国家咨询委员会成员
1997 年至今	《预防与治疗》（美国心理学会电子刊物）　创始总编辑
1997—2002 年	威尔士大学心理系　荣誉教授
1997 年	美国心理学协会　候任主席
1996 年至今	国家实践学会　会员

乐商：一个比智商和情商更能决定命运的因素

年份	职务
1996 年至今	杂志《父母》 执行顾问
1996—1999 年	宾夕法尼亚国家社会、文化和社区顾问委员会
1995—1998 年	东方心理协会 执行理事
1994—1995 年	首届心理学家和精神病学家国际电子联盟 主席
1993—1995 年	美国心理学会 12 分部（临床心理学） 主席
1990—1992 年	宾夕法尼亚大学帕斯尔基金会社会科学 短期教授
1984 年至今	展望 科学委员会主席
1982 年	德国柏林马普研究所 访问学者
1980—1994 年	宾夕法尼亚大学心理学系 临床训练主任
1980—1983 年	宾夕法尼亚大学范·佩尔特学院 院长
1976 年至今	宾夕法尼亚大学 心理学教授
1975 年	伦敦大学莫德斯利医院精神病学研究所 访问学者
1972—1976 年	宾夕法尼亚大学心理学 副教授
1970—1971 年	宾夕法尼亚大学精神病心理学 客座副教授
1967—1970 年	康奈尔大学心理学 助教

四、主要的科学与学术背景

年份	科学与学术背景
1994 年	《心理学实践》编委会成员
1991—1993 年	美国心理学会科学事务局理事
1990 年至今	社会实验心理学家
1990—1997 年	德国慕尼黑《应用心理学：国际评论》编辑部成员
1990—1991 年	宾夕法尼亚大学艺术与科学学院人事委员会主席
1989 年至今	《行为研究与治疗》编辑部成员
1989—1991 年	普利斯考特学院理事
1989—1990 年	宾夕法尼亚大学艺术与科学学院人事委员会成员
1989—1994 年	美国心理学会研究生教育负责小组成员
1988—1991 年	美国心理学会公共信息委员会成员
1988—1990 年	美国心理学会妇女与抑郁症负责小组成员
1988—1990 年	《今日心理学》咨询委员会成员
1988—1989 年	美国心理社会基金筹划委员会成员
1988—1989 年	国家精神健康研究院科学家发展奖项研究部成员

年份	科学与学术背景
1987—1995 年	《哲学心理学》编辑部成员
1986—1987 年	宾夕法尼亚艺术与科学学院人事委员会成员
1985 年至今	《预防精神病学预防以及相关学科》编辑部成员
1984—1989 年	美国国家心理健康研究会之青春期纵向研究麦克阿瑟基金成员
1981—1988 年	儿童寿命发展小组委员会社会科学理事会成员
1979—1988 年	寿命发展委员会社会科学理事会成员
1973—1998 年	宾夕法尼亚州临床资格
1964—1965 年	硕士学位
1964 年	美国大学优等生
1963—1964 年	普林斯顿大学大学生研究奖学金国家科学奖
1960—1964 年	普林斯大学奖学金

五、曾主持的主要课题研究

年份	所主持课题研究	课题研究编号
2002—2006 年	"积极心理学和青少年品质的培养"主要负责人，基金用于改善教育，美国教育部品德教育合作项目	R215S020045
2002—2000 年	"预防疾病，制止暴力和自杀，促进青少年积极发展"主要负责人，基金来自于艾琳伯格太阳地信托基金会	——
2002—2004 年	"学校儿童抑郁症预防"（延续课题）主要负责人，国家心理健康研究所	MH52270
2001—2005 年	"基于网络的辅助性抑郁症预防"，国家心理健康研究所	MH63430
1996—2001 年	"学校儿童抑郁预防"主要负责人，国家心理健康研究所	MH52270
1991—2001 年	"改变解释风格，预防抑郁"主要负责人，国家心理健康研究所	MH19604
1987—1990 年	"解释风格预测死亡率和发病率"主要负责人，国家老年研究所	MH40142
1985—1992 年	"孩子无助和归因方式"主要负责人，国家心理健康研究所	MH40142
1974—1977 年	"习得性无助、抑郁症和社会行为"主要负责人，国家科学基金	SOC7412063

年份	所主持课题研究	课题研究编号
1971—1991 年	"抑郁症和习得性无助"第一阶段主要负责人，国家心理健康研究所	MH19604
1967—1971 年	"无助和长期恐惧"主要负责人，国家心理健康研究所	HM16546

六、所获得的主要奖项

年份	所获奖项
2006 年	美国心理学会杰出科学成就奖
2005 年	美国心理学会 12 分部临床部杰出科学成就奖
2004 年	天才儿童协会总统奖
2003 年	《更好的生活》最佳心理学书籍
2003 年	Elka Wintergarten Foundation 的时代奖章
2002 年	美国心理学会威廉杰姆斯奖
2002 年	加利福尼亚心理协会终身成就奖
2002 年	美国政治和社会科学学会西奥多·罗斯福资深会员
2002 年	美国心理学会终身成就社长奖
2000 年	阿瑟·斯塔茨心理学统一奖
1998 年	池弗雷德里克·豪厄尔·刘易斯杰出学者
1997 年	美国心理学会 42 分部最佳专题文章简报奖
1997 年	精神病理学研究学会祖宾终生成就奖
1996 年	美国心理学会研究生讲师
1995 年	国家心理学实践学会杰出实践者
1995 年	美国心理学会詹姆斯·麦基恩·卡特尔科学应用研究奖
1995 年	宾夕法尼亚心理协会杰出科学贡献奖
1992 年	美国心理学会杰出科学讲师
1991—2001 年	获得国家心理健康研究所优异奖
1991 年	美国心理学会威廉·杰姆斯研究奖
1988 年	美国心理学会斯坦利·霍尔学者（本奖项是为了奖励美国变态心理学本科教师）
1986 年	美国心理学会 12 分部（临床部）3 科（实验）杰出科学贡献奖
1978—1979 年	斯坦福大学行为科学促进研究中心研究奖
1976 年	美国心理学会杰出科学贡献奖
1974—1975 年	古根海姆学者称号
1964—1967 年	宾夕法尼亚大学国家科学基金大学生奖学金
1964—1965 年	伍德森·威尔逊奖学金
1964 年	普林斯顿大学哲学奖

七、主要著作

年份	著作
2004 年	塞利格曼和彼得森共同出版了《性格力量与美德》
2002 年	塞利格曼出版了《真实的幸福》，并被翻译为荷兰语、德语、以色列语、繁体汉语、葡萄牙语、意大利语、西班牙语、捷克语、英语、日语、简体汉语、丹麦语、波兰语、法语、希腊语、俄语，在多个国家出版
2001 年	塞利格曼和罗森汉恩出版了《变态心理学》第四版
2001 年	塞利格曼和奇洛特共同出版了《乐观的孩子》
2000 年	吉尔汉出版了《乐观和希望的科学：纪念塞利格曼》
1998 年	塞利格曼出版了《活出真实的自己》第二版，并被翻译为波兰语、汉语、挪威语、罗马语，在多个国家出版
1998 年	塞利格曼和罗森汉出版了《变态》
1995 年	塞利格曼和布坎南共同出版了《解释风格》
1995 年	塞利格曼和罗森汉恩共同出版了《变态心理学》第二版
1995 年	塞利格曼出版了《教出乐观的孩子》，并被翻译为意大利语、波兰语、瑞典语、以色列语、繁体汉语、西班牙语、简体汉语、日语，在多个国家出版
1994 年	塞利格曼出版了《你能改变的和你无法改变的》，并被翻译为波兰语、西班牙语、葡萄牙语、法语、俄语、阿拉伯语，在多个国家出版
1993 年	塞利格曼和彼得森共同出版了《消沉、发展和死亡过程中的失助现象》第二版，并于 2000 年被翻译成日语
1990 年	塞利格曼出版了《活出真实的自己》，并陆续被翻译为西班牙语、阿根廷语、德语、日语、荷兰语、葡萄牙语、巴西语、芬兰语、波兰语、法语、意大利语、繁体汉语、俄语、韩语、简体汉语、阿拉伯语，在多个国家出版
1989 年	塞利格曼和罗森汉出版了《变态心理学》第一版
1980 年	塞利格曼和马塞在纽约学术出版社合作出版了《人类习得性无助的理论和应用》
1977 年	塞利格曼和马塞合作出版了《精神病理学：实验范式》，并于 1983 年被翻译成西班牙语，在马德里出版，1994 年被翻译为波兰语
1975 年	塞利格曼出版了《消沉、发展和死亡过程中的失助现象》第一版，并被翻译成日语、瑞典语、德语、西班牙语、韩语、意大利语、荷兰语、西班牙语等，在多个国家出版
1972 年	塞利格曼和海格共同出版了《学习的生物界限》

乐商：一个比智商和情商更能决定命运的因素